Martin Berke

Die Ruhmeshalle des Ruhrgebiets

Martin Berke wurde im Herzen des Reviers (etwas zur Milz hin versetzt) geboren. Eben dort, nämlich in Wanne-Eickel, entdeckte er in den folgenden Jahrzehnten, wie wundervoll das Ruhrgebiet ist. Nachdem er sich als Autor an solch abgelegenen Themen wie Thüringen und dem Vaterdasein versucht hat, kommt er nun zum Wesentlichen: dem Loblied auf die Helden seiner Heimat.

Martin Berke

Die Ruhmeshalle des Ruhrgebiets

101 bemerkenswerte Biografien

Droste Verlag

Bibliografische Information der Deutschen Nationalbibliothek
Die Deutsche Nationalbibliothek verzeichnet diese Publikation in der Deutschen Nationalbibliografie; detaillierte bibliografische Daten sind im Internet über http://dnb.d-nb.de abrufbar.

Umschlaggestaltung: Guido Klütsch, Köln
Satz: Droste Verlag
Illustrationen: Nina Fandler, Düsseldorf
Druck und Bindung: CPI – Clausen & Bosse, Leck
ISBN 978-3-7700-1597-9

www.drosteverlag.de

KAPITEL 1: IDEALBILDER

HORST SCHIMANSKI 12
HELMUT RAHN 14
FRANK BUSEMANN 17
THEO GROMBERG 20
HERBERT KNEBEL 21
BERNARD DIETZ 22
ADOLF TEGTMEIER 23

KAPITEL 2: EINWANDERER

TANA SCHANZARA 28
DOLLY BUSTER 29
WILLI LIPPENS 31
MOONDOG 33
ALFRED TETZLAFF 35

KAPITEL 3: AUSWANDERER

JAMES BOND 40
MANFRED KRUG 42
MANUEL NEUER 44
CLAUDIA SCHIFFER 48
CLAIRE WALDOFF 49
DIETER KÜRTEN 51
NENA 53

KAPITEL 4: WELTERKLÄRER

PETER SCHOLL-LATOUR 56
UTA RANKE-HEINEMANN 58
THILO SARRAZIN 60
FRIEDRICH ARNOLD BROCKHAUS 62
KARL BAEDEKER 64

KAPITEL 5: LUSTIG

HELGE SCHNEIDER 68
INGO APPELT 70

ESTHER SCHWEINS 72
MAX RAABE 73
HAPE KERKELING 75

KAPITEL 6: ERNÄHRUNGSWESEN
WOLFRAM SIEBECK 80
HENRIETTE DAVIDIS 82
FRANK ROSIN 84
OTTO DÖNNINGHAUS 86
RAIMUND OSTENDORP 87

KAPITEL 7: KUNST & LITERATUR
MARTIN KIPPENBERGER 92
CORNELIA FUNKE 95
JOSEF ALBERS 98
HANS-HENNING CLAER 99
ANTON STANKOWSKI 101
CHARLES WILP 102

KAPITEL 8: PERSONENVERBÄNDE
DIE KRUPPS 106
DER SCHALKER KREISEL 108
BVB 110
SODOM & KREATOR 112
KARL & THEO ALBRECHT 115
ANNETTE & INGA HUMPE 117
JOACHIM HERMANN LUGER &
MARIE LUISE MARJAN 119
TOTO & HARRY 121
HERBERT & DIETRICH GRÖNEMEYER 123

KAPITEL 9: FILMKÜNSTLER
HEINZ RÜHMANN 128
CLAUDE-OLIVER RUDOLPH 129

HERBERT REINECKER 132
HEINRICH BRELOER 135
SÖNKE WORTMANN 137
CHRISTOPH SCHLINGENSIEF 138

KAPITEL 10: WISSENDE
CARL HUMANN 142
HEINZ KAMINSKI 144
CARL FRIEDRICH KOEPE 146
IDA NODDACK-TACKE 149
WALTER HOHMANN 151
KONRAD DUDEN 152

KAPITEL 11: POLITIK & KAPITAL
ALFRED HERRHAUSEN 156
FRITZ THYSSEN 158
BERTHOLD BEITZ 160
HUGO STINNES 163
WILHELM ZAISSER 164
GUSTAV HEINEMANN 165
ADOLF SAUERLAND 167

KAPITEL 12: FORTBEWEGER
ERICH WARSITZ 172
KATJA SEIZINGER 173
WERNER MÖLDERS 175
THEA RASCHE 177
CLÄRENORE STINNES 179
ADOLF GALLAND 182
ANNEGRET RICHTER 184

KAPITEL 13: DAS DUNKLE KAPITEL
BRIGITTE MOHNHAUPT 188
JÜRGEN BARTSCH 190

JOACHIM KROLL 192
HANS-JÜRGEN RÖSNER UND
DIETER DEGOWSKI 194
DIE ESSENER HEITGER-BANDE 195
PETRAS DOMINAS 198

KAPITEL 14: SEITENWECHSLER
RUDI CERNE 204
WIM THOEEEEELKE 205
MANFRED BURGSMÜLLER 206
SASHA 208
KELLY TRUMP 209
JULIANE WERDING 211

KAPITEL 15: LEHRMEISTER
OTTO REHHAGEL 214
PETER BURSCH 216
JÜRGEN KLOPP 217
KARL ADAM 220
HERMANN GERLAND 221

KAPITEL 16: GEBROCHENE HELDEN
LEONARDO DICAPRIO 226
VERA BRÜHNE 228
REINHARD LIBUDA 229
WILLI DAUME 231
JÜRGEN HINGSEN 233
RUDI ASSAUER 235
HORST SZYMANIAK 239
WILHELM CANARIS 241
KLAUS NOMI 243

QUELLEN 246

IDEALBILDER

HORST SCHIMANSKI HELMUT RAHN
FRANK BUSEMANN THEO GROMBERG
HERBERT KNEBEL BERNARD DIETZ
ADOLF TEGTMEIER

HORST SCHIMANSKI

*9.10.1938 in Stettin

Der Mensch-Scheiße-Mensch

Aus dem schönen Pommern verschlug es den kleinen Horst irgendwie, wohl kriegsbedingt, nach Duisburg-Homberg, wo er vaterlos aufwuchs. Nach der Schulzeit musste Horst, wie sämtliche Homberger Kinder, den Beruf des Schweißers erlernen. Doch anstatt sich fürderhin redlich zu nähren, geriet Horst auf die schiefe Bahn: Er trat einer Homberger Straßenbande bei und knackte sodann fortwährend Automaten und Autos. Aber zum Glück trat Kommissar Karl Königsberg auf den Plan: Dieser lebenskluge Beamte erkannte, dass der junge Straßenbandit Schimanski nicht durch und durch schlecht war – und schickte ihn auf die Polizeischule, wo Horst alsdann zu jenem Spitzenpolizisten ausgebildet wurde, der sich schließlich am 28. Juni 1981 einer breiteren Öffentlichkeit präsentierte. An jenem Tag nämlich strahlte die ARD im Rahmen ihrer Reihe „Tatort" die Folge „Duisburg-Ruhrort" aus, in welcher Kriminalhauptkommissar Schimanski die Mordsache Petschek/Celik aufklärte, und zwar erfolgreich.

Horst wird zum Spitzenpolizisten

In der Folgezeit war Schimanski immer wieder auf dem Bildschirm zu sehen und faszinierte alsbald die Nation, dieweil er ein – für die damalige Zeit – durchaus merkwürdiger Kriminalhauptkommissar war. Warum? Nun: Zunächst schrie Schimmi immerzu „Mensch!", öfter aber noch „Scheiße!" Insbesondere, wenn er was auf die Mappe bekam. Und das bekam er oft. Ungefähr genauso oft, wie er anderen auf die Mappe gab. Überdies hatte Schimmi merkwürdige Dinge. Wie zum Beispiel einen Citroën. Und einen Assistenten namens Thanner. Und eine „Schimmi-Jacke", genauer gesagt, eine amerikanische M-65-Feldjacke in

Schmadder-Beige, von der die Schulterklappen abgeschnitten waren. Dann hatte Schimmi noch einen untrüglichen Sinn für Gerechtigkeit, mächtige Muskeln, Macho-Allüren, Sex-Appeal sowie starke Gefühle jedweder Art: Wut, Frohsinn, Tränentraurigkeit. Vor allem aber hatte Schimanski ziemlich oft einen in der Birne. Kurzum: Er war „einer von uns", der typische Ruhrgebietler halt.

Zu diesem Eindruck trug auch die Kulisse bei: Duisburg bestand zur Gänze aus Abbruchhäusern, Müllbergen, Trümmern und Schutt, durchsetzt von rostzerfressenen Zechentürmen und toxischen Altlasten aller Couleur. Darüber weste die gräuliche Giftwolke. Prompt protestierten alle: „Werft den Prügel-Kommissar aus dem Programm", forderte die „NRZ". „Der Ruhrpott kocht: Sind wir alle Mörder oder Trinker?", sekundierte die „BamS" (ließ die Frage jedoch offen). Auch die Stadt Duisburg selbst war not amused. Noch über 35 Jahre nach dem ersten öffentlichen Auftritt Schimanskis verweist sie auf das „verzerrte Stadt-Image": Duisburg sei doch in Wahrheit ein „vielseitiger High-Tech- und Dienstleistungsstandort"! Ts! Dabei ist es doch nur Fernsehen. Allerdings mega-erfolgreiches Fernsehen: Schimanski brachte es bis 1991 auf 29 „Tatort"-Folgen, zweimal ging er sogar ins Kino. 1997 machte Horst sich schließlich selbstständig, hernach ermittelte er in lockeren Abständen unter dem nahe liegenden Titel „Schimanski".

Über allem west die gräuliche Giftwolke

Wenn Fiktionen derart erfolgreich werden, muss sich die Wirklichkeit bemühen, mit ihnen Schritt zu halten. Zunächst nahm sich das Qualitäts-Feuilleton des Schnauzträgers an. Zum „letzten proletarischen Helden" erklärte ihn die FAZ, um alsdann in Schimmi noch das „Unbehagen der verwalteten Welt an sich selbst" zu gewahren. Daraufhin sah sich auch die Stadt Duisburg genötigt, ihrem Findelkind endlich irgendwie zu huldigen. 2014 benannte man eine Straße nach ihm – vielleicht nicht die allerrepräsentativste, aber immerhin: Mittlerweile kann man von der Dammstraße in die Horst-Schimanski-Gasse abbiegen mit der Konsequenz, dass man nach wenigen Metern, so man nicht rechtzeitig abbremst, in den Vinckekanal fällt. Bis vor kurzem konnte man noch hoffen, dann von Schimmi höchstpersönlich („Scheiße! Mensch! Scheiße!") aus dem Wasser gezogen zu werden. Doch seit dem 19. Juni 2016 weiß man, dass dieser wunderbare Ruhrgebietspolizist auf ewig verschwunden ist, wohin auch immer.

HELMUT RAHN

*16. August 1929 in Essen, †14. August 2003 in Essen

Der Mann, der Deutschland reparierte

„... und Bozsik, immer wieder Bozsik, der rechte Läufer der Ungarn am Ball. Er hat den Ball – verloren diesmal, gegen Schäfer. Schäfer nach innen geflankt. Kopfball – abgewehrt. Aus dem Hintergrund müsste Rahn schießen – Rahn schiiießt ... daneben, daneben! Knapp streicht der Ball am linken Pfosten vorbei, und so kommt es erneut zum Abstoß vom Tore der Ungarn ..."

Kaum vorstellbar, wie die Geschichte dann verlaufen wäre. Hätte sich Ungarns Extraklasse am Ende doch durchgesetzt? Ferenc Puskás macht irgendwann das 2:3, die Welt freut sich mit dem ungarischen Wunderteam, und wir, ja wir sind halt die Loser-Nation, was denn sonst? Aber tapfer gekämpft, immerhin. Doch zum Glück ging das Ding aus dem Hintergrund, wie wir alle wissen, unhaltbar für Gyula Grosics ins linke untere Eck. Die Folgen dieses Treffers sind zur Genüge dargelegt: Deutschland war wieder wer, nämlich der Meister der Welt, unsere Wirtschaft wurde gleich noch

Vielleicht war dieses Tor gar größer als jener, der es schoss

wundervoller, und ins Ausland reiste man wieder hocherhobenen Arm... – nein, Quatsch: Hauptes natürlich. Dieser Linksschuss, dieses 3:2, hatte mithin eine Bedeutung, der kaum ein anderes Tor der doch so reichen Fußballgeschichte gleichkommt: Deutschland war repariert und, Kehrseite der Medaille, das ungarische Regime beschädigt; nicht wenige sehen einen Zusammenhang zwischen der WM-Niederlage und dem Volksaufstand zwei Jahre später.

Als der Schütze jenes Über-Tores 2003 zu Grabe getragen wurde, hielt Pfarrer Bernhard Alshut in der St.-Elisabeth-Kirche zu Essen-Frohnhausen die Trauerrede: „Helmut Rahn – das war mehr als jene berühmte Sekunde.“ Ja sicher. Selbstverständlich. Aber, äh: Warum musste er das sagen? Offenbar um jener weit verbreiteten Gleichsetzung zu wehren. Denn so viel ist klar: Wenn man irgendeinem auch nur mäßig am Fußball Interessierten „Helmut Rahn“ zuruft, wird er „3:2“ antworten; ruft man ihm „3:2“ zu, wird er „Helmut Rahn“ assoziieren. Rahn mag in gewisser Hinsicht tragisch zu nennen sein. Vielleicht war jene berühmte Sekunde gar mehr als er selbst, das Tor womöglich größer als jener, der es schoss. Es gibt nur noch einen anderen Treffer in der deutschen Fußballgeschichte, der Rahns Sekunde nahe, wenn auch mitnichten gleich kommt: das 1:0 Jürgen Sparwassers im deutsch-deutschen WM-Duell zwanzig Jahre später (wobei Sparwasser mitunter durchblicken ließ, dass er jenes Tor lieber nicht geschossen hätte).Wie oft hatte Rahn in den knapp 50 Jahren, die ihm nach Bern zu leben blieben, „datt Tor erzählen“ müssen? Mal fragte die Journaille, mal der Typ am Tresen – „nervt das nicht irgendwann?“ Vermutlich.

Zur Welt gekommen war der nachmalige Wiederhersteller der deutschen Nation als Bergmannssohn, wobei es sein Senior schon bald darauf zu einem kleinen Fuhrunternehmen bringen sollte. Der junge Helmut lernte Auto-Elektriker, kutschierte mitunter auch für Papa, fuhr dann aber halbtägig in die Altenessener Zeche Fritz-Heinrich ein. Während der anderen Tageshälfte spielte er Fußball, und das immer besser. So landete er 1951 bei Rot-Weiss Essen, wo er 1953 zu deutschen Meisterschaftsehren kam. Im Jahr darauf musste er aus dem Hintergrund schießen und tat das auch – siehe oben. Doch damit war seine Karriere keinesfalls zu Ende; 1958 wurde Rahn noch einmal WM-Vierter, 1963 kickte er gar im biblischen Alter von 34 Jahren noch für den Meidericher SV, nachmalig MSV Duisburg, in der Bundesliga.

1959 hatte er seine Memoiren vorgelegt: „Mein Hobby: Tore schießen", ein Werk, das – gleich allen Fußballer-Autobiographien damals und seither – das Pantheon der Weltliteratur knapp verfehlt, wiewohl es die großartigste Schilderung des Erscheinens eines elegant gekleideten Italieners in einem deutschen Zimmer enthält, die je zu Papier gebracht worden ist: „Plötzlich stand ein elegant gekleideter Mann im Zimmer. Ich hatte mich gerade noch rechtzeitig in die Küche verdrückt.

‚Frau Rahn?' fragte der Fremde.

‚Ja, das bin ich.'

‚Ich bin Italiener. Wir möchten Ihren Sohn zu unserem Verein Inter-Mailand holen.'"

Und dann kam der elegant gekleidete Italiener ins Zimmer

Wundervoll. Zudem kann man dort lesen, dass später noch „Real-Madrid" (sic) anklopfte und dass Rahn eine Frohnatur war: „Das Leben macht Spaß", bekennt er im Bildteil seines Buches. Andererseits schlug „der Boss" gern auch mal über die Stränge, so setzte er eines Nachts auf der Frohnhauser Straße trunken seinen PKW in eine Baugrube. Gegenüber einem (womöglich etwas übermotiviert agierenden) Ordnungshüter machte er dann eine „Abwehrbewegung, bei der dem Polizisten die Mütze vom Kopf flog", es macht noch heute Spaß, sich diese Szene vorzustellen. Daraufhin wurde Rahn zu 14 Tagen, wie er es formuliert, „Kittchen" verurteilt, von denen er zwölf absaß. Es zeugt von Rahns einnehmendem Charme, dass er diesen Skandal in den schrecklich biederen Fifties einigermaßen schadlos überstand – selbst der gestrenge „Chef" Herberger brach nicht mit ihm.

Rahns Karriere nach dem Fußball verlief allerdings nicht durchweg glanzvoll: Bauschutt entsorgen, später Gebrauchtwagen an der Altenessener Straße verkloppen. Seine letzte Wohnung war auch nicht unbedingt luxuriös: Dittmarstraße 1, Erdgeschoss links. Von hier aus war es nicht weit zur Stammkneipe „Friesenstube" auf der Frohnhauser Straße. Traurige Geschichte? Ach was! Denn allen Mankos dieses Lebens zum Trotz: Auf der Habenseite steht doch viel mehr. In erster Linie die enorme Lebenslust, die der Boss hatte und von der er gerne abgab. Man vergleiche doch nur einmal die gutgelaunte Lässigkeit Helmut Rahns mit der Hand-an-die-Turnhosennaht-Haltung seiner Nationalmannschafts-Kollegen!

95 Oberliga-Tore hat er gemacht, 8 Bundesliga-Tore und 21 Länderspiel-Tore, von denen eines ja bekanntlich kein bloßes Tor war, sondern viel, viel mehr – nämlich ein „Rahn schießt – TOOOR! TOOOR! TOOOR!"

FRANK BUSEMANN

* 26. Februar 1975 in Recklinghausen

Der glorreiche Rauslümmel

Papa brachte es auf den Punkt: Dass der Frank so ein „Ding rauslümmelt" – das ist einfach unglaublich. 8,07 Meter im Weitsprung. Nee! Echt jetzt: unser Frank! Lümmelt einfach so ein Ding raus, nicht zu fassen. Wobei jenes Ding durchaus nicht das einzige war, welches Frank beim olympischen Zehnkampf 1996 rauslümmelte: 10,60 Sekunden über 100 Meter und 13,47 Sekunden über 110 Meter Hürden – sensationell! Und wer weiß, wenn der Frank im Kugelstoßen und im Stabhochsprung noch etwas mehr rausgelümmelt hätte, wäre sogar ... ach Quatsch! Denn schon die Silbermedaille sorgte dafür, dass sich ganz Deutschland in diesen Rauslümmel verknallte: Frank Busemann war ein Sympath sondergleichen.

Zuvorderst verfiel ihm die Nation, weil er ein grandioser Sportler war: In Atlanta mischte er die Weltelite auf, indem er als relativer Niemand fabelhafte 8.706 Punkte hinlegte und damit Branchengrößen wie Tomáš Dvořák und Eduard Hämäläinen hinter sich ließ. Dass er dieses schaffte, ohne den für Zehnkämpfer so typischen Look-at-me-Körperbau zu haben, machte ihn nur noch liebenswerter. Zudem ging er stets an, mitunter gar über seine Schmerzgrenze: Nach dem abschließenden 1500-Meter-Lauf in Atlanta lag er, unbelebter Materie gleich, im Zielraum, was wir gemütlich vorm Fernseher Sitzenden durchaus voller Wonne betrachteten. Gänzlich hin und weg aber waren wir, weil zu Erfolg und Schmerz noch ein Drittes trat: die gute Laune. Frank Busemann war extrem gut gelaunt. Seine Interviews verbreiteten Frohsinn ohne Ende. Busemann freute sich derart ausgelassen, dass man geneigt war zu glauben, dass er nicht nur den ganzen Tag über, sondern auch des Nachts im Schlafe vor sich hingrinst. Dabei wirkte er absolut unverstellt, man hatte den Eindruck, er plauderte auf der elterlichen Gartenterrasse vor sich hin – und nicht in einem kamerabestückten Studio vor einem Millionenpublikum. Dass er sich dabei nicht mühte, seinen Ruhrgebiets-Dialekt zu kaschieren, trug zu seiner Authentizität bei.

Frank sank, unbelebter Materie gleich, in sich zusammen

Kurzum: Busemann war der Mann, auf den die Nation gewartet hatte, folglich kürte sie ihn auch zum „Sportler des Jahres“. Und das Schönste: Der Kerl war gerade einmal 21 Jahre alt. Was würde da noch drin sein? Busemann hatte Ziele: Olympiasieg. Weltmeisterschaft. Weltrekord. Der erste Mensch über 9.000 Punkten.

Nun – er sollte keines dieser Ziele erreichen, und das aus einem simplen Grund: Allmählich ächzte Busemanns Körper im Gebälk; Gleitwirbel, Plattfüße und Beckenschiefstand machten ihm zu schaffen. Bei den Weltmeisterschaften 1997 lümmelte er noch einmal Bronze raus, und das, obwohl er, wie er später in einem Spox-Interview bekennen sollte, „riesige Probleme mit der Hüfte hatte und nicht mal wusste, wie ich aus dem Bett steigen soll“. Die Vorbereitung auf die Olympischen Spiele in Sydney 2000 verlief katastrophal: Man diagnostizierte einen Ermüdungsbruch, so wurde Busemann „nur“ Siebter. Die WM 2001 fiel verletzungsbedingt völlig flach. 2003 zog Busemann die Konsequenz: Er schmiss nach gerade einmal zwölf beendeten Zehnkämpfen hin.

In 2.000 Jahren werden Zehnkämpfer locker 12.000 Punkte schaffen

Nun galt es, sich vom Sport ins sonstige Leben zu überführen, und allem Anschein nach gelang Busemann das vorzüglich. 2003 legte er ein Buch über seine Karriere vor, einerseits voller Leidenschaft, andererseits durchaus reflektiert. Das Merkwürdige dabei: Busemann hat dieses Buch selbst geschrieben, kein Ghostwriter oder dergleichen wirkte im Hintergrund. Seither betätigt Busemann sich als Autor, professioneller Motivator für Sportler und Wirtschaftler sowie dreifacher Familienvater und demonstriert von Zeit zu Zeit, dass er nach wie vor imstande ist, einen rauszulümmeln. So antwortete er auf die Frage, wohin sich der Zehnkampf-Weltrekord (seinerzeit: 9.039 Punkte) zukünftig wohl entwickeln werde, mit einer wahrhaft profunden Expertise: „Ich glaube schon, dass wir in 1000 oder 2000 Jahren 12.000 Punkte sehen werden, ohne Probleme.“ Herrlich. Bitte mehr davon, Frank!

THEO GROMBERG

*um 1951 sehr wahrscheinlich in Herne

Der lasterhafte Antiheld

Damals, Ende der 70er-Jahre, ging Marius Müller-Westernhagens Karriere steil nach oben. Der gebürtige Düsseldorfer erfreute sich enormer Beliebtheit und drohte gar, Udo Lindenberg vom deutschen Rock-Thron zu stoßen. Man tut sich etwas schwer, jenes MMW-Phänomen zu begreifen – an der Qualität der Platten kann's ja nun wirklich nicht gelegen haben.

Vielmehr scheint es so, als habe Westerland seinen Ruhm einem merkwürdigen Umstand verdankt – nämlich dem, dass er einem ungleich Größeren zum Verwechseln ähnlich sah: dem berühmten Lastwagenfahrer Theo Gromberg aus Herne. Denn zweifelsohne war Gromberg alles, was Westerplatte gerne gewesen wäre: lässig, leidenschaftlich, strapazierfähig, charmant, sexy und witzig. Zusammen mit Kumpel Enno wollte Theo damals einen Laster kaufen und eine Spedition gründen. Enno malochte brav im Stahlwerk, um das Geld zusammenzukriegen. Theo aber haute lieber auf die Kacke: Zocken, Saufen, windige Geschäfte. Folglich waren am Ende jede Menge Gangster hinter ihm her. Doch Theo trickste sie alle aus – recht so: fein, dieser Aufforderung-zum-Tanz-Film! Gedreht wurde er in Wanne-Eickel (Güterbahnhof, Zeche Pluto, Hotel Alt-Crange) sowie Recklinghausen (Trabrennbahn) und Gelsenkirchen (Schalker Verein).

Gromberg war wirklich enorm strapazierfähig

1980 wurde in der Herner „Lichtburg" die Fortsetzung uraufgeführt: „Theo gegen den Rest der Welt", ein Road-Movie mit relativ wenig Revier-Kolorit – abgesehen natürlich von der Autobahnraststätte Stuckenbusch, wo Theo der frisch erworbene Volvo-Laster quasi unterm Arsch weggeklaut wird. Mit drei

Millionen Besuchern entwickelte sich „Theo" zum bis dahin erfolgreichsten deutschen Nachkriegsstreifen. Das Ende des Films bleibt merkwürdig offen – es schreit förmlich nach Teil Drei. Aber zu einem solchen hatte Westerwald offenbar keine Lust mehr. Was wirklich zu bedauern ist.

HERBERT KNEBEL

*vielleicht in Essen

Das Rentnerdenkmal

Heutzutage machen die Rentner im Revier Ayurveda, Nordic Walking und dergleichen, sie tragen atmungsaktive Bekleidung aus Klimafasern und ernähren sich glutenfrei. Früher jedoch, als die Welt noch schön war, die Schlote noch lustig qualmten, waren die hiesigen Pensionäre noch zu ganz anderen Leistungen fähig: Sie hingen an der Bude ab, Fläschken Pils in der Hand, Schiebermütze auf der Omme und redeten enorm liebenswerten Unsinn.

Nicht selten ruft die Welt Knebels Unwillen hervor

So ist es unbedingt zu begrüßen, dass ein Vertreter jener ausgestorbenen Spezies überlebt hat, wenn auch nur im künstlichen Biotop der Kleinkunstbühne: Herbert Knebel hat einst unter Tage malocht; nunmehr aber, zum Frührentner avanciert, macht er allerlei verwirrende Erfahrungen mit der postmodernen Welt, wobei diese in der Regel Knebels Unmut hervorruft, etwa, wenn er im „Spaßbad" seiner Brille verlustig geht. Jene Brille entspricht übrigens – gleich dem gesamten Bühnenoutfit Knebels – recht präzise den ästhetischen Standards des 70er-Jahre-Opas, sodass Knebel irgendwie ein Zeitmaschinen-Phänomen ist: Ein Seventies-Rentner behauptet sich in unserer Gegenwart. Das ist in jedem Fall respektabel, und so gilt unser Dank jenem Herrn, der „Herbert Knebel"

1988 erstmals auf die Bühne brachte: Uwe Lyko, geboren am 22.7.1954 in Duisburg-Neumühl. Bevor Lyko zu seinem Alter Ego fand, hatte er sich als Fernmeldehandwerksauszubildender und Punksänger versucht. Wobei Herbert Knebel selbstverständlich auch musiziert, und zwar in der Begleitung einiger gleichaltriger Herren unter der Bezeichnung „Affentheater".

BERNARD DIETZ

*22. März 1948 in Bockum-Hövel

Ein feiner Kerl

Rom, Olympiastadion, 22.6.1980. Das Finale ist gespielt. Deutschland ist Europameister. Die Übergabe des Pokals steht an. Gleich wird ihn der Mannschaftskapitän mit triumphaler Geste emporstemmen. Der Mannschaftskapitän ... ähhh ... wer ist das noch gleich? Der Überstürmer Karl-Heinz Rummenigge? Der Bravo-Boy Hansi Müller? Der blonde Engel Bernd Schuster? Nee. Wer dann? Die Flank-Banane Manni Kaltz? Toni Schumacher? Hrubesch? Allofsklaus? Nee. Alles falsch. Lassen wir den Kapitän doch selbst zu Wort kommen. Was dachte er, als er die Mannschaft zur Ehrentribüne empor führte? Dieses: „Ach, du Schande, jetzt musst du da hoch zur Siegerehrung, du, der Dietz Bernard aus Bockum-Hövel."

Bodenständig, Wie „der Ennatz" überhaupt: Geboren als sechstes Kind einer Bergarbeiterfamilie. Gelernter Gesenkschmied. Zwei Finger in der Eisenpresse gelassen. Revierkind durch und durch: Wenn Heimatverbundenheit ein Kriterium ist, stellt Bernard Dietz den Idealtypus des Ruhrgebiets-Fußballer dar. Von 1970 bis 1982 blieb er dem MSV Duisburg treu. Nach dessen Abstieg ging er nur ein paar Kilometer Richtung Osten. Wo er bis 1987 für Schalke spielte.

Dabei hatte Dietz Qualitäten, die auch andernorts Begierde weckten. Als Linksverteidiger war er defensiv über jeden Zweifel erhaben. Hart, aber äußerst fair: gerade mal elf Gelbe Karten in 495 Bundesliga-Spielen! Und offensiv? Sensationelle 77 Bundesliga-Tore – noch heute der Rekord für Verteidiger! 1977 schenkte er Sepp Maiers Bayern gleich vier Stück ein und bremste nebenher seinen direkten Gegenspieler, oben erwähnten Karl-Heinz R., aus. Bereits 1975 hatte Eintracht Frankfurt angeklingelt: ob Dietz sich nicht vorstellen könne ... ? Und Dietz stellte sich vor ... dann aber, so erzählte er 2013 in einem „11 Freunde"-Interview, geschah Folgendes: „Da komm ich nach einem Spiel zu meinem Auto. Steht da ein Ehepaar: ‚Ennatz, Sie dürfen uns nicht verlassen!' Die haben gefleht und geweint. Also bin ich geblieben, wegen dieser Begegnung." 1980 wollte ihn der Cosmos nach New York holen – Dietz blieb. Bis heute: Er sitzt im Vorstand des MSV. Wie lässt sich „Ennatz" auf den Punkt bringen? Vielleicht schlicht und einfach so: „Ein feiner Kerl". Das hat Franz Beckenbauer gesagt, und das hat er schön gesagt.

ADOLF TEGTMEIER

*vor 1921, vielleicht in Herne

Ein abgrundtief liebenswerter Mann

Adolf Tegtmeier war sechs Jahre lang Soldat im Zweiten Weltkrieg, was ihn offenbar seelisch etwas beschädigt hat. Die Folge: drei Aufenthalte in der Psychiatrischen „Landesanstalt Aplerbeck". Als ungeheilt entlassen. Eines Tages kommt er von der Frühschicht nach Hause, trifft dort seine Schwiegermutter an, welche ihn aus ungewissen Beweggründen „Sausack" sowie „Bahnhofspenner" nennt. Daraufhin greift Tegtmeier zu einem Brotmesser, ersticht die alte Dame, schleift sie in den Keller, „sägt sie", verstaut die Leichenteile im Bollerwagen, fährt sie zum Ufer des Rhein-Herne-Kanals und wirft sie dort ins Wasser. Das ist im Grunde doch eine ganz schreckliche Geschichte. Doch, o Wunder: Wenn Jürgen von Manger den Tegtmeier spielt, rollt man sich vor Lachen auf dem Boden. Und möchte jenes merkwürdig deformierte Gesicht unter der Schiebermütze herzen und kosen: zu und zu putzig, wie er sich vor Gericht rausreden will! „Der Schwiegermuttermörder" Tegtmeiers Durchbruch, ging 1962 erstmals auf Sendung. Die Figur war durchaus raffiniert angelegt: In Tegtmeier tun sich Abgründe auf, geistige (er versteht die Welt nicht) ebenso wie ethische (Mord ist ein Mittel). Doch ist der Zuhörer von diesen Abgründen merkwürdig angezogen – er möchte am liebsten in sie hineinspringen, und zwar lachend.

Er musste sie sägen, hätte sie doch sonst nicht in den Bollerwagen gepasst

Mit der Zeit wurden die Abgründe der Figur leider etwas verfüllt, wofür vielleicht auch Fremdautoren verantwortlich waren, deren Texte sich mit denen von Mangers nicht messen konnten. So tauchte Tegtmeier zunächst in einer nur mäßig witzigen Vorabendserie auf („Geheimagent Tegtmeier"), später missriet die Figur gar zum etwas albernen Gut-Opa Adolf – sämtliche Abgründe, sämtliche Tatgewalt ging ihm verloren. Sei's drum: Tegtmeiers Ruhm ist unvergänglich, war er in der Blüte seiner Jahre doch eine wunderbare Parabel der menschlichen Dürftigkeit, erzählt in kunstvollstem Ruhrdeutsch.

Dabei war dieses Ruhrdeutsch Jürgen von Manger nicht in die Wiege gelegt worden, Er musste es sich mühsam erarbeiten. So ist es streng genommen auch kein authentisches Ruhridiom, sondern eine Art Kunstsprache, womöglich aus der Not geboren: Im Alter von neun Jahren kam der am 6.3.1923 in Koblenz-Ehrenbreitenstein geborene von Manger nach Hagen, wo er die dort gängige Mundart erst „wie eine Fremdsprache" erlernen musste. Auch die proletarischen Manieren musste sich von Manger erst draufschaffen, immerhin entstammte er durchaus bürgerlichen Verhältnissen: Der Vater war Staatsanwalt. Auch Jürgen studierte hernach die Rechte, zuvor aber hatte er schon Bühnenerfahrungen in Hagen, Bochum und Gelsenkirchen gesammelt. Dann entwickelte er Tegtmeier und brachte die Figur im Folgenden via Radio, Fernsehen, Buch und Schallplatte zu multimedialer Wirkung. Ein Schlaganfall beendete 1985 von Mangers Karriere. Am 15. März 1994 starb er im Marienhospital seiner Wahlheimat Herne.

EINWANDERER

TANA SCHANZARA DOLLY BUSTER
WILLI LIPPENS **MOONDOG**
ALFRED TETZLAFF

TANA SCHANZARA

*19. Dezember 1925 in Kiel, † 19. Dezember 2008 in Bochum

Warum nur nahm sie sich ihr wunderbares „w"?

In jenem Zeitalter, da der Radiowecker sein Schreckensregime führte, war man ihr hilflos ausgeliefert: Wie oft wohl wurden süßeste Träume durch ein unbarmherzig daher geröhrtes „Vatta aufstehn" vernichtet? „Du komms zu spät nach de Maloche!", fuhr jenes Lied fort, maliziös untermalt von beschwingten Lounge Grooves des Orchesters Ferdy Klein (wer immer sich hinter diesem nom de guerre verborgen hat). Nach gut zwei Minuten fand dieser Killer Song sein logisches Ende darin, dass „Mutta" ihren „Vatta" kurzerhand erschoss, jetzt konnte er liegenbleiben. Der Glückliche. Alle anderen aber mussten aufstehen. Jene Dame, die sich so in die wehrlosen Seelen einer ganzen Generation einbrannte, war unter einem wahrhaft grandiosen Namen auf die Welt gekommen: Konstanze Schwanzara.

Sowohl Konstanzes Mutta als auch ihr Vatta waren Opernsänger. Bald nach Geburt der kleinen Schwanzara wurden beide nach Dortmund engagiert, wo das Töchterchen fortan aufwuchs – und schon bald ein klares Karriereziel entwickelte: „Ich wusste schon in der Schule, dass ich zur Bühne wollte". Das schaffte sie mit Bravour. Über Jahrzehnte sollte sie dem Bochumer Ensemble angehören. Hier brillierte sie auch in Soloprogrammen wie „Solo für Tana" und „Tana in New York", die es aufgrund des erheblichen Publikumszuspruchs auf ungefähr je eine Million Vorstellungen brachten. Daneben war sie auch auf Bildschirm und Leinwand erfolgreich; noch 2004 überzeugte sie in Helge Schneiders „Jazzclub".

Konstanze Schwanzara: Ein Name wie Musik

Tana Schanzara blieb dem Revier ihr Leben lang treu, zunächst mit unzähligen Tieren auf ihrer kleinen „Hazienda" in

Herne, dann in einem Altenstift nahe des Bochumer Schauspielhauses. Bis zum Schluss arbeitete sie, denn sonst „würde ich ja nur noch im Bett liegen und Rotwein trinken“.

DOLLY BUSTER

*23. Oktober 1969 in Prag

Frau Bochníčkovás Weg zum Wohlstand

Wenn man will, kann man sich vortrefflich über Dolly Buster lustig machen (und hey: Wer wollte das nicht?). Dieses Silikon! Diese fehlerhafte Aussprache des „sch“! Diese Kamerageilheit! Zum Piepen! Die Doofe!

Dolly hat den Geschlechtsverkehr ausgeübt

Freilich kann man das Phänomen Dolly Buster auch ganz anders betrachten. Nämlich als Erfolgsgeschichte. Immerhin verdient Frau Buster, so ist zu vermuten, wesentlich mehr als die meisten derer, die sich über sie lustig machen. Demzufolge kann man ihre Vita durchaus auch als jene einer jungen Frau lesen, die wusste, was sie wollte. Und die Mittel hatte, es zu bekommen. 98 % aller Deutschen, so wird kolportiert, kennen ihren Namen. Zudem zählt sie, so wird gleichfalls kolportiert, zu den hundert berühmtesten Tschechen weltweit. Immerhin!

Natürlich kann man gegen jenen Erfolg einwenden, dass er mit unmoralischen Mitteln erzielt wurde: Dolly hat ja, wie man hört, den Geschlechtsverkehr ausgeübt, und zwar vor Filmkameras, und zwar mit vielen Männern, und zwar außerehelich, ja vermutlich sogar nackt! Andererseits: Kann man heute in diesem Zusammenhang von Unmoral sprechen? Wahrscheinlich nicht. Also ist Dolly Busters Geschichte eine Erfolgsgeschichte, die durchaus Respekt verdient.

Begonnen hat sie in Prag. Dort, mitten im real existierenden Sozialismus, startete die zehnjährige Kateřina Nora Bochníčková ihre unternehmerische Karriere, als sie – so sollte später im „Stern" zu lesen sein – russischen Wodka schwarz an Touristen verkaufte. Diese kamen nicht selten aus Deutschland (West), sodass sich die nachmalige Dolly schon hier unterfing, die deutsche Sprache zu beherrschen. Mitte der 80er-Jahre hatte sie ihre Mutter endlich davon überzeugt, dass die Zukunft dem Kapitalismus gehöre; man siedelte nach Hessen über, Kateřina wollte „Tierärztin oder irgendwie berühmt" werden. Letzteres bahnte sich langsam an: 1987 wurde sie in einer Disco „entdeckt", und zwar für „Fotos". Zwei Jahre später begann die Filmarbeit, welche sie fortan nicht selten unter der Regie ihres Gatten, des Österreichers Josef „Dino" Baumberger ausübte, seines Zeichens nunmehr vertretungsberechtigter Geschäftsführer der DBM Videovertrieb GmbH in Wesel, wo das Paar auch privat ansässig geworden ist. 1997 drehte Dolly ihren letzten Sexfilm ab, in der Folge baute sie recht clever ihr Trash-Ikonen-Image aus. So war sie zu Gast in allerlei TV-Formaten, etwa in „Ich bin ein Star – Holt mich hier raus" (2004, eine Dschungelprüfung, 8 von 10 Sternen). Andererseits jedoch west sie auch durch nahezu sämtliche hehren Sphären, die sich dem strebenden Menschen eröffnen: Sie schreibt Romane, malt Bilder (2006 besuchte sie die Aktzeichen-Klasse des Lüpertz-Schülers Arnim Tölke an der Düsseldorfer Kunstakademie), musiziert (Single: „Make Love (Make No War)") und sucht überdies nach einer politischen Lösung sämtlicher Probleme, zunächst als Spitzenkandidatin der „Unabhängigen Erotischen Initiative" (NEI), welche 2004 bei den Europawahlen in Tschechien mit 0,71 % nur knapp die absolute Mehrheit der Mandate verfehlte. 2009 gab Dolly Buster dem politischen Betrieb eine geradezu revolutionäre Wendung: Wohl erstmals forderte eine Kandidatin ihre Wähler ausdrücklich auf, nicht für sie zu stimmen. Bei den Kommunalwahlen

8 von 10 Sternen bei der Dschungelprüfung – Respekt!

hatte sie sich auf die Liste der „Unabhängigen Weseler Wählergemeinschaft“ setzen lassen – irrtümlich, wie Dolly-Gatte Dino hernach der WAZ-Mediengruppe mitteilte: „Wir dachten dabei aber daran, Mitglied zu werden, nicht gleich für den Stadtrat zu kandidieren”. Doch da war der entsprechende Wisch, wenn auch versehentlich, bereits unterschrieben.

Neuerdings ist Dolly auch auf dem Felde der Kochkunst tätig: 2012 eröffnete sie ein Speiselokal in Frankfurt („Buster Pasta“), 2014 ein ebensolches in Düsseldorf – schier unerschöpflich scheint Dollys Tatkraft, ihr Ideenreichtum. Sie hat das Spiel verstanden – weit besser wohl als mancher, der sie auslacht.

WILLI LIPPENS

*10. November 1945 in Bedburg-Hau, Niederrhein

Das Fummelwunder im Niemandsland

Willi Lippens kam als Sohn eines holländischen Vaters im deutschen Kreis Kleve zur Welt, wobei sein Senior die östlichen Nachbarn nur mäßig liebte, sprach er doch gern von den „Scheiß-Deutschen“ (wofür er Gründe hatte, die in die Nazi-Zeit zurückreichten). 1966 stellte sich der Sohnemann bei Rot-Weiss Essen vor, wobei sich der Rechtsfuß kurzerhand als gelernter Linksaußen ausgab, war diese Position doch gerade vakant. Bald sollte sich Lippens als grandiose Bereicherung der Mannschaft erweisen, war er doch etwas, was sich seinerzeit großer Beliebtheit erfreute: ein „Typ“. Typisch war zunächst seine leicht wiegende Gangart, die ihm den Spitznamen „Ente“ einbrachte. Hinzu kam seine etwas humorige Spielauffassung. Beides verschmolz er zu einer Typizität, die sich in einer immer wiederkehrenden Spielsituation wunderschön verdichtete: Lippens steht, den Ball am Fuß, in Strafraumnähe. Ihm gegenüber der Verteidiger. Keiner bewegt sich. Dann macht Lippens eine Körpertäuschung, welcher der Gegenspieler folgt. Dann eine zweite, gegenläufige, wobei Lippens den Ball nach wie vor unberührt lässt. Dann fintiert „Ente" ein drittes, ein viertes Mal, was seinen Widerpart in Hampelbewegungen der unwürdigsten Art nötigt (dieses ist übrigens alleiniger Sinn der Sache). Schließlich täuscht Lippens auf besonders perfide Art, und zwar, indem er eine Täuschung vortäuscht. Denn nun macht er Ernst und zieht am Gegenspieler vorbei, worauf dieser sich gehörig schämt. In Glanzszenen bringt „Ente" den Verteidiger gar dazu, das Gleichgewicht zu verlieren, worauf die gesamte Hafenstraße in helle Freude ausbricht. Bevorzugtes Opfer ist Hans-Hubert Vogts, dem gegenüber Lippens durchaus auch menschliche Anteilnahme zeigt: „Mensch Berti, schau mal, wie der Hennes Weisweiler schon guckt. Mensch, der nimmt dich gleich raus!"

Mensch, Berti: Der Hennes nimmt dich gleich raus!

Mit der Zeit wurde „Ente" so gut, dass Bundestrainer Helmut Schön anfragte, ob er nicht vielleicht Spaß an einem deutschen Pass haben würde. Da legte Vater Lippens allerdings sein Veto ein. So blieb immerhin der Weg in die holländische Nationalmannschaft offen. 1971 machte Lippens sein erstes Länderspiel für Oranje. Und gleichzeitig sein letztes: Die Mitspieler schnitten ihn, weil er ja „ein halber Deutscher" sei. Doch all das hielt die Frohnatur Lippens nicht vom Dauergrinsen ab: „Mit mir wären die Niederlande 1974 Weltmeister geworden!" Ja, wer weiß.

Ganz gut (oder ganz gut erfunden) ist die berühmteste aller Lippens-Anekdoten. Schiedsrichter: „Ich verwarne Ihnen!" Lippens: „Ich danke Sie". Schiedsrichter zückt Rot. Das „Ich danke Sie" steht auch über dem Portal des Restaurants, das Lippens-Sohn Michael in Bottrop betreibt. Entenpapa ist nahezu täglich zugegen und erzählt gerne, wie das damals genau alles war.

MOONDOG

*26. Mai 1916 in Maryville, Kansas, †8. September 1999 in Münster

Ein weltberühmter Eckensteher

Mitunter erblickt man auf den Straßen des Ruhrgebiets recht merkwürdige Menschen. Nehmen wir Recklinghausen, genauer gesagt: jene Ecke, an der die Breite Straße auf das Lampengässchen stößt. In den späten 70er-Jahren hätten wir dort sehr häufig einen etwas merkwürdig gewandeten Herrn antreffen können: Wikingertracht trug er, dazu einen Speer und einen langen weißen Bart. Der Herr war blind und verkaufte Gedichte. Was hätten wir wohl bei seinem Anblick gedacht? Womöglich gar nichts, hätten uns doch vielleicht dringende Alltagsgeschäfte vom Denken abgehalten: „Gleich macht Doktor Dulle zu, hoffentlich schaff ich das noch, sonst muss ich's mit der Post schicken!" oder dergleichen. Für den Fall aber, dass wir die Muße zum Denken gefunden hätten, wäre uns unweigerlich die Erkenntnis gekommen: Dieser Mann muss eine Geschichte haben.

Nun hat freilich jeder, der sein Dasein auf der Straße fristet, so etwas wie eine Geschichte – die Geschichte jenes Wikingers jedoch war zweifelsohne eine besondere. Hätten wir die Möglichkeit gehabt, einen seiner vielen Bekannten zu befragen, so hätten wir gar Erstaunliches herausgefunden. Der weltberühmte Igor Strawinsky etwa hätte uns beschieden, dass jener Wikinger gleich ihm ein ernstzunehmender Komponist sei. Der weltberühmte klassische Dirigent Arturo Toscanini hätte hinzugefügt, dass er jenen Wikinger für „einen der herrlichsten natürlichen Musiker" halte, denen er je begegnet sei. Der weltberühmte Jazzer Charlie Parker war von jenem Wikinger gar derart angetan, dass er den Plan bekundete, mit ihm eine Platte zu machen, was dann freilich durch Parkers frühen Tod konterkariert wurde. Die weltberühmte Rock-Sängerin Janis Joplin hingegen war so umsichtig, noch zu ihren Lebzeiten einen Song von ihm einzuspielen. Und so weiter. All das legt die Vermutung nahe, dass jener Herr, den wir dort, an jener Recklinghauser Straßenecke, verstohlen beobachten, seinerseits weltberühmt war. Wenn auch nur unter Eingeweihten: eben das, was man einen „musicians' musician" nennt.

Louis Thomas Hardin war im Mittleren Westen der USA zur Welt gekommen. Im Alter von sechs Jahren nahm ihn der Arapaho-Häuptling Yellow Calf auf den Schoß und ließ ihn aufs Büffelfell der Sonnentrommel schlagen. Später aber, mit 16, schlug Louis Thomas auf eine Dynamitkapsel, die er gerade gefunden hatte – und verlor sein Augenlicht. 1943 tauchte Hardin in New York auf, wo er in Manhattan, Ecke 53rd Street/ Sixth Avenue Gedichte verkaufte. Und auf selbst gebauten, meist dreieckigen Instrumenten musizierte. Übrigens schlief er weder damals noch je hernach auf der Straße; die Nächte verbrachte er stets bei Freunden oder Bewunderern. Sein Hund hatte ein inniges Verhältnis zum Mond, hiervon entlehnte Herrchen seinen Künstlernamen. Als „Moondog" avancierte er bald zu einer New Yorker Sehenswürdigkeit. Unter Musikern genoss er – siehe oben – ein enormes Ansehen; viele der Jazzer, die in den umliegenden Clubs spielten, schätzten ihn außerordentlich. Doch nicht nur die: Der weltberühmte Avantgardist Philip Glass erhob Moondog gar zum Begründer der Minimal Music. Für Prestige, seinerzeit eins der angesagtesten Jazz-Label, nahm der Wikinger drei LP's auf, später kamen zwei für Columbia hinzu.

Doch 1974 war Moondog plötzlich verschwunden – der weltberühmte Paul Simon beklagte in einer TV-Talkshow gar schon den Tod des großen Individualisten. Doch Pustekuchen: Moondog hatte nur die Straßenecke gewechselt. Er hielt

Deutschland, in erster Linie der Musik halber, für das gelobte Land, den Rhein gar für einen heiligen Fluss. So kam er zu uns; die Ruhrfestspiele zogen ihn schließlich nach Recklinghausen, wo er sich dauerhaft etablierte: Zunächst wohnte er gemeinsam mit einem Freund in der Innenstadt, gleich hinter dem Pferdemetzger. Dann nahm sich die Studentin Ilona Goebel seiner an. Moondog zog zu ihrer Familie nach Oer-Erkenschwick. Erst kurz vor seinem Tod sollte er das Revier in Richtung Münster verlassen. Während seiner deutschen Periode spielte Moondog weitere Platten ein, wobei sich das Bochumer Label Roof als äußerst rühriger Förderer seiner Kunst erwies.

Starb einen Tag zu früh, außer in Asien

Übrigens zeigte sich Moondog der Zahl Neun sehr verbunden; beispielsweise hielt er den neunten Oberton für essentiell. So ist es wohl ein wenig ärgerlich, dass er schon am 8.9.1999 starb. Immerhin: Der Osten unserer Welt hatte zum Zeitpunkt seines Todes bereits den neunten Tag erreicht.

ALFRED TETZLAFF

*10.04.1924 in Teplitz-Schönau

Der typische Wattenscheider, Part I

Tetzlaffs Wurzeln, so viel kann der aufmerksame Fernsehseher biographisch rekonstruieren, liegen im heutigen Teplice, seinerzeit ein mehrheitlich deutsch besiedelter Kurort in der Tschechoslowakei. Freilich scheint es aber so, als habe Alfred seine Jugend in Berlin verlebt – dafür spricht einerseits der Dialekt, andererseits die merkwürdige Vorliebe für Hertha BSC. Dann jedoch hat es ihn in ein nicht näher spezifiziertes Arbeiterviertel Wattenscheids verschlagen, wo er seither mit Ehefrau Else Dorothea (geborene Böteführ) lebt. Die Tetzlaffs bekamen ein Kindlein (Rita), später noch einen Schwiegersohn (Michael).

Beruflich war Tetzlaff in irgendeiner „Materialausgabe" tätig, privat jedoch kämpfte er nimmermüde für die wahren Werte. Denn diese waren arg gefährdet, standen damals, zu Beginn der 70er, die Feinde doch überall: die linken Studenten, die Gastarbeiter, der Russe, der Ulbricht. Und nicht zuletzt standen sie auch in der sozialliberalen Reformregierung unter Willy Brandt, den Tetzlaff sofort durchschaute: „Wenn man ein uneheliches Kind an die Regierung lässt und dann auch geschieden und eine Ausländerin geheiratet ... und dann wundern sich die Leute, dass die Mädchen keine Höschen mehr tragen." Ach, die Erinnerung stimmt wehmütig: Wie viel hat der politische Diskurs seither doch an Qualität verloren! Nur folgerichtig, dass die Mädchen mehrheitlich wieder dazu übergingen, Höschen zu tragen. Die Welt ist ärmer geworden.

Was uns bleibt, sind Sehnsüchte nach jenem Goldenen Zeitalter. Und natürlich die Wiederholungen von „Ein Herz und eine Seele" – das am 15.1.1973 erstmals auf Sendung ging, zunächst noch im Dritten. Doch bald war Alfred nicht mehr zu stoppen: ARD, Prime Time, Straßenfeger.

Wegen Willy Brandt tragen die Mädchen keine Höschen mehr

Die Nation war gebannt: Endlich traute sich mal einer, „Arschloch" zu sagen. Und Arschloch zu sein. Tetzlaff brach so ziemlich jedes Tabu, dessen er habhaft werden konnte. Ein hässlicher Deutscher, dessen Hässlichkeit ungemein anziehend wirkte: So waren wir. Beziehungsweise ganz anders. Aber irgendwie doch. Wir Deutschen.

Dabei ist Alfred, man wundert sich, im Grunde ein Engländer: „Ein Herz und eine Seele" ist eine Fast-Eins-zu-Eins-Kopie des britischen Formats „Till Death Us Do Part", so erklärt sich auch die an sich verstörende Nennung des Namens „Johnny Speight“ im Abspann. Speight nämlich hatte das Original erfunden, bei welchem der deutsche Autor Wolfgang Menge sich großzügig bediente. Bis hin zu den Namen: Alfred hieß im Englischen „Alf“, Else „Else“, Rita „Rita“ und Michael „Mike“. „Dusselige Kuh“, wie Alfred seine Gattin bekosnamte, ist eine Verdeutschung der „silly moo“ und so weiter. Dass die deutsche Serie dennoch mehr war als nur eine Nachahmung, liegt an Menges ingeniösen Dialogen und der exquisiten Besetzung: der hitlereske Heinz Schubert, die wunderbar langsame Elisabeth Wiedemann, die liebe Naive Hildegard Krekel sowie Dieter Krebs als einzigem echten Ruhrgebiets-Kind jener Wattenscheider Familie.

AUSWANDERER

JAMES BOND MANFRED KRUG
MANUEL NEUER CLAUDIA SCHIFFER
CLAIRE WALDOFF DIETER KÜRTEN NENA

BOND. JAMES BOND

*11.11.1920 Wattenscheid

Der typische Wattenscheider, Part II

Doch, doch, ganz recht. Und das kam so: Nach dem Ersten Weltkrieg wurde der Highland-Schotte Andrew Bond, ein Brigadier-General, der in der Schlacht von Gallipoli einen Arm gelassen hatte, mit einer wichtigen Aufgabe betraut: der Demontage des Essener Krupp-Konzerns. Für diesen Job brachte Bond zweifelsohne die erforderliche Qualifikation mit, war er im Zivilberuf doch Ingenieur bei der Metropolitan Vickers Electrical Company. So bezog Bond, warum auch immer, Quartier in Wattenscheid, und zwar gemeinsam mit seiner jungen Gattin Monique, geborene Delacroix, eine Schweizerin aus dem Kanton Waadt, und dem kleinen Henry. Zudem war Monique erneut in guter Hoffnung – die im November 1920 ganz allerliebst erfüllt wurde: Ein kleiner James erblickte das Licht des Ruhrgebiets. Allerdings brauchte es Jahrzehnte, bis Agent 007 endlich, wenn auch widerwillig, die Wahrheit preisgab: „The truth is that I'm a native of the Ruhr. I was born in a town called Wattenscheid." Ja! Ging doch! Endlich war's raus! Hierauf sollte sich dieses Bekenntnis geschwind verbreiten, fand es doch Eingang in jenes Buch, das seither als maßgebliche Quelle für die Frühzeit des Secret Agents dient: *James Bond. The Authorised Biography.*

Weinerlich hadert James mit seiner Herkunft

Zweifelsohne hat dieses Buch die Bond-Forschung revolutioniert. Gemeinhin ging man ja davon aus, dass der Geheimdienstler und nachmalige Roman-Autor Ian Fleming die Figur des 007 im Jahre 1952 erfunden hätte. Zehn Jahre später kam Bond in die Kinos, was ihm zu enormer Popularität verhalf – an welcher Fleming sich leider nicht allzu lange erfreuen konnte, dieweil er dummerweise schon 1964 starb. Jedoch hinterließ Fleming einen Assistenten, John Pearson, der wiederum 1966 die Biographie seines Chefs vorlegte. Und nun wurde es vollends sensationell: Offenbar hatte Pearson bei den Recherchen zu Flemings Lebensgeschichte herausgefunden, dass „James Bond" gar keine Erfindung ist ... sondern ein wirklich existierender Ex-Kollege Flemings aus dessen Geheimdienstzeit. Demzufolge suchte Pearson den realen 007, fand ihn tatsächlich, sprach mit ihm – und konnte so 1973 oben genannte autorisierte Biographie vorlegen.

Gut – jene Leute, die alles kaputtreden wollen, unterstellen jetzt vielleicht, Pearsons Biographie wäre reine Fiktion, die nur so tut, als wäre sie faktual ... aber mit solchen Leuten wollen wir nichts zu tun haben, sie sollen jetzt bitte weggehen, nach Hause oder sonst wohin. Wir nämlich wollen uns weiter an dem Gedanken erfreuen, dass Herr Bond einer von uns sei.

Wobei sich Herr Bond dieses Gedankens merkwürdigerweise überhaupt nicht erfreut, sondern stattdessen einen ganz und gar langweiligen Anti-Germanismus pflegt. Zunächst beklagt er sich larmoyant darüber, „being officially a native Kraut" sei ihm bei seiner Karriere hie und da hinderlich gewesen. Außerdem hat er nur wenige Erinnerungen an die Stätte seiner Kindheit, und jene sind nicht übermäßig warm: Das Wattenscheider Elternhaus wäre ein „big, ugly, rambling place" gewesen. (Pearson spricht übrigens davon, dass es einen eigenen Park gehabt habe und voll mit Dienern, Kindermädchen, Hunden und Pferden gewesen sei – welche Wattenscheider Häuser kommen da in Frage? Wer kennt sich aus?)

Jedenfalls ist zu fragen, welchen Einfluss jene fünf Ruhrgebietsjahre auf Bond gehabt haben – immerhin waren es die ersten, mithin formativen seines Lebens. Als er das Revier verließ, war – wie Pearson darlegt – sein Deutsch gar besser als sein Englisch. Überdies ist ja Bonds späterer Umgang mit Feinden („umlegen“) beziehungsweise Frauen („flachlegen“) doch ganz unverkennbar ruhrgebietstypisch. Andererseits leugnet er auf geradezu neurotische Weise das Deutsche in ihm: „I still don't like them“, die Deutschen nämlich, trompetet er Pearson an, und mehr noch: „I have not, I hasten to add, a drop of German blood in my veins“. So also spricht der beste Mann „Im Geheimdienst Ihrer Majestät“. Ob er wohl weiß, dass Ihre Majestät geradezu literweise „deutsches Blut in den Venen hat“? Immerhin kam ihr Papa als George von Sachsen-Coburg und Gotha zur Welt, bevor er sich den Namen „Windsor“ verpasste ... Egal, nicht unser Thema. Wir nämlich warten einfach darauf, dass James sich irgendwann dem Trauma seiner Herkunft stellen wird, und zwar vor Ort, in Wattenscheid, und zwar in Dolby Surround.

MANFRED KRUG

*8. Februar 1937 in Duisburg

Der Duisburger Schweizerbandit

Kreuzberg? Nein, ganz im Gegenteil: Der Manne ist ein waschechtes Kind der Stadt Duisburg, woselbst er am Rosenmontag zur Welt kam, und zwar in Steißlage.

Der Vater war Ingenieur – allerdings ließ sich Rudolf Krugs Karriere nicht allzu gut an, stand er doch bei Thyssen als ganz gewöhnlicher Schmelzer am Hochofen. Woanders boten sich bessere Perspektiven. So zog die Kleinfamilie schon bald nach Georgsmarienhütte, wenig später nach Hennigsdorf bei Berlin. Hier verbrachte Manfred seine Kindheit – hier und erneut in der Duisburger Urheimat. Denn teils wegen des Krieges, teils wegen der nicht immer eindeutigen Familienverhältnisse wurde er wiederholt zur Oma ausgelagert, zu jener Lisa Koppmann, der Krug in seinen Memoiren „Mein schönes Leben“ ein so apartes Denkmal setzt. Oma Lisa war geradezu vernarrt in ihren niedlichen Enkel – was Manfreds Ego offensichtlich extrem gut getan hat. Vielleicht erblicken wir hier gar die Keimzelle jener hinreißenden Eigenliebe, die Krug seither durchs Leben trägt. Oma und Enkel wohnten in der Schweizerstraße 1, jenem Eckhaus mit der Kneipe unten drin: „Hier bin ich jetzt zu Hause“, erinnert sich Krug seiner damaligen Gefühle, „in dem Stadtteil Duissern, am Fuße des Kaiserbergs.“

Und Manfred assimilierte sich fix: Zunächst schliff er sich das Berlinerische ab und ersetzte es durch Duisburger Mundart. Dann wurde er führendes Mitglied der „Schweizerbande“. Diese frönte einerseits eher harmlosen Vergnügungen (wie etwa dem Straßen-Hockey), war andererseits jedoch auch recht geschäftstüchtig: In der unmittelbaren Nachkriegszeit gab es prima viel Ruinen und in denen wiederum prima viel Altmetall, welches man klauen und auf dem Schrottplatz verkloppen konnte. Der Einfachheit halber konnte man das Altmetall natürlich auch direkt vom Schrottplatz klauen, da sparte man sich die langen Wege. Auch kleinen Kellerbrüchen waren die Jungs von der Schweizerstraße durchaus nicht abgeneigt.

Krugs Jugend: Ein Inferno des Verbrechens

Legal an Geld zu kommen, erwies sich als schwieriger: Beim Spielzeughändler hatte Manfred Zinnfiguren entdeckt. Sündhaft teure Zinnfiguren. Was tun? Der Knabe beschloss, seine Briefmarkensammlung zu verkaufen – das müsste doch hinhauen! Tja ... lustlos musterte der Briefmarkenhändler die Postwertzeichen, welche ihm der Knabe auf die Theke geschüttet hatte: „Pack sie wieder ein“, sagte er und schenkte Manfred noch eine Handvoll dazu. Daheim in der Schweizerstraße stellte sich der junge Krug auf den Balkon und warf die wertlosen Marken in den Wind. Nun, so mancher Käufer der T-Aktie mag dieses Gefühl wohl kennen.

Bald erschien Manfreds Mutter wieder in Duisburg, wo sie Quartier bei ihrer Mutter nahm, Buschhausen, Biesenwiese 3. Auch der Vater kehrte aus der Kriegsgefangenschaft heim, wechselte allerdings schon bald in die Ostzone: Hier standen die Karrierechancen besser. Mittlerweile hatten sich die Eltern getrennt. Manfred blieb zunächst noch bei Oma Lisa. Erst 1951 holte ihn der Papa nach Leipzig, wenig später ging's nach Brandenburg. Krug senior übernahm die technische Leitung des dortigen Stahl- und Walzwerks, der Junior aber wurde in eine Lehre als Schmelzer genötigt (wobei ein kleiner Spritzer Flüssigstahl dem 1,90-Mann seine sehenswerte Stirnglatznarbe einbrachte).

1954 begann Krug mit der Schauspielerei. Als 1961 die Mauer gebaut wurde, war Manne gerade in Duisburg, zu Besuch bei der Oma. Was tun? Er ging zurück in die DDR, wo er bald zum Mega-Film-Fernseh-Gesangs-Star avancierte. 1977 ekelte man ihn in den Westen, wo er dann, nach kurzen Startschwierigkeiten, auch die andere Hälfte der Nation für sich begeistern konnte.

MANUEL NEUER

*27. März 1986 in Gelsenkirchen

Der Weg-Schnapper

Bevor wir zu Manuel Neuer kommen, ist es an der Zeit, das Loblied auf einen der größten Helden zu singen, die der Ruhrgebietsfußball je hervorgebracht hat – ein ebenso hochtönendes wie trauriges Loblied, ist jener Held doch ungerechterweise der Vergessenheit anheimgefallen: Adalbert „Kotzi" Kostrotzki, in den späten 50er-, frühen 60er-Jahren umjubelter Halbstürmer von Union Kaltenberg, seinerzeit respektvoll die „schwarz-grünen Teufel" genannt. Wer je das Glück hatte, Kostrotzki spielen zu sehen, schwärmt noch heute von dessen Ballbehandlung, vom spielerischen Genie dieses hageren Blondschopfs, den nicht wenige seinerzeit in einem Atemzug mit Helmut Haller nannten. Womöglich hätte auch Kostrotzki eine internationale Karriere hinlegen können – wenn er nur je bereit gewesen wäre, auf eins der zahllosen Angebote einzugehen, die ihm von höherklassigen Clubs unterbreitet wurden. Doch dem stand Kostrotzkis Vereinstreue entgegen: „Wie hätte ich denn all die Jungs im Stich lassen können?", entrüstet er sich noch heute, unter jenem verblichenen Wimpel sitzend, der zusammen mit zwei Zinntellern die Wand von „Uschi's Eckstübchen" schmückt, seiner Kaltenberger Stammkneipe. Dann widmet er sich kurz dem Herrengedeck, das vor ihm steht, blickt auf und bekräftigt: „Wie denn? Nee. Hätt' ich nicht!"

Der Fußballspieler: Vergängliche Befüllung unseres ewig schönen Trikots

So ist man versucht, diesen nunmehr vom Alter gebeugten Adalbert Kostrotzki, dem Freundschaft und Treue wichtiger waren als all der schnöde Mammon, gerührt in den Arm zu nehmen – was allerdings daran scheitert, dass es ihn nicht gibt, nie gab, dass er nichts ist als der feuchte Traum altväterischer Funktionäre beziehungsweise dummdreister Sportjournalisten. Denn, liebe Kinder: Seit Anbeginn des Fußballs wollten alle, die etwas konnten, stets dorthin, wo die Bühne am größten war – und wo ihr Können maximal vergolten wurde, und wäre es durch einen prima Druckposten auf der vereinsnahen Zeche gewesen. Also: Willkommen in der Wirklichkeit!

Zweierlei Menschen braucht der Fußball. Zunächst den Spieler, der sein Spiel wiederum bestmöglich inszenieren, bestmöglich verwerten muss, auf dass er nicht eines Tages in

„Uschi's Eckstübchen" endet. Und andererseits braucht der Fußball uns – die Fans, die wissen, dass all jene Spieler ja nur eine vergängliche Befüllung dessen sind, was uns auf ewig bleiben wird: das Trikot in unseren herrlichen Vereinsfarben.

Etwas schwierig wird die Nummer jedoch dort, wo sich beide Prinzipien in einer Person vereinen ... und damit sind wir endlich bei Manuel Neuer angekommen, hat dieser doch eine seltene Doppelkarriere hingelegt. Zunächst jene als Fan: Neuer stand, wie jeder rechtschaffene Gelsenkirchener Junge, alle 14 Tage im Parkstadion, und zwar dort, wo es am schönsten war – in der Nordkurve. Hier pflegte er innigen Umgang mit der „Buerschenschaft", einer Ultra-Gruppe, deren T-Shirt er auch dann trug, wenn er in Sachen seiner zweiten Karriere tätig war. Nur zog er dann ein Torwart-Jersey drüber: Seit seinem fünften Lebensjahr war Manuel Schalke-Mitglied, und wiewohl er ein ganz außergewöhnliches Talent als Feldspieler gezeigt hatte, war er schon früh ins Tor beordert worden – weil er ein ganz, ganz, ganz und ganz außergewöhnliches Talent zum Torwart gezeigt hatte. Nämliches kultivierte er in allen Schalker Nachwuchsmannschaften, parallel besuchte er das dem Verein eng verbundene Teilinternat am Berger Feld in GE-Erle, in dem außer ihm auch noch Schülern wie Höwedes, Benedikt; Draxler, Julian und Özil, Mesut wertvolles Wissen verabreicht wurde, um nur einmal jene zu nennen, welche später die Welt meisterten. Bietet irgendeine Schule mehr?

Seine internationale Karriere startete Neuer 2004 in der deutschen U-18, später sollte er noch alle anderen Nachwuchsmannschaften des DFB durchlaufen. Doch im Verein gab es jemanden, der ihn am Fortkommen hinderte: Frank Rost, Stammtorhüter, gut, erfahren, Nationalspieler. So würde Neuers Bundesliga-Karriere wohl noch ein bisschen auf sich warten lassen, neigen Trainer doch betreffs der Torhüterposition dazu, auf das Altbewährte zu setzen. Nicht so aber Mirko Slomka. War es, weil er mit Rost nicht konnte, war es, weil Neuer ihn derart überzeugt hatte? Jedenfalls wurde der „Schnapper", wie ihn seine Ultra-Freunde nannten, mit gerade einmal 20 Jahren zum Schalker Stamm-Keeper erhoben. Wie schön, mochten sich die Fans gedacht haben. Wie schön, mochten sich aber auch so manche Auswärtige gedacht haben, die ihn schon damals auf der Liste hatten: Jetzt kann der Junge auf höchster nationaler Ebene reifen. Dann wird er vielleicht der neue Kahn, ach was, besser als der: Immerhin beherrscht Neuer auch das Fußballerische, kann das Spiel lesen und blitzschnell eröffnen, beherrscht den Strafraum – all das Tugenden, mit denen „der Titanic" nicht gerade übermäßig ausgestattet war.

Währenddessen schwor Neuer Treue: „Entweder spiele ich bei Schalke oder gar keinen Fußball", wurde er 2006 zitiert. Doch fünf Jahre später war ihm anscheinend klar geworden, dass er selbst besser war, als Schalke zu seiner aktiven Zeit je werden würde: Für den talentiertesten Torwart der Welt ist selbst die Arena eine zu provinzielle Bühne. So zog Neuer eine vernünftige Konsequenz, die ihm jedoch seelisch, wie man vermuten mag, arge Schmerzen bereitete: Als er seinen Entschluss auf einer Pressekonferenz verkündete, weinte er.

Nun könnte man die Frage stellen, ob Neuer Schalke „verraten" hat – oder nicht vielmehr gerettet. Immerhin ließ er sich von Bayern München aus einem laufenden Vertrag herausholen, was sich Schalke durch eine infernalisch hohe Ablösesumme vergelten ließ. Welche übrigens hinfort durch allerlei Boni noch aufgepimpt wurde: Wann immer Bayern mit (und selbstverständlich: durch) Neuer einen Titel holte, wurde in München ein stattliches Geldpaket auf den Weg nach Gelsenkirchen gebracht. So konnten ja an sich alle fröhlich sein, und es ist zu vermuten, sie waren es auch. Mit einer gewichtigen Ausnahme: den Fans. Die Schalker verargten Neuer, dass er nach München gegangen, die Münchener, dass er zu ihnen gekommen war. Wobei der Skandal nicht etwa darin lag, dass sich hier ein Schalker Spieler das Bayern-Trikot überstreifte – sondern dass es ein Schalker Ultra-Fan tat. Nun kann man ins Sinnieren kommen: Hat Neuer den Geist des Fußballs verraten? Oder hat er ihn konsequent verwirklicht?

Aber nun mal ehrlich: Was soll das ganze Sinnieren? Ist doch Unsinn. Bringt doch nix. Komm, Alter, lass uns rüber zur Uschi gehen, vielleicht ist der Kotzi da, und vielleicht erzählt er uns nochmal, wie er damals den Abschlag vom DJK-Torwart an der Mittellinie volley aus der Luft genommen hat und direkt zurück in den Giebel gezimmert hat, Mann, hat der geguckt!

CLAUDIA SCHIFFER

*25. August 1970 in Rheinberg

Gefahren der Großstadt

Diese Claudia Schiffer! Rheinberg war der Siebzehnjährigen wohl nicht mondän genug, nee, das Frollein musste unbedingt ins verschnöselte Düsseldorf fahren, um dort ein wenig abzutanzen! An der Kö auch noch, im „Checker's Club"! Und das hat sie jetzt davon: Dort nämlich fiel sie einem Herrn ins Auge, der ihr alsbald etwas von „Model", „Fotos" und „Paris" vorschwafelte, man kennt das ja zur Genüge, und schon war's geschehen: Weltruhm, Zigmillionen-Vermögen, Luxus-Haus im Londoner Fein-Stadtteil Notting Hill und so weiter. Welch ein Schicksal! Dabei hatte ihr doch einst, vor jener schicksalhaften Nacht im „Checker's Club", die Welt offen gestanden – von einem Jura-Studium träumte die junge Claudia gar! Und nun? Ach, man mag gar nicht darüber nachdenken.

1988 durfte Schiffer erstmals für Chanel laufen. Karl Lagerfeld hatte sich entschlossen, sie zum neuen Gesicht jener Edelmarke zu machen. 1990 zierte sie erstmals den Titel der Vogue – ein Ritterinnenschlag für jedes Mannequin. Claudia gehörte jener Generation von Super-Models an, die diesen Namen noch mit Recht trugen. Zusammen mit Cindy, Naomi und Elle genoss sie Popstar-Status (mit diesen dreien gründete sie übrigens auch das Fashion Café in New York).

Im Laufe ihrer Karriere hat sie Imposantes vollbracht – auf der Habenseite stehen sagenhafte tausend Titelbilder, darüber hinaus der Umstand, dass sie nie „Germany's Next Top-Model" moderiert hat, sowie ein Ausspruch von wahrlich verstörender Schönheit: „Ich kenn nur einen Namen für den Penis, der nicht dämlich ist: Stinkerle."

CLAIRE WALDOFF

*21. Oktober 1884 in Gelsenkirchen, †22. Januar 1957 in Bad Reichenhall

Der Claire ihre unanständ'ge Lust

Ganz und gar harmlos fängt sie an, die gute alte Schellackplatte: Ein Klavier plingt reserviert vor sich hin. Doch dann kommt Claire und macht Ernst: „Wie der Mann knutschen, drücken, küssen kann!", lautet die erste Zeile des Liedes. Frivol. Doch ist es weniger der Text selbst, als vielmehr die Art, auf die Claire Waldoff ihn interpretiert: Sie schmeißt alles rein, was sie hat – das Ergebnis ist nicht unbedingt schön, aber durchaus überwältigend. Claire Waldoff singt ganzkörperlich. In Strophe Vier wird getanzt: „Mit de Knie manchmal" – kleine Pause, ein extrem erotisches Luftholen – „stöööööößt er", der Heeeeerrrmann nämlich, denn so heeßt er ja bekanntlich. In Claire Waldoffs Liedschaffen ging es oftmals um Sex, mitunter recht explizit. Dabei drang sie in

Sphären, die selbst in den wilden Zwanzigern etwas far out waren – beispielsweise kosmetische Chirurgie („Ick lasse keen'n Doktor ran an meine Brust / Wegen Emil seine unanständ'ge Lust") oder das Spiel mit sexuellen Identitäten: „Keiner unterscheiden kann, / Ob du 'n Weib bist oder 'n Mann", weiß sie über die Hannelore vom Halleschen Tore zu berichten. Und weiter: „Es hat mir einer anvertraut / Sie hat 'n Bräutjam und 'ne Braut".

Claire Waldoff hat sie alle besungen, die schweren Berliner Jungs, die leichten Berliner Mädchen, und, siehe oben, auch jene dazwischen. Das Ganze mit Lokalkolorit, mit Havel, Panke, Wuhle, Spree und Leierkastenmann. Die Claire war halt eine Ur-Berliner Pflanze, die ... äh ... ein Kind des Ruhrgebiets war, genauer: ein Kind Gelsenkirchens, noch genauer: das elfte von 16 der Familie Wortmann. Der Vater hatte zunächst als Steiger gearbeitet, sich dann aber als Schankwirt und Futterhändler in der nachmaligen Bokermühlstraße selbstständig gemacht. Später neigte Claire mitunter dazu, ihr Herkunftsmilieu ein wenig zu dramatisieren: „Als ich ein Kind war, waren die Nächte oft erfüllt vom stillen Weinen der Angehörigen der Bergleute. Die schlagenden Wetter unter der Erde forderten bei den häufigen Katastrophen (...) oft ihre Opfer. Stundenlang warteten dann die Mütter, Bräute und Kinder mit den Familien voll Angst auf die Heimkehrenden, ob sie unter den Toten oder unter den Lebenden sind." Nun, selbstverständlich gab es seinerzeit in Gelsenkirchen schlagende Wetter, freilich gab es auch allerlei anderes, zum Beispiel Töchterschulen – und eine solche durfte Clara Wortmann, im Gegensatz zu ihren Schwestern, tatsächlich besuchen. Währenddessen legte ihr Vater einen steilen beruflichen Aufstieg hin: Die Familie siedelte nach Oberhausen über, wo Herr Wortmann an der Marktstraße ein Restaurant samt angeschlossenem Varieté eröffnete, mit stattlicher Kapazität: Tausend Menschen fasste der Saal. Hier machte die junge

Hannelores Spiel mit sexuellen Identitäten

Clara profunde Erfahrungen in Sachen Kleinkunst – andererseits war jedoch ihr Bildungsdrang noch nicht im Mindesten gestillt. 1896 belegte sie in Hannover jene Mädchen-Gymnasialkurse, die erst kurz zuvor von der Frauenrechtlerin Helene Lange eingeführt worden waren. Berufsziel: Ärztin.

Dann aber zog es sie zur Theaterbühne; 1903 feierte sie ihr Debüt, vier Jahre später wechselte sie nach Berlin, wo sie fortan jedoch dem Kabarett anheimfiel. Claire Waldoff hatte einen Hit nach dem anderen, war ein Star ihrer Zeit, wurde von Oskar Kokoschka portraitiert und von Kurt Tucholsky verehrt. Privat interessierte sich Waldoff übrigens weniger für jene Hermanns und Maxes, die sie so vehement besang; stattdessen lebte sie recht offen ihre Liebesbeziehung mit Olga von Roeder aus. Im Dritten Reich fiel sie zunächst zwar nicht unter ein direktes Berufsverbot, freilich war es offenbar, dass weder ihre Bühnen- noch ihre Privatpersönlichkeit dem NS-Frauenideal entsprachen. Zusammen mit „Olli" verließ sie Berlin, um in Bayrisch-Gmain zu überwintern. Nach dem Krieg gelang es ihr nicht, an ihren früheren Ruhm anzuknüpfen; sie starb nahezu verarmt, nahezu vergessen.

DIETER KÜRTEN

*23. April 1935 in Duisburg

„Sie brauchen sich nicht zu genieren."

Dieter Kürten ist freundlich. Man kann gar nicht oft genug sagen, dass Dieter Kürten freundlich ist, denn Dieter Kürten ist eines ganz wirklich: überaus freundlich. Und zwar immer. Das nette Lächeln, der akkurat modellierte Scheitel, das perfekte Outfit (1974 „Krawattenmann des Jahres"), dazu diese wundervolle Freundlichkeit – man war einfach glücklich, wenn man ihm zuschauen durfte. Und Gelegenheit dazu gab's genug: Zwischen 1967 und 2000 moderierte Kürten 375 Aktuelle Sport-Studios, hinzu kamen noch zahlreiche Sport-Groß-Events aller Art.

Unvergessen natürlich das Weissmüller-Interview anno 1971. Johnny, dessen Ruhm auf fünf Olympiasiegen und der nachmaligen Verkörperung der Tarzan-Figur in zwölf Spielfilmen beruhte, war mitsamt seiner Frau Maria und einem Affen erschienen. Kürten erkundigte sich im Laufe des Gesprächs (freundlich!) nach dem Ergehen des Sohnemanns (wobei er die Weissmüller-Gattin tatsächlich mit „gnädige Frau" ansprach). Dann griff sich der Affe resolut die Turmperücke der gnädigen Frau (Kürten: „Hopps!"). Bei Mrs. Weissmüller etwas gezwungene Heiterkeit. Bei Johnny völlig ungezwungene Heiterkeit. Dann rettete Dieter Kürten die Situation, natürlich extrem freundlich. Erst der Schnellschuss: „Das macht gar nichts." Dann, einfühlsamer: „Ich finde, Sie brauchen sich jetzt überhaupt nicht zu genieren." Schließlich, formvollendet: „Ich bitte vielmals um Entschuldigung." Brillant! Besser geht es nicht!

Kürtens Familie war journalistisch vorbelastet, Papa Kürten arbeitete als Redakteur bei der „Rheinischen Post". Der Sohn begann als politischer Journalist beim Düsseldorfer „Mittag", wechselte dann zur Presseabteilung von Mannesmann in Duisburg und ging 1963 zum ZDF nach Mainz, wo ihn zunächst Wim Thoelke unter seine Fittiche nahm. Von 1984 bis 1989 war Kürten Sportchef des Senders, 1987 wählten ihn die Bundesliga-Profis zum beliebtesten Fernsehreporter. Wohl nicht zuletzt, weil Kürten eines immer war: überaus freundlich.

Übrigens war Dieter Kürten stets sehr freundlich

NENA

*24. März 1960 in Hagen

Dass es einmal so weit kommt!

Mann, wer hätte das gedacht, dass es einmal so weit kommt! Wegen 99 Luftballons! Im Song lösten sie einen nuklearen Weltuntergang aus. Die Wirklichkeit war weit weniger katastrophal: Hier sorgten jene 99 Luftballons dafür, dass Gabriele Susanne Kerner aus Hagen seither Unsterblichkeit genießt. Zumindest die Pop-Version der Unsterblichkeit. „99 Luftballons" war Nummer Eins in Deutschland, Österreich, Schweiz, klar, sowieso. Doch nicht nur im heimischen Sprachraum verkaufte sich der Song. Auch in exotischen Ländern wie Kolumbien, Japan und Holland führte er die Hitparaden an. Die englischsprachige Version („99 Red Balloons") setzte sich sogar an die Spitze der wichtigsten Charts Europas: Number One in England. In den USA wiederum wurde die deutsche Fassung veröffentlicht – Platz Zwei im Land der unbegrenzten Möglichkeiten! Für einen foreign language song – nicht zu fassen! Überdies sind die Luftballons in die USA-Folklore eingegangen: Homer Simpson sang sie (Episode „The Heartbroke Kid") ebenso Drew Barrymore (Kinofilm „The Wedding Singer"). Mann, wer hätte das gedacht, dass es einmal so weit kommt!

Ich, mein' das so, wie ich es sag

Vielleicht Rainer Kitzmann, jener junge Herr, der die 17-jährige Gabriele Susanne keck ansprach, als diese in ihrer Hagener Lieblings-Disse vor sich hin hottete. Ob sie nicht Lust habe, mit ihm eine Band zu gründen? Sie hatte. Bald war auch ein Schlagzeuger gefunden: der Hagener Rolf Brendel, mit dem sich Gabriele Susanne in der Folgezeit auch außermusikalisch liieren sollte.

Vor dem ersten Gig im Hasper Jugendheim hatte sich der Jungsängerin noch eine wichtige Frage gestellt: Was ziehe ich an? Sie entschied sich für eine Lederjacke vom Wuppertaler Flohmarkt zu einer gestreiften Hose; letztere bot sich geradezu zwangsläufig an, hieß die Band doch „Stripes“. Nämliche Stripes sollten sich bald darauf in der regionalen Musikszene einen Namen machen, selbst überregional fanden sie Gehör, sodass eines Tages „in irgendeiner Schulaula in Hagen“ unverhofft die leibhaftige Plattenindustrie erschien und mit Vertragspapieren wedelte. Die Stripes unterschrieben und konnten sich so 1980 an einer (englischsprachigen) LP erfreuen, die allerdings – außer in Hagen – kein Welterfolg wurde.

So befand sich Gabriele Susanne in einer ambivalenten Situation: Wohl hatte sich die Pop-Karriere ganz prima angelassen, aber nun lief sie irgendwie nicht recht weiter. Was tun? Gabriele Susanne entschied sich richtig; gemeinsam mit Brendel ging sie nach Berlin, jobbte dort im Büro des Fotografen/Managers Jim Rakete und betrieb nebenher ihre Musikkarriere mit einer neuen Band, die sie „Nena“ nannte, nach dem Spitznamen, den sie als Dreijährige in einem Spanien-Urlaub wegbekommen hatte: „niña“, zu Deutsch „kleines Mädchen“. Durch brach die Band 1982 mit „Nur geträumt“, dann stiegen obige Ballons in den Pop-Himmel. 1987 trennte sich die Band, Nena machte solo weiter, zunächst mit mäßigem Erfolg. 2002 feierte sie ein Comeback, mit neuen Versionen der Alt-Hits. Drei Jahre später toppte sie mit „Liebe ist“ wieder die Charts, seither ist jedes ihrer Studioalben in die deutschen Top Five gegangen.

Mittlerweile lebt Nena in einem Vorort Hamburgs, scheint mit sich, dem Leben und der Karriere sehr zufrieden und verkündet von Zeit zu Zeit in Interviews unerwartete Einsichten: „Jedes Mal, wenn Sie etwas Gekochtes essen, essen Sie Gift.“ – „Es gibt keine Zeit. Die haben wir Menschen erfunden.“ – „Man kann nicht immer Nena sein.“ – „Wer jung bleiben will, muss an die frische Luft.“

WELTERKLÄRER

PETER SCHOLL-LATOUR

UTA RANKE-HEINEMANN THILO SARRAZIN

FRIEDRICH ARNOLD BROCKHAUS

KARL BAEDEKER

PETER SCHOLL-LATOUR

*9. März 1924 in Bochum, †16. August 2014 in Rhöndorf

Der Weltuntergangserklärer

Herrje, verdammt noch mal: Was machen wir nur ohne ihn? Hat irgendjemand eine Vorstellung davon, wie es nun weitergehen soll? Denn so viel ist doch klar: Der globale Untergang macht ohne Peter Scholl-Latour nur halb so viel Spaß!

Wann immer es im Nahen, Mittleren oder Fernen Osten brannte, war er zur Stelle, über mehr als vier Jahrzehnte. Und da die östliche Welt in jener Zeit nur selten zur Ruhe kam, war er ein liebenswürdiger Ruhepol in extrem bewegten Zeiten. Die Fernsehbilder glichen sich: Hier stand die Rauchfahne in der Luft, dort wurden Verletzte abtransportiert, hier paradierte das Militär, dort schwangen geifernde Heiopeis ihre automatischen Waffen, während sie eine lustlos vor sich hin kokelnde US-Flagge umtanzten, hier spie ein größen- und auch ansonsten wahnsinniger Despot pures Verderben ins Mikrofon – Schnitt, und schon erschien das vertraute Antlitz Scholl-Latours auf dem Bildschirm. Wobei Scholl-Latour zu allem just Gesehenen etwas sagen konnte, was überdies äußerst profund klang. So konnte der Fernsehseher seine Fingernägel aus der Armlehne seines Fernsehsessels lösen und sich entspannt zurücklehnen: Hey, ich versteh zwar überhaupt nix von dem, was da in der Welt vorgeht, aber immerhin verstehe ich, dass Peter Scholl-Latour es versteht, und das ist doch eminent beruhigend.

Scholl-Latours Darstellung der Weltlage war an sich freilich alles andere als beruhigend: In seinen über 30 Büchern, die er in reger Folge vorlegte, fanden sich immer wieder Sätze wie: „Die Überraschung könnte eines Tages fürchterlich sein, zumal die alles überschattende Tragödie in dieser Weltgegend sich im benachbarten Pakistan entladen könnte." Prima. Wobei, und das implizierte P. S.-L. höflich, die Überraschung keineswegs auf seiner Seite läge – sondern allein auf der jener, die einfach nicht auf ihn hören wollten.

In Talkshows war er zumeist etwas weniger höflich, wenn es etwa darum ging, die gleichfalls anwesenden Politschranzen, denen der Image-Berater kurz zuvor noch eine neue Designerbrille verpasst hatte, abzubürsten. Scholl-Latour hatte dabei eine herrlich herablassende Art: Unter größter Herablassung, auch und gerade seiner Gesichtsmuskulatur, nuschelte er den Dummschwätzern drei, vier Sätze hinüber, die ihnen das einstudierte Lächeln schockgefrieren ließ. Er nannte ein paar Ortsnamen (und man konnte sicher sein: er war da gewesen), ein paar Personennamen (und man konnte sicher sein: er hatte jene Herren im Zelt auf eine Tasse Tee besucht), fertig. Scholl-Latour war halt kein Studierzimmergelehrter, sondern ein echter Hingeher.

Unvergessene TV-Momente: PSL rockte jede Talkshow!

Scholl-Latours Familie stammt aus dem Elsass, sein Vater war Facharzt am Bochumer Bergmannsheil. Im Alter von zwölf Jahren wurde Peter, nach Nazi-Begriffen ein „Halbjude", auf ein Schweizer Internat geschickt. 1940 musste er nach Deutschland zurückkehren. 1944 versuchte er sich zu den Alliierten durchzuschlagen, was misslang; 1945 verhaftete ihn die Gestapo. Nach dem Krieg diente er als französischer Fallschirmjäger in Indochina. 1948 begann er, journalistisch tätig zu werden, nebenher promovierte er an der Sorbonne. In den 60ern berichtete er aus Vietnam (wo er eine Woche Gefangener des kommunistischen Vietcong war), 1979 durfte er mit wenigen anderen Auserwählten in jenem Flieger sitzen, der Ayatollah Khomeini aus dem französischen Exil nach Teheran brachte. Selbstverständlich sprach P. S.-L. fließend Arabisch.

2001 kehrte er noch einmal in seine Geburtsstadt zurück,

um an der dortigen Ruhr-Uni ein Seminar zu leiten: „Letztlich hat die Tatsache, dass ich in Bochum geboren bin und ein paar Jahre hier gelebt habe, auch eine große Rolle gespielt."

Schön zu hören. Doch leider weilt er nun nicht mehr unter uns. So werden wir die anstehenden Weltuntergänge irgendwie ohne seine Hilfe hinkriegen müssen.

UTA RANKE-HEINEMANN

*2.10.1927 in Essen

Deutschlands schrillste Kirchenkritikerin

In den 80ern wurde sie fester Bestandteil der deutschen Medienöffentlichkeit. Man erinnert sich an unzählige Talk-Show- und Interview-Auftritte, in denen Uta Ranke-Heinemann ihre Position vertrat, und zwar – wollten wir hier ein Adverb verwenden – „kämpferisch". Dieses Kämpfertum nahm mitunter schrille Formen an, dann stieß ihre Stimme in physikalische Grenzbereiche vor, die für Zuhörende etwas strapaziös waren. Aber, was soll's: Gegen eine Sache, an die man nicht glaubt, kann man mit vielen Mitteln streiten. Natürlich auch mit Ultraschall.

Zur Welt gekommen war Uta Heinemann am Haumannplatz 1 als erstes Kind des nachmaligen Bundespräsidenten Gustav. Utas jüngere Schwester Christa sollte übrigens die Schwiegermutter eines anderen Bundespräsidenten werden: Johannes Rau, der sich wiederum 1999 zweier Gegenkandidatinnen erwehren musste – aber wir greifen vor. Uta besuchte das extrem traditionsreiche Burggymnasium (damals vorübergehend nach Werden ausquartiert), wo sie qua Sondergenehmigung zugelassen wurde, obwohl es, so Ranke-Heinemann, „seit dem 9. Jahrhundert ein reines Jungengymnasium war". 1947 baute sie das beste Abi ihres Jahrgangs – „mit Auszeichnung", die das Burggymnasium seit 30 Jahren nicht mehr verliehen hatte. Jahrgangszweitbester war Edmund Ranke, kein Wunder, dass sich die beiden verlobten.

Uta studierte 13 Semester evangelische Theologie in Basel, Oxford, Montpellier und Bonn, dann konvertierte sie und legte noch ein paar Semester katholische Theologie in München nach, wo sie 1954 zur Doktorin promoviert wurde, leider nur „magna cum laude" – allerdings hatte es zuvor noch keine Frau überhaupt geschafft, katholische Dr. theol. zu werden. Doch damit nicht genug: 1970 wurde sie gar die weltweit erste Professorin für katholische Theologie.

Dann, 1987, geschah das Unglaubliche: In einer Fernsehsendung des WDR sagte Ranke-Heinemann, dass sie nicht an die Jungfrauengeburt glauben könne – ein Bekenntnis, welches sich angesichts ihrer Berufswahl ein wenig skurril ausnahm. So wurde ihr kurzerhand die Lehrerlaubnis entzogen. Woraufhin die Theologin erst richtig durchstartete: Sie schrieb den Mega-Bestseller „Eunuchen für das Himmelreich", in dem sie die Sexualmoral der katholischen Kirche heftig kritisiert. Dieses sollte fortan ihr Haupttätigkeitsfeld bleiben. Uta Ranke-Heinemann tat ihre Erkenntnisse oft und gerne kund, so etwa jene, dass „das Christentum weithin ein Irrtum" wäre und „der Vatikan zu einem frauenlosen Terrarium mit vielen Homosexuellen geworden ist.".

Ist die katholische Kirche etwa eine reine Männergesellschaft?

Zudem engagierte sie sich leidenschaftlich für das Gute beziehungsweise gegen Napalm, Atombomben und Kriege. 1999 trat sie – gegen Rau – bei der Bundespräsidentenwahl an („Bisky von der PDS rief an – ich war gerade beim Kartoffelschälen – und fragte, ob ich kandidieren würde"). Sie wurde Dritte.

2010 trat Uta Ranke-Heinemann bei der VOX-Fernsehsendung „Das perfekte Promi Dinner" an. Auch hier wurde sie Dritte.

THILO SARRAZIN

*12. Februar 1945 in Gera

Der Abschaffensfrohe

Irgendwann sind die Sarrazins wohl als hugenottische Migranten aus Burgund nach Westfalen gekommen, und man muss sagen: Sie haben sich prima integriert. Thilos Vater Hans Christian war Arzt und ehelichte Mechthild, geborene von Fischer, eine Gutsbesitzertochter aus Westpreußen, die zunächst Zoologie studiert hatte, später aber als Kunstlehrerin wirkte. Thilo selbst verbrachte Kindheit und Jugend in Recklinghausen, das er – trotz seiner thüringischen Geburt – auch als Heimat betrachtet. Seine Eltern sollten der Stadt bis zuletzt treu bleiben; der Vater starb 2013, fast 100-jährig, die Mutter folgte ihm ein Jahr später.

Thilos Bildungsweg verlief nicht ohne Windungen, letztlich jedoch höchst erfolgreich: Kurz nach der Einschulung erkrankte der Knabe an Scharlach – und brachte sich daraufhin im Bett mittels eines Grimmschen Märchenbuchs selbst das Lesen bei. So gerüstet, durchlief er die Grundschule, in der es recht zackig zuging: 50 Kinder in der Klasse, unterrichtet von einem strengen Pädagogen der alten Garde. Hier wurde gesiebt: Gerade vier Schüler waren schließlich auserkoren, die Aufnahmeprüfung fürs Gymnasium abzulegen. Drei packten sie, darunter Thilo. So durfte er 1955 das altehrwürdige Recklinghauser Petrinum besuchen, wo er sich erneut in einer Fünfzig-Kinder-Klasse wiederfand. Sein Klassenlehrer prophezeite, dass zwanzig davon bis zum Abi kommen würden – was sich später bewahrheiten sollte. Auch Thilo hatte seine Krise: Die achte Klasse machte er doppelt. Drei Fünfen: Mathe, Englisch, Latein; dazu noch zwei Sechsen in Griechisch und Physik. Anschließend ging's besser: Mit einem Abi-Schnitt von 3,3 verabschiedete sich Sarrazin aus dem schulischen Stahlbad. Und aus Recklinghausen.

Zunächst ging's zum Bund, dann studienhalber an die Uni Bonn: Volkswirtschaftslehre. 1973 machte Sarrazin den Doktor, bald darauf kam er als Referent im Bundesfinanzministerium unter. Mittlerweile besaß er ein sozialdemokratisches Parteibuch. Diesem zum Trotz überlebte er 1982 die Wende zum Kohlkanzlertum. Nach 1989 gehörte er zu jenen, welche die Wirtschafts- und Währungsunion vorbereiteten. Anschließend folgten Engagements bei der Treuhand beziehungsweise der Deutschen Bahn. 2002 wechselte er in die Politik: Berliner Finanzsenator unter Wowi. Dieses Engagement hatte 2009 ein Ende, sodann schlug sich Sarrazin eine Zeitlang als Bundesbank-Vorstand durch. Um schließlich ein völlig neues Tätigkeitsfeld zu finden: das des Bestseller-Autors. Ende August 2010 erschien „Deutschland schafft sich ab" – und bereits im Advent waren 1,25 Millionen Exemplare gedruckt. Wenn man Sarrazin folgte und von den knapp 82 Millionen Einwohnern Deutschlands all jene abzöge, die seines Erachtens sowieso nicht richtig lesen, schreiben und denken könnten, so käme man zum Schluss, dass mittlerweile nahezu jeder, der imstande wäre, es richtig herum zu halten, sein Werk gekauft hätte. Auf seiner Website stellt Sarrazin bannig stolz fest, dass „Deutschland schafft sich ab" das meistverkaufte deutsche Sachbuch nach 1945 sei (und gibt seinen wütenden Gegnern damit eine Steilvorlage: Welches wohl war das meistverkaufte deutsche Sachbuch vor 1945?).

Millionen
Deutsche
schaffen sich
Deutschland
schafft sich ab
an

Doch Auflage war nicht alles: Die Zeitungen schmissen sich auf das Thema, das Fernsehen ebenso, alle Welt bezog Stellung zu Sarrazins Buch. Immerhin ging es dort – wie der Titel schon sagt – um den Untergang, was sich ja immer supergut liest. So gab es zwei Möglichkeiten. Entweder pflichtete man dem Autor bei: Jawoll, Deutschland geht unter, die Unterschicht nimmt überhand, bildungsferne Migranten migrieren alles voll. Oder man sah den Untergang vielmehr darin, dass ein solch ruchloses Buch geschrieben werden konnte. Sarrazin spaltete die Nation.

Fortan war er als Bundesbank-Vorstand nicht mehr gar so wohlgelitten, woraufhin die Situation drohte, ein wenig peinlich zu werden. Nach einigen Gesprächen kam man überein, dass Sarrazin an den Bundespräsidenten die Bitte richten würde, des Amtes entbunden zu werden, und der Präsident ihm diese Bitte nicht abschlagen würde. So kam es denn auch, und seither hat Thilo Sarrazin noch viel, viel mehr Zeit zum Schreiben.

FRIEDRICH ARNOLD BROCKHAUS

*4. Mai 1772 in Dortmund, †20. August 1823 in Leipzig

Der Bürgerbilder

Brockhaus ... Brockhaus ... wer war das denn eigentlich? Nun, glücklicherweise gibt es für derlei Fragen ja den „Brockhaus", in dem sich sehr schnell alles Wissenswerte über jedweden Gegenstand, etwa in diesem Falle über Brockhaus, nachschlagen lässt. Nehmen wir doch die zehnte Auflage dieses traditionsreichen Lexikons aus dem Jahr 1851, wo steht sie gleich? Ach hier, also ... Borsdorfer Apfel ... Branntwein ... da: Brockhaus! Aha ... soso ... wenn der „Brockhaus" nicht lügt (und selbstverständlich tut er das nicht!), war jener Brockhaus ja ein ganz hervorragender Mensch, „ein um die Deutsche Literatur und um die allgemeine Bildung seiner Zeit vielfach verdienter Mann". Na also!

Doch um diese Verdienste zu erwerben, musste er gewisse Umwege gehen. Die Brockhaus' waren ein altes westfälisches Pastorengeschlecht, wobei allerdings schon Friedrich Arnolds Vater aus der Art geschlagen war: Er hatte sich als Kaufmann in Dortmund niedergelassen und es dort bis zum Ratsherren gebracht. Auch der junge F. A. war für den Kaufmannsberuf vorgesehen – wiewohl er sich stark zum Schöngeistigen hingezogen fühlte. Doch der Vater war unbarmherzig: Mit 16 nahm er den Filius von der Schule und schickte ihn nach Düsseldorf in die Lehre. Dort zerstritt sich F. A. allerdings irreparabel mit seinem Lehrherrn, sodass er nach Dortmund zurückkehren musste. Dann genehmigte der Vater immerhin einen Studienaufenthalt: F. A. durfte für anderthalb Jahre nach Leipzig gehen, wo er alsdann vielerlei Vorlesungen hörte. Anschließend kehrte er nach Dortmund zurück, um dort ein Geschäft für englische Manufakturwaren zu eröffnen, welches er allerdings 1801 nach Holland verlegte. Freilich wurde der Import englischer Tuche bald ein wenig schwierig, da Napoleon derlei überhaupt nicht schätzte.

So tauschte F. A. kurzerhand einen Buchstaben aus, was ihn unabhängig von allen Kontinentalsperren machte: Vom Tuchhändler avancierte er zum Buchhändler, bald gar zum Verleger. Als solcher ließ er sich 1811 wieder in Deutschland nieder, und zwar im thüringischen Altenburg, später sollte er nach Leipzig gehen. Bereits 1808 hatte er aus einer Konkursmasse ein merkwürdiges Machwerk erworben: das „Conversationslexikon" des Herrn Renatus Gotthelf Löbel. Selbiger hatte in seinem Vorwort mit geradezu niedlicher Ehrlichkeit den Zweck jenes „Conversationslexikons" dargelegt: Es sei behilflich beim „allgemeinen Streben nach Geistesbildung, wenigstens nach dem Scheine derselben". Kurzum: Ein interessiertes Bürgertum wollte „mitreden", dazu musste es Ahnung haben (oder zumindest so tun als ob), und dazu wiederum verhalf das Konversationslexikon. Brockhaus vollendete Löbels Fragment – und landete einen Bestseller. Allerdings veraltete das Lexikon rasch: Es gab ja immer neue Dinge, über die man sprechen musste. So schob Brockhaus rasch eine zweite Auflage nach, dann eine dritte, vierte und fünfte. Auch die sechste gestaltete der Firmengründer noch federführend mit. Ihr Erscheinen sollte er allerdings nicht mehr erleben. Der „Brockhaus" aber gedieh weiter, gehörte er doch hinfort in den Bücherschrank eines jeden, der als gebildet gelten wollte. Überdies machte die protzige Reihe der schick gestalteten Lederrücken auch optisch was her, kurzum: Der Brockhaus war ebenso wie sein Kollege, der Meyer, ein Statussymbol. Welches mittlerweile allerdings ein wenig aus der Mode gekommen ist: Wer sich eingehender über den Niedergang des Print-Lexikons informieren möchte, kann dies am besten auf Wikipedia tun.

KARL BAEDEKER

*3. November 1801 in Essen, †4. Oktober 1859 in Koblenz

Der Reisebegleiter

Der Ursprung dieser alten Buchverleger- und Buchdruckerfamilie lag im Bremischen. Zu größerer Bedeutung gelangte sie jedoch erst im Ruhrgebiet: Gottschalk Diederich Baedeker (1713–1778) war Stadtdrucker zu Dortmund, wo er auch die erste Zeitung der Stadt begründete. Sohnemann Zacharias wechselte nach Essen und übernahm in der Limbecker Straße eine Buchdruckerei mit kleinem Verlag, welche von wiederum dessen Sohnemann, Gottschalk Diederich, zur Blüte geführt wurde. Dieser G. D. war es auch, der 1817 ein Wohnhaus der Essener Stiftdamen für die Firma erwarb, an dessen Stelle seit 1928 das trutzige Baedeker-Haus aufragt (in dem heute noch Bücher verkauft werden, wenn auch nicht mehr von Baedeker).

G. D.'s Erstgeborener Karl brachte den Verlag dann ganz weit nach oben – und erhob den Familiennamen zum Begriff. Die Schulzeit hatte Karl in Essen, später in Hagen verbracht, dann war er beim Heidelberger Verlag Mohr & Winter in die Lehre gegangen, hatte zudem an der Freiburger Universität studiert. Nach einer Zwischenstation in Berlin ließ er sich in Koblenz nieder, wo er 1832 den kleinen Röhling-Verlag aufkaufte. Der hatte ein wunderliches Druckwerk im Programm: „Rheinreise von Mainz bis Köln. Handbuch für Schnellreisende". Baedeker brachte das Ding auf Vordermann und legte es neu auf – mit enormem Erfolg. Fortan konnte man den menschlichen Reiseführer durch einen papierenen ersetzen, was gewisse Vorteile hatte, etwa preisliche.

Das Ruhrgebiet: ein urgermanisches Wald- und Wiesenland

Übrigens machte der Ur-Baedeker löblicherweise einen kleinen Abstecher vom Rhein, um die Ruhrschiene zu bereisen, sodass wir heute superb nachlesen können, wie es damals hier aussah – etwa in der 6. Auflage von 1849: Seinerzeit gewahrte man „allenthalben die urgermanische Eigenthümlichkeit dieser westfälischen Gegenden: Wald, Wiese, Kornfeld, frisches Ackerland, dazwischen einzeln zerstreut die rothbedachten Bauerhöfe, in anmuthiger malerischer Abwechslung". Prima! Selbstverständlich gab es im Wald- und Wiesenland auch Orte, wobei, man staune, „Dortmund eine ausschließlich Ackerbau treibende Stadt geworden ist" und somit etwas gegen Essen abstank, welches ja immerhin schon „Mittelpunkt eines der ergiebigsten Steinkohlen-Reviere" war. Erst „in der Nähe des Haltplatzes Oberhausen" ging es jedoch richtig ab, lag hier doch „eines der großartigsten Eisenwerke in Deutschland, Eigenthum der Herren Jacobi, Haniel und Huyssen, Puddlings- (63 Öfen) und Walzwerk, durch acht Dampfmaschinen getrieben und 1600 Menschen beschäftigend". Fein! Es ging voran!

Voran ging es auch mit Baedekers Konzept: Der Rhein-Band war der Beginn einer riesigen Reiseführerstaffel, mit der er den deutschen Markt bald dominierte. Und sich auch im Ausland einen Namen machte: So rühmt beispielsweise die englische Fassung von Jacques Offenbachs Operette „La vie parisienne" (1872) die unnachahmliche Akkuratesse der Baedekers: „Kings and governments may err / but never Mr. Baedeker".

LUSTIG

HELGE SCHNEIDER INGO APPELT
ESTHER SCHWEINS MAX RAABE
HAPE KERKELING

HELGE SCHNEIDER

*30. August 1955 in Mülheim

Der Rentner im Steh-Café: Unerschöpfliche Quelle philosophischer Erkenntnis

Das Universalgenie aus Styrum

„Ich habe früher selbst Maguihana genommen, also, ein Endprodukt. Hasch. Und ich habe viele Leidensjahre hinter mir, das kann man nicht anders sagen. Pickel, unreine Haut, Fingernägel immer schmutzig, lange Haare und ein Gefühl der Unversehrtheit."

Es gibt zwei Möglichkeiten, mit solcherart Humor umzugehen: Entweder findet man Helge Schneider umwerfend komisch. Oder man ... – hey, nein, es gibt allein die erste Möglichkeit. Denn zweifelsohne ist der gebürtige Styrumer das Witzigste, was Deutschlands Bühnen derzeit zu bieten haben, wer wagt es hier zu widersprechen?

Keiner. Gut. Dann können wir uns ja der nächsten Überlegung widmen: Ist Helge Schneiders Humor in irgendeiner Hinsicht ruhrgebietstypisch? Spricht aus ihm die lustige Seite des Reviers? Denn falls ja, könnten wir uns womöglich rühmen, besondere Fertigkeiten auf dem Gebiet der Komik zu haben, was ja ein weiterer Edelstein in unserer eh schon reich geschmückten Krone wäre. Nun: Ganz gewiss ist das Ruhrgebiet komisch, mitunter gar extrem komisch, was jeder bestätigen wird, der schon einmal irgendwo zwischen Duisburg und Dortmund die Rentnergespräche in einem beliebigen Steh-Café belauscht hat. Und genau das hat Helge in jüngeren Jahren ausgiebig getan. Heute spricht er von seinem „Eduscho-Studium", in welchem er wohl Wesentliches über die menschliche Seele gelernt hat. Etwa, dass sie komisch ist. Besonders im Ruhrgebiet.

Das Frappierende an Helge Schneider ist, dass er jenen „Quatsch", wie er es nennt, einerseits nachempfinden kann –

sich andererseits aber dessen Haltlosigkeit bewusst ist. Er wird vom Schwarzen Loch angezogen, ohne je in Gefahr zu sein, hineinzustürzen. Diese Fähigkeit der Beobachtung, Aneignung, künstlerischen Überhöhung ist die eine Seite des Schneider'schen Genies. Die andere ist seine profunde Musikalität: Im Alter von Fünf begann er das Klavierspiel, mittlerweile hat er es hier zu einer respektablen Jazz-Kompetenz gebracht. Daneben leistet Schneider noch Erstaunliches auf solch disparaten Instrumenten wie Gitarre, Trompete und Saxophon. Von seinem improvisatorischen Talent leben übrigens auch seine Monologe: Wohl steht die Grundstruktur jener Geschichten und Reflexionen. Doch Abend für Abend geht er ins Offene, öffnet sich dem Ein-fall des Unerwarteten. Hier ist er in seinen schlechtesten Momenten mäßig lustig – in seinen besten aber erschließt er Sphären von geradezu unfassbarer Komik. Jene Offenheit, jene Verheißung, im nächsten Moment könne wirklich alles geschehen, macht den Zauber eines Helge-Schneider-Abends aus – und es ist zu vermuten, dass der Künstler nicht viel weniger gespannt auf das Geschehnis ist als sein ihm höriges Publikum.

Schneiders Jugend war, siehe oben, nicht frei von traurigen Zügen, nicht nur aufgrund der schmutzigen Fingernägel und jenes Gefühls der Unversehrtheit. Er scheiterte erst schulisch, dann beruflich: als Landschaftsgärtner, Dekorateur und Tierpfleger, nachzulesen in seiner Autobiographie „Guten Tach – Auf Wiedersehen“ (nebenher ein beeindruckendes Stück Revier-Kulturgeschichte der Sixties und Seventies). Daraufhin professionalisierte er seine ingeniöse Mischung aus Jazz und „Quatsch“. Nach den Lehrjahren auf dem regionalen Kneipen- und Clubzirkel kam der Erfolg: „Katzeklo“ brachte ihn 1994 zu „Wetten, dass ...?“ und somit ins Bewusstsein der Deutschen. Mittlerweile hat er rund 20 CDs vorgelegt, dazu sechs Kinofilme und 13 Bücher.

Das Faszinierende an Schneiders Schaffen ist, dass er einfach macht, was er will. Oder, wie er es ausdrückt: „Ich mach einfach, was ich will. Ich kann auf die Bühne gehen, was erzählen. Dann kann ich ein bisschen Vibrafon spielen. Wenn es nicht so gelingt, kann ich wieder aufhören. Ich hab mir den Beruf so hergerichtet, dass ich jederzeit alles machen kann." Diese Befreitheit wird ihm zur Mission: „Das, was ich mache, ist idolfähig. Die Menschen haben überall ihre Reglements, aber der Unsinn ist nicht reglementiert. Der ist frei. Ich möchte sie in die Freiheit mitnehmen."

Schneider hat sechs Kinder von vier Frauen. Nach wie vor wohnt er in Mülheim, im ehemaligen Ausflugslokal „Schürmann im Loch", und zwar, weil er „mit ansehen wollte, wie ich alt werde", anhand von „Gebäuden, Leuten, Wegen, Menschen".

INGO APPELT

*20. April 1967 in Essen

Das Tabubrechmittel

Es war eine andere Zeit: Wo heutzutage nur noch leistungsoptimierte Idealtypen über den Bundesliga-Rasen laufen, gab es damals noch eine bunte Vielfalt an Persönlichkeiten: Die RWE-Legende Günter „Nobby" Fürhoff beispielsweise, in den 70er-Jahren einer der besten deutschen Zehner, mit einem strammen Linksschuss und erheblicher Spielintelligenz gesegnet – Letztere, so munkelte man, stimuliere er vor Anpfiff gerne mit einem Gläschen Cognac. 1969 heiratete Nobby eine Frau, die einen zweijährigen Jungen in die Ehe mitbrachte. 1980 trennte sich das Paar. Anscheinend hatte der Junge keine allzu schöne Jugend: Rückblickend bezeichnet er sich als „ziemlich unglückliches Arbeiterkind" und weiter: „Ich war klein und schwächlich, kriegte immer in die Fresse. Da musste ich mich mit einer großen Klappe wehren."

Nach der Schule erlernte er den Beruf des Maschinenschlossers, nebenher engagierte er sich gewerkschaftlich: „Ich versuchte damals noch, als Funktionär relativ ernst über gesellschaftliche Themen zu sprechen. Das Problem war, die Leute haben gelacht. Man hat mich einfach nicht ernst genommen. Da habe ich aus der Not eine Tugend gemacht und bin Komiker geworden." Ein sehr erfolgreicher: Während der 90er-Jahre sah man Ingo Appelts mephistophelische Spitzbürzelfrisur ein ums andere Mal in den einschlägigen Comedy-Formaten, wo er sich bemühte, an den Rand dessen vorzudringen, was im Fernsehen möglich ist. So pflegte er einen exzessiven Gebrauch des Wortes „F....n", was freilich als durchaus unterhaltsam akzeptiert wurde. Auch Späße über das Lafontaine- beziehungsweise Schäuble-Attentat gingen ihm durch, was Appelt bedauerte: „Als Kabarettist kann ich mir gegen Politiker wirklich alles rausnehmen. Da passiert nichts, und das ist schlimm." Selbst der Medienbeauftragte der Deutschen Bischofskonferenz zeigte sich bei einer Talk-Sendung resistent: „Also, Herr Appelt, wenn Sie mich provozieren wollen, müssen Sie ganz andere Kaliber auffahren." – Ja herrje, darf man denn alles dürfen?

Mitunter benutzte Herr Appelt sehr böse Wörter

Nein. Denn als Appelt, unterdessen von ProSieben mit einer eigenen Sendung betraut, während dieser Erwachsene dazu aufforderte, Puppen in Kindergestalt durch das Studio zu treten, war es endlich erreicht: Der Qualitätssender ProSieben tat kund, dass Appelts Show dem „Qualitätsanspruch der Marke ProSieben nicht genügt". Folglich wurde sie aus dem Programm entfernt. Was sich für Appelt als kleiner Karriereknick erweisen sollte. Seither aber hat er sich stetig wieder emporgearbeitet.

Übrigens ist Appelt nach wie vor ein engagierter Sozialdemokrat, der auch vor höchsten Aufgaben nicht zurückschreckt – so gehörte er 2012 zu jenen 991 Wahlleuten, die Joachim Gauck zum Bundespräsidenten machten.

ESTHER SCHWEINS

*18. April 1970 in Oberhausen

Schöne Haare

Wahrscheinlich sollte der Faust-Darsteller seine Rolle bekleidet spielen

Die Lilith in Goethes Faust ist nicht gerade das, was man eine Hauptrolle nennt – geht die mythologische Gestalt doch recht schnell und gänzlich wortlos über die Bühne, und zwar während der Walpurgisnacht. Dabei sagt Mephisto zu Faust ein paar Kleinigkeiten wie „Nimm dich in acht vor ihren schönen Haaren", worauf die Herren dann sicherheitshalber zwei herumsitzende Hexen zum Tanze bitten. So mag die Schauspielschülerin Esther Schweins nicht gerade begeistert gewesen sein, als man ihr in Karlsruhe die Rolle der Lilith anbot. Richtig problematisch wurde es allerdings erst, als der Regisseur forderte, dass Schweins die Minirolle nackt spielte. Nackt! Unglaublich. Diese Regisseure! Diese Männer! In der Tat sind sie wohl, wie schon Frau Mengelberg in Loriots „Ödipussi" trefflich darlegte, das Primitivste, Dümmste und Mieseste, was rumläuft!

So konnte sich Esther Schweins die Rollenauffassung jenes Regisseurs beim besten Willen nicht zu eigen machen. Folglich schmiss sie kurzerhand ihr Karlsruher Studium, um an der Westfälischen Schauspielschule in Bochum neu zu beginnen.

Im Revier hielt Schweins sich mit verschiedenen Jobs über Wasser. 1992 sah man sie als Show-Moderatorin und Aufnahmeleiterin im Bavaria Filmpark zu Bottrop. Und hier wurde sie für „RTL Samstag Nacht“ entdeckt – ein Format, in dem sie ihre komödiantischen Talente gut ausspielen konnte. Schweins wurde (neben Wigald Boning und Olli Dittrich) zum Gesicht der Sendung, und man kann, ohne den Herren nahe treten zu wollen, differenzierend ausführen: zum schönen Gesicht der Sendung.

1997 kürte eine Programmzeitschrift sie gar zur „erotischsten Frau im deutschen Fernsehen“ – doch merkwürdig: Irgendwie schien Schweins gegenüber diesem Image ein wenig zu fremdeln, jedenfalls kultivierte sie es nicht. Nachdem das Comedy-Format eingestellt worden war, übernahm sie Film- und Fernsehrollen, versuchte sich auch als Moderatorin. 2004 war sie urlaubsweise in Sri Lanka und wurde dort von der Tsunami-Welle erfasst – was ihr Leben nachhaltig veränderte: Lange Zeit reiste sie ohne festen Wohnsitz, erst 2008 ließ sie sich dauerhaft auf Mallorca nieder, wo sie mittlerweile gemeinsam mit dem Landwirt Lorenzo zwei Kinder hat.

MAX RAABE

*12. Dezember 1962 in Lünen

Die Frisur sitzt

Weit hat er's gebracht: vom Lünener Kinderchor in die ausverkaufte Carnegie Hall. Wobei die „New York Times“ hier sogar einen direkten Zusammenhang sieht: „Mr. Raabe kommt daher wie ein wissend gewordener erwachsener Chorknabe mit einem leicht verführerischen Augenglanz“.

Tja: Das Faszinierende an Raabes Bühnenpersönlichkeit ist, dass sie zwei an sich widersprüchliche Fluida aufs Schönste vereint: Einerseits wirkt er naiv – andererseits durchaus auch ein wenig dämonisch, so, als hätte Dr. Caligari irgendwie seine expressionistischen Finger im Spiel. Dadurch ist Raabe hervorragend befähigt, jene 20er-Jahre zu verkörpern, deren Schlager er singt – jene 20er-Jahre, deren wilde Ausgelassenheit doch schon von der Vorahnung dessen durchtränkt war, was bald kommen sollte. „Diese Musik ruft die Erinnerung an eine Zeit wach, in der die Leute lachten“, sagt Raabe, um hinzuzufügen: „Es mag sein, dass sie hysterisch lachten“. Was freilich nichts daran ändert, dass diese Musik außerordentlich schön ist. Und außerordentlich witzig.

„... und fahre nach den Fidschi-Inseln“

Auf der Bühne versteht es Raabe, völlig unbeteiligt dreinzuschauen, was natürlich enorm komisch ist, wenn er gleichzeitig frivole Gaga-Texte wie „Ich lass mir meinen Körper schwarz bepinseln“ darbringt. Umso sensationeller wirkt es, wenn er an besonders absurden Textstellen unvermittelt die linke Augenbraue einen Zentimeter hochzieht. „Was mache ich hier eigentlich?“, scheint er dann zu fragen – doch eben das, so kann man vermuten, weiß er ziemlich genau: Hinter der scheinbar leidenschaftslosen Darbietung stecken ein raffiniertes Konzept, sehr viel Arbeit und der Wille zur Perfektion.

In seinen Lünener Kinderjahren begeisterte sich Max (der damals noch auf den Namen Matthias Otto hörte) zunächst für die ernste Seite der Musik: Der Drittklässler schätzte Wagners Opern und Beethovens Sinfonik. Mit eher gemischtem Erfolg besuchte er das katholische Internat zu Paderborn. Raabe ging davon aus, sich in Fächern wie Mathe und Griechisch irgendwie „durchquatschen“ zu können, stieß hiermit allerdings auf Unverständnis. Dafür nahm ihn die Berliner Hochschule der Künste an, wo er hinfort als Bariton ausgebildet wurde. Doch bald geriet Raabe auf musikalische Seitenwege. Zusammen mit Kommilitonen begann er, Tanzschlager der 20er-Jahre in Original-Arrangements zu spielen: Das Palast Orchester war geboren. Bald arbeitete man sich zu nationalem Ruhm empor, wozu nicht zuletzt die Eigenkomposition „Kein Schwein ruft mich an“ beitrug. Auch international räumten die samt und sonders klassisch geschulten Musiker mächtig ab: Es gibt nicht viele Deutsche, die – siehe oben – die Carnegie Hall ausverkaufen konnten. Das Palast Orchester konnte, komplett mit Standing Ovations und drei Zugaben. So erwarb man sich Fans in Übersee, darunter einen äußerst prominenten: Marilyn Manson ließ verlauten, dass er nur heiraten würde, wenn Raabe dazu seinen angenehm schwerelosen Bariton erklingen ließe – und so geschah es dann auch. Als der Schock-Rock-Star 2005 die Burlesque-Tänzerin Dita von Teese zur Gattin nahm, sorgte Raabe für die Festmusik – „the wunderbar Max Raabe“, wie ihn das Wall Street Journal nannte, um ihn sodann in eine Reihe mit Al Jolson, Mae West, Prince, Cher und Sting zu stellen. Überhaupt kommt er in der Ferne, nicht zuletzt aufgrund seines kunstvoll kultivierten Akzents, noch spektakulärer rüber als hierzulande: Nicht selten unterstellt man dort, dass er dem Klischee des deutschen Offiziers aus dem Schwarz-Weiß-Zeitalter entspreche. Einerseits ärgern ihn derlei Assoziationen, andererseits vermeidet er jedoch alles, was die Bühnenpersönlichkeit Max Raabe entzaubern könnte – etwa darzulegen, dass sie nur eine Bühnenpersönlichkeit sei. Denn: „Ich möchte nicht, dass andere miterleben, wie meine Frisur verrutscht.“

Max Raabe: die neue Mae West

HAPE KERKELING

*9. Dezember 1964 in Recklinghausen

Die Beatrix

Mitunter kann es für einen Komiker recht gefährlich sein, das Image eines Komikers wegzuhaben: Hans-Peter Wilhelm Kerkeling rief dereinst, von schwersten Gallenkoliken geplagt, den Notarzt an – was am anderen Ende der Leitung jedoch nur unverhohlene Heiterkeit erregte: „Als der Krankenwagen dann endlich kam, dachten die immer noch, ich scherze. Erst als sie mich sahen, sagten sie: Um Gottes willen!“ Und wirklich, die Sache war ziemlich ernst – letztlich musste dem Entertainer die Gallenblase entfernt werden, obendrein erlitt er noch einen Hörsturz.

Dieses Geschehnis, so unangenehm es auch war, hatte dennoch eine positive Wirkung: Es bewog Kerkeling dazu, eine berufliche Auszeit zu nehmen, in deren Verlauf er sich auf die Suche nach sich selbst beziehungsweise auf eine Pilgerreise entlang des nordspanischen Jakobswegs begab. Die literarische Frucht jenes langen Marsches aber, „Ich bin dann mal weg“, wurde hernach zum meistverkauften Sachbuch in der Geschichte unserer Republik. Kerkelings imposante Karriere hatte ihren Anfang in Recklinghausen genommen, wo Hape als Sohn einer deutschen Floristin und eines niederländischen Tischlers zur Welt gekommen ist (seine Vatersprache beherrscht er übrigens fließend, was ihm später in seinen Rollen als Beatrix beziehungsweise Evje sehr zugute kommen sollte).

Schon früh formte sich sein Berufswunsch: „Ich hab mit meinen Großeltern immer die großen Samstagabend-Shows geguckt und irgendwann bin ich bei einer Peter-Frankenfeld-Show zu der Überzeugung gekommen: Das ist das, was ich machen möchte.“ Es ist bewundernswert, mit welcher Insistenz Kerkeling auf dieses Ziel hinarbeitete: Schon als Schüler schickte er Tonbandaufnahmen seiner Sketche an Radiosender, bespielte Kleinbühnen und nahm an Talentshows teil.

Den Durchbruch erlebte er 1985 mit der Musik- und Sketch-Show „Känguru“ – unvergessen seine Kunstfigur „Hannilein“, von der man freilich sagen könnte, dass sie mitunter die Grenze des Erträglichen streifte, und zwar von außen.

Von ganz anderem Kaliber waren die Dinge, die Kerkeling

seit 1989 in „Total normal“ trieb: Hier kreierte er eine Form des Lustigseins, welche vordem (zumindest im deutschen TV) noch nicht da gewesen war: Kerkeling crashte Events aller Art, so etwa die Bundespressekonferenz, die Bambi-Verleihung oder einen Empfang am Schloss Bellevue, bei dem er sich als staatsbesuchende Königin Beatrix inszenierte – sehr witzig, sehr mutig, sehr innovativ. Mittlerweile gibt es eine Heerschar von Provo-Epigonen, die ihren Arbeitsplatz nicht zuletzt jenem Pioniergeist Kerkelings verdanken.

1991 outete ihn ein Filmemacher – Kerkeling nahm's eher desinteressiert auf, ebenso wie wenig später ein ZDF-Angebot: Hape sollte „Wetten dass ..?“ übernehmen. Stattdessen gab es weiterhin lustige Rollenspiele bei RTL („Cheese“), SAT1 („Darüber lacht die Welt“) und erneut RTL („Hape trifft!“, „Hallo Taxi“). 2005 kreierte Kerkeling einen Charakter, der es hinfort zu außerordentlicher Popularität bringen sollte: Horst Schlämmer, stellvertretender Chefredakteur des „Grevenbroicher Tagblatts“.

Hape ließ Lippi den Vortritt

2014 legte er unter dem Titel „Der Junge muss an die frische Luft“ eine Autobiographie vor, in der er unter anderem über den Freitod seiner Mutter, schrieb, den er als Achtjähriger verkraften musste. Wenig später, anlässlich seines 50. Geburtstags verkündete Kerkeling etwas überraschend das Ende seiner extensiven TV-Karriere.

ERNÄHRUNGSWESEN

WOLFRAM SIEBECK **HENRIETTE DAVIDIS**
FRANK ROSIN OTTO DÖNNINGHAUS
RAIMUND OSTENDORP

WOLFRAM SIEBECK

*19. September 1928 in Duisburg, † 7. Juli 2016 in Lahr/Schwarzwald)

Der Geilschmecker

Im Laufe der Jahrzehnte hat das Essen in Deutschland einen Bedeutungswandel erfahren: Unmittelbar nach dem Zweiten Weltkrieg ging es darum, satt zu werden. Dann ging es darum, dick zu werden. Und dann kam Wolfram Siebeck.

Nun: Vielleicht wäre es ein wenig übertrieben, die tendenzielle Wandlung der Deutschen zu einem Volk der Feinschmecker allein Siebeck an die Fahne zu heften. Doch zweifelsohne hat der Mann sich irgendwie um die hiesige Esskultur verdient gemacht.

Dabei kam Siebeck erst über Umwege zum guten Geschmack. Sein Großvater hatte noch eine Zeitung samt Druckerei in Essen-Borbeck besessen. Der Vater übernahm den Betrieb, offenbar mit wenig Geschick – Konkurs. Fortan versuchte Walter Siebeck sich in allerlei Berufen, was für die Familie zahlreiche Umzüge zur Folge hatte, zunächst innerhalb Essens; später jedoch wohnten die Siebecks unter anderem in Bochum-Langendreer, „direkt an einer Zeche, im Schatten von Kühltürmen“. Aus dieser Zeit rühren kulinarische Erinnerungen, an denen Siebeck offenbar bis zuletzt heftig zu knabbern hatte: Viele seiner Freunde waren Bergmannskinder, und wenn der kleine Wolfram bei ihnen zu Gast war, kamen Derbheiten auf den Tisch: Eingemachte Bohnen mit harten Birnen und Speck etwa, „ein Armeleutegericht, ich fand’s furchtbar.“ Wahrscheinlich hatte er bereits zu jener Zeit sein lebenslanges Feindbild gefunden: die deutsche Hausfrau mit ihrer, so Siebeck, „Plumpsküche“. In selbiger wurde, zu Siebecks dauerhaften Empörung, mitunter Mehlschwitze verwendet. Noch

2010 brach es aus ihm heraus, und zwar derart wüst, dass jeder Freudianer vor Glück in die Hände klatscht: Zunächst schmähte Siebeck die Mehlschwitze als „jene gusseiserne Säule der deutschen Plumpsküche", um dann, weiter unten im gleichen Artikel, in einer atemberaubenden Wendung vom „warmen Schoß der Mehlschwitze" zu radotieren. Um Himmels willen, Herr Siebeck, war man versucht, ihm zuzurufen: Was ist damals passiert? Welche gusseiserne Säule drang in welchen warmen Schoß? Welche Mehlschwitzen durchmengten sich dabei? Und warum tut Ihnen die Erinnerung immer noch so weh? Tja. Zu spät. Nun werden wir es nie erfahren.

Langsam drang die gusseiserne Säule in den warmen Schoß

Anfang 1944 wurde Siebeck Flakhelfer in Bochum, bald darauf ging's an die Ostfront, von wo er sich glücklicherweise in amerikanische Kriegsgefangenschaft retten konnte. Kurz nach dem Krieg verließ der Vater die Familie. Die Mutter war kränklich, so musste Wolfram Geld verdienen. Selbiges tat er zunächst als Schildermaler; das zeichnerische Talent hatte er vom Vater geerbt. Dann ergab sich eine unverhoffte Karrierechance: Die gerade frisch gegründete WAZ suchte einen Pressezeichner, seinerzeit nutzten die Blätter oft den Zeichenstift, um Artikel zu bebildern. Dank einer kleinen Erbschaft konnte Siebeck 1950 die Werkkunstschule in Wuppertal besuchen – und sich eine erste, in kulinarischer Hinsicht formative Frankreichreise leisten. Bald darauf begann er, sich einen Namen als Kochkolumnist zu machen, später kamen auch Restaurantkritiken dazu ... und schließlich hatte Deutschland einen „Gourmetpapst": Fortan bestimmte Siebeck, was gut war. Und gut war – so Siebeck – Frankreich, Frankreich und nochmals, äh, wie heißt es gleich? Ach ja: Frankreich. Mit der italienischen Küche konnte der „Berufsesser" (Siebeck über sich selbst) nix anfangen. Noch weniger natürlich mit der deutschen Hausmannskost, siehe oben. So wetterte Siebeck munter drauflos, wobei ihn eine enorme Lust am Austeilen leitete: Weltberühmte Restaurants nannte er schon einmal „Scheißladen". Daneben verbreitete er stupende Einsichten („Es fehlt Salz. Vor allem fehlt immer und überall Salz."). Freilich musste Siebeck auch einstecken: Man warf ihm vor, die französische Küche allzu sehr zu pushen, überdies nannte man ihn arrogant und elitär – was den trutzigen Vollbartträger offenbar enthusiasmierte: „Ich bin arrogant! Ich bin elitär!", kokettierte er ausgelassen.

Sogar ein Dichter nahm sich seiner an; „Einfach Wolfram Siebeck verbieten / über Essen zu schreiben" beginnt ein Poem von Günter Herburger. Und selbst in einem NDW-Song wurde Siebeck verewigt: Foyer des Arts (die Band von Max Goldt) nahm 1982 das Stück „Wolfram Siebeck hat recht" auf, in dem Goldt (mit verschiedenen Frauenstimmen) dummes Zeug übers Essen faselt und (mit Kinderstimme) immer wieder jene wundervollen Worte dazwischen quiekt, mit welchen doch alles gesagt ist: „Schmeckt geil, Mutti, was?"

HENRIETTE DAVIDIS

*1. März 1801 in Wengern, †3. April 1876 in Dortmund

Die Bestsellerin

Wir leben im Zeitalter des Mediums – so gibt es eine geradezu unüberschaubare Menge von Fernsehsendern, die samt und sonders ihre Sendezeit irgendwie, womit auch immer, füllen müssen. Wir Fernsehseher, bequem in unseren Fernsehsehersesseln sitzend, machen uns doch gar keinen Begriff davon, wie schwer es die Programmgestalter haben. Dass sie dabei noch einfallsreich sein sollten, wäre wirklich zu viel verlangt. So hält man sich an gewisse erprobte Prinzipien, deren eines da sagt: Kochen geht immer. Denn die allermeisten TV-Konsumenten nehmen täglich Nahrung zu sich, und einige von ihnen fühlen sich merkwürdigerweise überdies dazu hingezogen, Köchen beim Kochen zuzuschauen, sodass eine Kochsendung erfahrungsgemäß 8,17 % Sehbeteiligung in der werberelevanten Zielgruppe bringt; 8,19 %, falls der Fernsehkoch einen besonders bescheuerten Bart trägt. Wenn zudem noch Menschen als Dreivierteldeppen inszeniert werden („Reality-TV"), könnte gar die 8,2 %-Marke geknackt werden, und das ist doch allemal besser als wie nix.

Lecker und sättigend: extra buttrige Mehlschwitze!

So entstand die verlässliche Riege jener TV-Starköche, von denen nicht wenige dazu neigen, ihre leckersten Rezepte auch in Buchform zu veröffentlichen, was schon deshalb naheliegt, weil das Kochbuch ein bewährter Geschenkartikel ist. Wie gesagt: Kochen geht ja immer. So bringen es die Werke der TV-Starköche auf stattliche Auflagen, woraufhin alle froh sind, was man ihnen ja auch herzlich gönnen mag.

Doch jene stattlichen Auflagen verblassen zu einem Nichts, vergleicht man sie mit den Zahlen, die von der größten Kochbuchautorin des bekannten Universums erzielt wurden: Das „Praktische Kochbuch" der Henriette Davidis brachte es (allein im Originalverlag) auf 62 Auflagen. Und manche dieser Auflagen brachten es auf je 40.000 Exemplare. Seit 1906 ist das Copyright abgelaufen. So kann jeder die Davidis nachdrucken. Und viele tun es bis zum heutigen Tage. Also ist nur zu mutmaßen, wie viele Millionen Teller beziehungsweise Mägen bereits mit jenen Speisen gefüllt wurden, die Frau Davidis einst zu Papier gebracht hat. Übrigens sind nicht wenige davon mit leckerster, buttriger Mehlschwitze veredelt.

Geboren wurde die nachmalige Bestseller-Autorin als Pfarrerstochter. Bis zur ihrer Konfirmation 1816 blieb sie in Wengern, dann folgte ein Intermezzo in Schwelm, wo Henriette die

Höhere Töchterschule besuchte. Später lebte sie wiederholt auf Gut Oberste-Frielinghaus, (Witten-)Bommern, wo sie ihrer älteren Schwester zur Hand ging. Weitere Lebensstationen waren Sprockhövel (Hauptstraße 4), wo sie zwischen 1841 und 1848 als Erzieherin arbeitete (und nebenher ihr Kochbuch verfasste) sowie Dortmund, wo sie von 1857 bis zu ihrem Tode lebte – und auf dem Ostenfriedhof begraben liegt.

Henriette Davidis war eine bemerkenswerte Person: Einerseits präparierte sie die Bürgersfrauen ihrer Zeit für die konventionelle Köchinnen- und Mutterrolle. Andererseits jedoch war sie selbst, ganz im Gegensatz dazu, eine im Grunde emanzipierte, schließlich recht wohlhabende freie Schriftstellerin. Und ledig: Zwei Verlobte starben jeweils vor der Ehe. Wetter-Wengern hat seiner berühmtesten Tochter übrigens ein Museum errichtet, in einem Fachwerkhaus am Elbscheweg.

FRANK ROSIN

*17. Juli 1966 in Dorsten

Der Restaurantaufräumer

Die überragende Bedeutung, welche die Pommesbude für das Leben im Ruhrgebiet hat – ja, die überragende Bedeutung, welche die Pommesbude gar dafür hat, dass es überhaupt Leben im Ruhrgebiet gibt, ist schon oft und hinlänglich beschrieben worden: Hier versorgt man seinen Körper mit allen unbedingt lebensnotwendigen Frittierfetten und Phosphaten.

Doch ist die Pommesbude nicht allein Weihestätte des Leiblichen – auch die Seele blüht hier auf: Hier richtet der Mensch ein vertrautes Wort an den Menschen („Extrascharf, die Currywurst?“), hier wird alles Trennende überwunden, hier stellt sich

Bitte extrascharf machen, die Currywurst!

Identität her. Kurzum: Die Pommesbude ist für den Ruhrgebietler etwa das, was das Kaffeehaus für den Wiener, der Biergarten für den Münchener, das Bordell für den Berliner ist.

So kann man vorbehaltslos sagen, dass die Pommesbude gut ist – die Pommesbude und all das, was aus ihr hervorgeht. Nehmen wir zum Beispiel Frank Rosin, dessen Leben aufs Engste mit der Pommesbude verwoben ist: Franks Mutter Marlies hat knapp nach Franks Geburt in der Dorstener Glück-Auf-Straße den „Glückauf-Grill" eröffnet (Kann man sich einen appetitlicheren Namen vorstellen? Nein!). Hier verlebte Frank wesentliche Teile seiner Kindheit. Überdies durfte er oft mit dem Vater auf Tour gehen, und dieser war gleichfalls in der Branche – als Großhändler beziehungsweise „der erste Mensch in Deutschland, der Pommes frites verkauft hat".

So lag es recht nahe, dass Frank den Beruf des Kochs erlernte, was er auch tat, und zwar in Gelsenkirchen. Dort machte er sich 1990 auch selbstständig; mittlerweile jedoch ist er nach Dorsten-Wulfen umgezogen. Karrieremäßig lief es seitdem echt prima: 2009 kürte das Feinschmeckermagazin „Der Feinschmecker" das Feinschmeckerrestaurant „Rosin" zum „Restaurant des Jahres", unter anderem, weil es durch Spezialitäten wie Pumpernickel mit Kartoffelcreme und Ibérico „Bezüge zur multikulturellen Identität des Ruhrgebiets" herstelle. Auch bei unseren in Sachen Essen kernkompetenten Nachbarn jenseits des Rheins findet Rosins Schaffen hohe Anerkennung: Zwei Sterne verlieh ihm der Guide Michelin, 16 Punkte der Gault-Millau. Nebenher brilliert Frank Rosin übrigens noch als Kochbuch-Autor und TV-Kochberater („Rosins Restaurants – Ein Sternekoch räumt auf!").

OTTO DÖNNINGHAUS

*1905 (?) in Bochum (?), †2004 in Bochum

Die Urwurst

Nun endlich kommen wir zum Wesentlichen: der Currywurst. In ihr hat das Ruhrgebiet seine Identität, seinen Sinn gefunden. Ein verhältnismäßig kleiner Teil der Revierbevölkerung bereitet sie in Pommesbuden fachgerecht zu, ein weitaus größerer Teil aber verzehrt sie (ebenso fachgerecht), folglich ist die Curry*wurst* das, was uns alle irgendwie eint: Sie ist das Wappentier des Ruhrgebiets.

Mit Pommes dabei, ach geben Sie gleich zwei!

Freilich muss sich das Revier hierbei fremder Ansprüche erwehren. Etwa solcher aus Berlin: Diese Stadt will uns die Currywurst nehmen, um sie sich selber an die eher unschöne Fahne zu heften. Als Begründung führt man an, dass dort im Jahre 1949 die Currywurst erfunden worden wäre. Tja – wenn der (fremden Kulturen gegenüber durchaus offene) Ruhrgebietler bei einem Hauptstadtbesuch jene Berliner Erfindung verkostet, wird er feststellen, dass es sich hierbei keineswegs um eine Curry*wurst* handelt, besteht ihr Fleischanteil doch in der Regel aus einer jedwede Pelle entbehrenden Formmasse, die höheren Ansprüchen nicht im Mindesten genügen kann.

Auf die ungleich schönere Lösung, nämlich eine menschenwürdige Bratwurst mit Currysauce zu krönen, ist selbstverständlich das Ruhrgebiet gekommen, und zwar – so die Quellen nicht trügen – in Person des Otto Dönninghaus. 1920 hatte dieser überaus kreative Kopf seine Lehre angefangen, 1923 begannen seine Gesellenjahre, während derer er in Harpen und Wanne-Eickel wichtige Erkenntnisse sammelte. 1935 eröffnete er eine eigene Metzgerei in der Mitte Bochums, zehn Jahre später kehrte er aus der Kriegsgefangenschaft heim, wo er zunächst vor dem

Nichts stand, welches er bald jedoch mit der Currywurst füllen konnte. Dank seiner ungebrochenen Schaffenskraft (und, nicht zu vergessen, der nimmermüden Hilfe seiner Gattin Gertrud) gelang der Wiederaufbau. Und, Wurst sei Dank, bald darauf die geschäftliche Expansion: 1952 gründete Werner Dönninghaus, Ottos Bruder, einen Außenposten am Engelbertbrunnen: das „Bratwursthäuschen", welches mittlerweile zum „Bratwursthaus" ausgebaut worden ist. Hier nahmen übrigens einst drei Nachwuchskräfte des Bochumer Schauspielhauses wiederholt jene Nahrung zu sich, die sie hernach musikalisch glorifizieren sollten: „Currywurst" ist eine von Herbert Grönemeyers schönsten Leistungen; die Musik stammt von Jürgen Triebel, zum Text trug Diether Krebs bei.

RAIMUND OSTENDORP

*1968 in Uedem/Niederrhein

Der Pommesprofi

In seinen besten Momenten pflegt das Ruhrgebiet einen wunderbar lakonischen Stil. Man spricht nicht viel, doch das Wenige, was man spricht, hat Gewicht: In jedem Wort tut sich eine Welt auf. Raimund Ostendorp, wiewohl zugereist, hat die Sprache des Ruhrgebiets verstanden. Er weiß zum Beispiel, wie der eintretende Gast und der anwesende Gastronom einander begrüßen – wobei sie in dieser Begrüßung sowohl das Menschliche als auch das Praktische mit vorbildlicher Prägnanz abhandeln:

Gast (in Pommesbude eintretend): *„'n Abend!"*

Pommesbudenbetreiber: *„Wie immer?"*

Gast: (nickt unmerklich)

(Ende)

Beckmesserisch könnte man einwenden, dass bereits das

„Wie immer?" die Geschwätzigkeit streift, ist diese Frage doch völlig sinnlos: Denn wenn „immer" nicht „immer" wäre, wäre es nicht „immer". Doch da der Pommesbudenbetreiber ja irgendetwas sagen muss und keinesfalls „'n Abend!" sagen kann, da dieses nur eine stupide Wiederholung des schon vom Gast Gesagten wäre, fragt er halt „Wie immer?". Diese Dialogführung ist, so weiß Ostendorp, für den Gast am allerschönsten. In ihr vollendet sich Gastronomie. Doch um zu dieser Erkenntnis zu gelangen, musste er einen weiten Umweg gehen.

Raimund Ostendorp kommt, wie er sagt, „aus normalen Verhältnissen, mein Vater war Kraftfahrer, meine Mutter Hausfrau". Schon früh entdeckte er seine Leidenschaft fürs Kochen. Im Vier-Sterne-Hotel „Krefelder Hof" begann er als 16-Jähriger seine Lehre; die Gesellenjahre führten ihn nach Köln („Chez Alex", ein Michelin-Stern) und Hannover („Schu's Restaurant"). Dann heuerte er im Düsseldorfer „Schiffchen" an, wo er unter Jean-Claude Bourgueil arbeitete, seinerzeit noch Träger dreier Michelin-Sterne. Ostendorp brachte es hier bis zum Demichef de Partie, also, wenn man so will: zum stellvertretenden Abteilungsleiter. Und das mit Anfang Zwanzig – die Haute-Cuisine-Karriere ließ sich prima an. Doch dann nahm sie eine völlig unvorhergesehene Wendung: 1990 hatte Ostendorp die Hochküche satt, kurzerhand musterte er auf dem „Schiffchen" ab – und suchte nach einer Pommesbude, die er betreiben könnte. In Wattenscheid wurde er fündig: Das Ehepaar Kurt Kotzlowski ging in den wohlverdienten Ruhestand, Ostendorp übernahm.

Kurt Kotzlowski ging, Ostendorp übernahm

Dieser Neustart brachte ihm eine enorme Publicity: Alle kamen, um seine Pommes zu probieren beziehungsweise den „Sternekoch" beim Wurstwenden abzulichten: Bild, taz, Focus, Playboy, RTL, Pro7, auch die „Sendung mit der Maus" gastierte hier schon. Für die Financial Times war Ostendorps

„Profi-Grill“ der „perfekte deutsche Imbiss“. Ja, selbst das Feinschmeckermagazin „Der Feinschmecker“ ließ sich zu einem Besuch herab, welcher, wie man gönnerhaft formuliert, „ein amüsanter Abstecher“ war, nach welchem man sich freilich wieder wichtigeren Dingen, wie etwa dem „geräucherten australischen Wagyu-Rind mit Gänselebercroûtons“ zuwandte.

Zwischenzeitlich versuchte Ostendorp, ein kleines Pommes-Imperium zu errichten – Filialen in Langendreer, Marl und Recklinghausen. Doch diese Idee bewährte sich nicht übermäßig, sodass der Chef seit 1996 wieder seine volle Aufmerksamkeit dem Wattenscheider Stammhaus widmet.

Wo er eine absolut bodenständige Speisekarte präsentiert, welche sich bestens zum „Wie immer!“ eignet: Pommes, Wurst, Schnitzel, Schweinesteak, Salat. Als Zugeständnis an die Moderne: Gyros. Als Zugeständnis an die Tradition: „Kurts Frikadelle“, einen wuchtigen Bratklops, den er aus Kotzlowskis Händen übernommen hat. So ist der „Profi-Grill“ nichts anderes als eine gute, ehrliche Ruhrgebiets-Pommesbude. Hinter der eine interessante Geschichte steht. Und der Anspruch, es nach Kräften etwas gekonnter, etwas leckerer zu machen als die vielen Mitbewerber.

KUNST & LITERATUR

MARTIN KIPPENBERGER CORNELIA FUNKE
JOSEF ALBERS HANS-HENNING CLAER
ANTON STANKOWSKI **CHARLES WILP**

MARTIN KIPPENBERGER

*25. Februar 1953 in Dortmund, †7. März 1997 in Wien

Durch die Pubertät zum Erfolg

1981 stand es finanziell nicht allzu gut um Kippenberger – hatte er doch seinerzeit, nach vier sorglosen Jahren, das elterliche Erbe durchgebracht. Da traf es sich bestens, dass er gerade jetzt endlich sein erstes großes Bild verkaufen konnte. Welches allerdings mitnichten er, sondern jemand anderes gemalt hatte. Doch eben das war Kippenbergers Konzept: Er hatte den Plakatmaler Hans Siebert für sich arbeiten lassen, so hieß die Ausstellung auch „Lieber Maler, male mir". Hernach sollte Kippenberger noch oft auf dieses Konzept zurückgreifen. Und es durch weitere Volten verfeinern: 1989/90 ließ er einen Gehilfen Bilder aus seinen Katalogen abmalen. Dann wurden diese Gemälde fotografiert, anschließend zerstört. Die Überreste packte Kippenberger in drei von ihm entworfene Container. Hiernach erklärte er diese sowie die Fotografien zu Originalwerken. Dass Kippenberger derart virtuos mit dem Werkbegriff umging, führte seinerzeit zu gewissen Irritationen. Heute jedoch nicht mehr: 2009 versteigerte das noble Londoner Auktionshaus Christie's Kippenbergers „Paris Bar". Der Hammer fiel bei stolzen 2,5 Millionen Euro. Auch dieses Bild hatte er nicht selbst gemalt – sondern 1991 bei einem etwas weniger bekannten Kollegen in Auftrag gegeben. Für ein Honorar von 1.000 DM.

Familie Kippenberger war 1956 nach Essen gezogen. Martins Vater, ein Bergbauingenieur, amtierte als Zechendirektor im Verbund Katharina / Königin Elisabeth; die Mutter war Hautärztin. Quartier nahmen die Kippenbergers nicht etwa im noblen Süden, sondern zechennah in Frillendorf. Dort besuchte Martin die Evangelische Volksschule – und blieb in der dritten Klasse sitzen, „aus gesundheitlichen Gründen“: Er war Legastheniker. So schickte man den Neunjährigen 1962 aufs Internat, und zwar heftigerweise gleich ans Ufer des Titisees. Womit das Schulproblem allerdings nicht dauerhaft gelöst wurde: Nach dreimal Untertertia ging Kippenberger 1968 ab und begann eine Lehre: Dekorateur beim Bekleidungshaus Boecker. Dort flog er aber bald – wegen Betäubungsmittel-Konsum: Kippenberger verkehrte regelmäßig im „Podium“ am Gänsemarkt; gleichermaßen berühmt für seine pulsierende Musikszene wie für seine pulsierende Drogenszene.

In einer therapeutischen WG bei Hamburg entzog Kippenberger. Anschließend studierte er an der Hamburger Kunsthochschule – ohne Abschluss. Vorübergehend fasste er eine Schauspielerkarriere ins Auge, siedelte dann jedoch nach Berlin über, wo er einerseits das (inhaltlich noch etwas diffuse) „Büro Kippenberger“ betrieb, andererseits als Geschäftsführer des damals extrem angesagten Punk/Wave-Clubs „SO36“ amtierte. Kippenberger hatte sich „Durch die Pubertät zum Erfolg“ bewegt – so lautete folgerichtig der Reihentitel jener obigen „Lieber Maler“-Ausstellung, die ihn ins Bewusstsein einer – wenn auch noch exklusiven – Öffentlichkeit brachte.

Vom Titisee ins Podium

Hinfort kam es zum enormen Ausstoß von wundervollen Arbeiten, deren Titel so schön sind, dass man sich schon diese an die Wand hängen möchte: „Vati lieben Mutti, Nudeln sind für Tutti“, „Entwurf Verwaltungsgebäude für Müttergenesungswerk in Gütersloh“, „Ich habe nichts gegen Depressionen, solange sie nicht in Mode kommen“, „Peterkasten“, „Die Schlacht um Paderborn“, „Fünf kleine Italiener als Kaugummi getarnt“, „Titten, Türme, Tortellini“. Sein „Ich geh kaputt, gehst du mit?“ wurde zu einem Leitspruch der No-Future-Generation. Das Pathos der gleichzeitigen Friedensbewegung allerdings unterlief er wundervoll durch Arbeiten wie „Krieg böse“. Hierdurch machte er sich Feinde – ebenso durch „Ich kann beim besten Willen kein Hakenkreuz entdecken“, eine in Öl gemalte Menge unsortierter Balken.

Kippenbergers Œuvre war von enormer Vielfalt: Neben (selbstverständlich mitunter auch selbst gemalten) Bildern standen Zeichnungen, Fotografien, Skulpturen, Installationen und Performances. Für Aufsehen sorgte beispielsweise sein Metro-Net, ein weltumspannendes U-Bahn-Netz, welches freilich über drei unverbundene Einstiege nicht hinauskam: einer auf der griechischen Insel Syros, der andere im kanadischen Dawson, der dritte in Leipzig. In Sachen Kunst machte Kippenberger ziemlich alles Menschenmögliche, in der Gewissheit, „dass stillos zu sein auch ein Stil ist“.

Gute Laune und größer als Bismarck

Zusammengehalten wurde dieses disparate Werk durch seine Persönlichkeit, welche – glaubt man Zeitzeugen – ungefähr so groß war wie Texas. Der Journalist Joachim Lottmann geriet ganz außer sich: Kippenberger sei der „letzte große Mann, Siegfried mit dem Schwert, ein potentieller Reichsgründer, größer als Bismarck, der Künstler als Genie, der Charismatiker, der Unwiderstehliche“ und so weiter. Kippenbergers Auftritte gerieten mitunter wild, laut, wunderlich, alkoholisch, aggressiv, übersexualisiert. Er war, wie seine Schwester Susanne schreibt, „süchtig nach Drogen und Alkohol, nach Liebe, Zigaretten und Anerkennung“. „Sucht“, so hat es Kippenberger selbst im Interview mit Jutta Koether formuliert, „das heißt nichts anderes als suchen“. Auf der anderen, un-faustischen Seite seines Lebens stand das, was er sich als postume Würdigung ausbat, sollte jenes Leben einmal geendet haben: „Kippenberger war gute Laune“.

Der linke Mainstream freilich reagierte recht schlechtgelaunt auf Kippenbergers Sosein, ihm galt er als politisch inkorrekter frauenverachtender stümpernder Aggro-Arsch. Kippenberger spielte gekonnt mit solchen Empörungen: „Die Leute brauchen Feindbilder, also bin ich ein Feindbild. Eine meiner große Aufgaben!", erklärte er 1982 in einem „Twen"-Interview. Seine Schwester Susanne, die 2007 eine (sehr lesenswerte) Biographie vorlegte, sieht Bezüge zu seiner Herkunft: „Er war ein Kind des Ruhrgebiets, das hat seine Direktheit geprägt, sein Tempo, seinen trockenen Witz."

Kippenberger lebte äußerst heftig: Mit großer Energie ging er an jedwede Grenze und wurde so zum Inspirator einer nachfolgenden Künstlergeneration. Freilich ist ein solches Leben der Gesundheit etwas abträglich: Kippenberger starb mit 44.

Posthum ist er im Establishment angekommen: Das New Yorker MoMA widmete ihm eine Retrospektive, ebenso die Londoner Tate Modern. Unlängst boten sich bei Christie's anlässlich eines seiner frühen Selbstportraits eine attraktive Dame im weißen Kleid und ein schicker Anzugträger gegenseitig durch die Decke, natürlich jeweils in telefonischem Auftrag. Erst bei 16,5 Millionen Dollar war Schluss.

CORNELIA FUNKE

*10.12.1958 in Dorsten

Die magische Stadtbücherei am Gemeindedreieck

Die ehemalige Dorstener Stadtbücherei am Gemeindedreieck ist sicherlich keine architektonische Weltsensation. Damit sei jedoch keinesfalls gesagt, dass sie nicht hübsch wäre – ein flachbedachter 50er-Jahre-Bau, der keckerweise auf Betonstelzen ruht, was ihm wohl eine schwebende, schwerelose, beschwingte Anmutung geben sollte (oder so). Wie gesagt, die ehemalige Dorstener Stadtbücherei ist ein recht netter Anblick – das halt, was 1957 für ein modernes, dem Geist der Zeit vollauf genügendes Bauwerk durchging: Ein bisschen gewagt, aber nicht zu sehr, wir sind ja nicht gaga.

Für die kleine Cornelia jedoch wurde dieses Gebäude zum magischen Ort. Denn einmal pro Monat stieg sie mit ihrem Vater Karl-Heinz, einem Justizbeamten, die enge Wendeltreppe hinauf, und noch heute, viele, viele Jahre danach, weiß sie, „wie es dort gerochen hat", und erinnert sich „an die Vorfreude, die sie begleitete, an die Aufregung, die kribbelnd vom Bauch bis in die Fingerspitzen kroch, wann immer sie nach einem Buch griff, um es aus den Reihen herauszuziehen". Am liebsten zog sie übrigens Günter Spangs „Kapitän Bommel und die Seeschlange".

Der wundervolle Buchgeruch

Man spürt hier, wie die kleine Cornelia von der Liebe zum Lesen durchdrungen war. Die große Cornelia aber ging dazu über, selber Bücher zu schreiben, und zwar solche, in denen sie die gute alte Dorstener Stadtbücherei mitunter als „Baumhaus" literarisiert – diese Bezeichnung erklärt sich aus dem Umstand, dass die kleine Cornelia seinerzeit aus den Fenstern in die Kronen der umstehenden Bäume schauen konnte. Mittlerweile aber war jener Fifties-Bau zur städtischen Druckerei herabgewürdigt worden. Das stimmte die Autorin traurig. Und da sie über die Mittel verfügt, Traurigkeiten zu beseitigen, entschloss sie sich kurzerhand, tätig zu werden: So beherbergt das zeitgemäß aufbereitete „Baumhaus" nun ein Lese- und Schreibzentrum für Kinder und Jugendliche.

Ihr Abi hatte Cornelia Funke noch in Dorsten hingelegt (Gymnasium St. Ursula, Ursulastraße), dann aber suchte sie das Weite. In Hamburg studierte sie Soziologie und Sozialpädagogik, anschließend arbeitete sie als Erzieherin auf einem Bauspielplatz. Und studierte nebenher Buchillustration. Als Illustratorin wiederum stellte sie fest, dass die Bücher, die sie bebilderte, ihr weniger gut gefielen, als die Bücher, die sie selbst schreiben könnte. So sattelte sie ein letztes Mal um und wurde Kinder- und Jugendbuchautorin.

1988 debütierte sie mit „Die große Drachensuche“. Fortan war sie recht produktiv, legte mitunter pro Jahr gleich mehrere Titel vor, überdies schrieb sie noch Drehbücher. Der Durchbruch erfolgte 2000 mit dem Jugendroman „Herr der Diebe“. Beeindruckend ist, wie sehr Cornelia Funke an sich glaubte: Sie war sich sicher, dass ihr Buch auch in der angloamerikanischen Welt erfolgreich sein könne, und ließ das Manuskript kurzerhand auf eigene Faust und Kosten roh ins Englische übersetzen. Tatsächlich biss ein Londoner Verlag an. Und verkaufte gleich am Erscheinungstag die komplette erste Auflage: 10.000 Stück. Seither sind Funkes Bücher in 37 Sprachen erschienen, Tendenz steigend, Gesamtauflage rund 20 Millionen, Tendenz steigend.

Zwischen 2003 und 2007 erschien die „Tintenwelt-Trilogie“, eine Fantasy-Romanreihe um das Mädchen Meggie, das die Fähigkeit hat, Personen aus Büchern herauszulesen. Ein Welterfolg; 2005 wurde Cornelia Funke vom US-Magazin „Time“ gar zu den 100 einflussreichsten Personen der Welt gerechnet – wow!

Schließlich rief Hollywood an, 2008 startete „Tintenherz“ im Kino. Und noch auf eine andere Weise kam Funke der Traumfabrik nah: Seit 2005 wohnt sie in Beverly Hills, in einer Villa, die vormals Faye Dunaway gehört hatte.

JOSEF ALBERS

*19. März 1888 in Bottrop, † 25. März 1976 in New Haven

Das singende Quadrat

„Ein Quadrat an sich ist wenig", sagte der französische Künstler/Kunstkritiker Michel Seuphor. „Aber ein von Albers gemaltes Quadrat ist eine Kraft, ein Gesang, ein Licht."

Nun: Bevor Albers solch kraftvoll singende Lichtquadrate malen konnte, musste er einen weiten Weg gehen. Begonnen hatte dieser in der Werkstatt seines Vaters, der Dekorationsmaler war. Hier empfing der kleine Josef erste gestalterische Anregungen. Erwachsen geworden, amtierte er zunächst als Volksschullehrer an der Josefschule seiner Heimatstadt. 1913 nahm er ein Studium an der Königlichen Kunstschule in Berlin auf, 1916 setzte er seine Ausbildung an der Essener Kunstgewerbeschule fort. Im Jahr darauf fertigte er ein Buntglasfenster für die Bottroper St. Michael-Kirche – welches leider zerstört wurde. Daneben zeichnete er viel, unter anderem auch Ruhrgebietsmotive. 1919 ging Albers nach München, wo er beim sündigen Franz von Stuck studierte. Die letzte Station jener langen Lehrjahre war das Weimarer Bauhaus, dort belegte Albers einen Vorkurs beim charismatischen Farb-und-überhaupt-Theoretiker Johannes Itten.

1925 wurde er selbst Bauhaus-Meister. Infolge der Machtübernahme der Nazis emigrierte Albers nach Amerika, wo seine bekanntesten Werke entstanden – zuvorderst jene oben erwähnten Quadrate, von denen er in der Regel je vier in verschiedenen Farben und Größen übereinander legte. Befragt, woher seine Vorliebe für Quadrate rühre, antwortete er, dass der Kreis in die Irre führe, sehe man diesem doch nie an, ob er ruhe oder rotiere. Das Quadrat hingegen sei ehrlich und sage unzweideutig, dass es auf einer seiner Seiten liege.

In seiner Kunst ging es Albers um „Die Wechselwirkung der Farbe" – so auch der Titel seines 1963 erschienenen, neun Kilogramm schweren Lehrbuchs. Albers war der Überzeugung, dass unsere Farbwahrnehmung auf Illusion beruhe, wir mithin unfähig seien, Farben je als das zu erblicken, was sie eigentlich sind. In unserer Wahrnehmung verändere sich jede Farbe durch die Nähe einer anderen. Diesen Effekt legte Albers dar, indem er immer wieder aufs Neue verschiedenfarbige Quadrate ineinander fügte. Wobei die so entstandenen „Homages to the Square" freilich alles andere als wahrnehmungspsychologische Demonstrationsobjekte sind. Albers' Quadraten wohnt jene besondere Kraft inne, die allen großen Kunstwerken eigen ist: Sie bemächtigen sich des Betrachters. Wer mag, kann – siehe oben – gar sagen, sie singen. Diesem Gesang lässt sich übrigens auch in Bottrop lauschen: 1983 widmete die Stadt ihrem großen Sohn das „Josef Albers Museum Quadrat".

Der durchtriebene Kreis und das ehrliche Quadrat

HANS-HENNING CLAER

*30. Dezember 1931 Berlin, †25. Dezember 2002 Bergkamen

Moppel poppt sich durch den Pott

In den späten Sixties gab es zwei große literarische Trends: erstens „Literatur aus der Arbeitswelt". Zweitens „Porno, bis der Pimmel bimmelt". Und eines Tages flatterte dem „März"-Verleger Jörg Schröder ein Manuskript auf den Tisch, in dem sich beide Trends aufs Wundervollste vereinten: Porno rund um den Pütt. Ein Manuskript, aus welchem Sätze hervorglänzten wie etwa: „Der Slip flog in die Constructa". Schröder war angetan. Nur der Titel schien ihm etwas zu konventionell: „Glück auf,

Kumpel!" So besann sich Schröder auf seine vielen Ruhrgebietsbesuche und taufte um: „Lass jucken, Kumpel!" Ein Bestseller war geboren.

Verfasst hatte ihn Hans-Henning Claer, der zu jenem Zeitpunkt bereits auf ein erfülltes Leben zurückblicken konnte. 1949 war er Berliner Boxmeister geworden (Federgewicht), gleichzeitig hatte er eine Polizistenkarriere gestartet, die ihn bald „zum besten Nuttenjäger am Stuttgarter Platz" (Claer) werden ließ, schließlich aber „am Suff" scheiterte. So wechselte „Moppel" Ort und Beruf – er siedelte nach Bergkamen über, um dort in die berüchtigte Zeche Grimberg 3/4 einzufahren. Über Tage jedoch widmete er sich, wie es den Anschein hat, recht ausgiebig dem Geschlechtsverkehr, und zwar dergestalt, dass in ihm der Drang, Erlebtes und Gehörtes zu Papier zu bringen, schließlich übermächtig wurde – so kam es zu oben genanntem Buch. Welches sodann für heftigste Furore sorgte – nicht zuletzt, weil die Bild-Zeitung in gut gespielter Empörung einschlägige Passagen abdruckte. Claer genoss den Ruhm. So beschied er dem „Spiegel" voller Stolz, dass sein „Buch jetzt auch ganz authentisch" sei: „Was da an Sexstellungen gebracht ist, das linke Bein rübergelegt oder das rechte oder so – das stimmt alles, das ist alles ausprobiert."

Die Vertreter der seriösen Arbeiterliteratur waren freilich nicht im Mindesten amüsiert. So monierte beispielsweise Max von der Grün, dass es bei Claer „im Betrieb keinen Betriebsrat und keine Gewerkschaft" gebe. Was dem Softporno-Regisseur Franz Marischka wiederum verhältnismäßig egal war. Dieser schwatzte Claer (glaubt man dessen Verleger) die Filmrechte für 'n Appel und zwei Eier ab – indem er ihn an seiner Eitelkeit packte: Marischka bot dem Autor eine Nebenrolle an. Claer war begeistert. Und so könnten wir den Dichter (falls wir uns solche Filme anschauten, was wir natürlich nicht tun) als „Jupp Kaltofen“ auf der Leinwand bewundern – was seinerzeit rund 4 Millionen Kinogänger taten.

Drolligerweise hatte man die Uraufführung in Bergkamen stattfinden lassen, im Kino an der Bambergstraße. Hier stellten sich städtische Honorationen ein, die jedoch zum Teil wohl nicht recht wussten, was sie denken sollten: Bergkamen im Film, das ist gut. Aber ... herrje, die sind ja alle nackt! Überdies, so munkelt man, sahen sich einige Kollegen Claers etwas ungünstig dargestellt ... hernach war zu hören, dass der Autor, als er eines Nachts seine Stammkneipe („Zum schrägen Otto“, Schulstraße 38) verließ, von übelwollenden Mitbürgern heftig auf die Mappe bekommen habe.

Aber herrje: Die sind ja alle nackt!

Die „Kumpel“-Porno-Reihe brachte es immerhin auf sechs Teile. Etwas störend ist hierbei freilich, dass die Darsteller mitunter im Ruhrgebietsdialekt kommunizieren wollen, ohne diesen auch nur ansatzweise zu beherrschen. Literarisch ließ Claer übrigens noch zwei weitere, ähnlich geartete Romane sowie seine Autobiographie folgen: „Bulle, Schläger, Nuttenjäger“. Ende der 80er erlitt er einen Schlaganfall, an dessen Folgen er lange trug und schließlich verstarb.

ANTON STANKOWSKI

* 18. Juni 1906 in Gelsenkirchen, † 11. Dezember 1998 in Esslingen am Neckar

□ +/

Grafik-Designer. Reduzierter Stil. 1974: Schrägstrich im Quadrat –› Deutsche-Bank-Logo. „Bild“ wütend: „Skandal: Maler verdient mit fünf Strichen 100.000 Mark“.

CHARLES WILP

*15. September 1932 in Witten, †2. Januar 2005 in Düsseldorf

Der Charles wird Charles und frei

Ende der 60er-Jahre war das deutsche Werbefernsehen wirklich noch ein wenig bieder: Wenn Klementine in ihrer lustigen Latzhose Ariel pries, war das schon vergleichsweise keck.

Doch dann geschah etwas Unglaubliches: Mitten in diese Schnarchigkeit hinein explodierte eine Kampagne, die weltweit ihresgleichen suchte: „Sexy-mini-super-flower-pop-op-cola – alles ist in Afri-Cola.“ Hinter einer vereisten Glasscheibe tummelten sich allerlei schrille Gestalten, meist sexy Girls, mitunter gar solche in Nonnentracht. Dazu gab es kakophonischen Orchesterkrach und einen Sprecher, der im Tonfall des Wehrmachtsberichterstatters blühenden Unsinn rapportierte: „Lustvolle Gefilde Afri-Cola-hungriger Gefühle. Die Frau wird Frau und frei ...“ Keine Frage: Diese Kampagne war ihrer Zeit voraus. Im Grunde ist sie nach wie vor unerreicht. Jawohl: Die Zeit soll sich gefälligst mal ein bisschen anstrengen, um jene wundervolle Kampagne endlich einzuholen!

„Afri-Cola: Die Augen erzählen der Welt, dass sie verliebt sind.“

Erfunden hat sie Charles Wilp – der sich übrigens zuvor gleich selbst erfunden hatte: Sein Vater, so Wilp, hätte den Raps nach Europa gebracht beziehungsweise den Speck aus Westfalen exportiert. Die Mutter hingegen wäre Pianistin gewesen, hätte gar Richard Tauber höchstpersönlich begleitet. Seine eigene Ausbildung, so Wilp, wäre beim Star-Fotografen Man Ray in New York erfolgt.

Das sind wirklich lustvolle Gefilde ruhmhungriger Gefühle – wahrer jedoch scheint es, dass „Charles“ Sohn eines Dachdeckers und einer Hausfrau war und auf den Namen Karl Paul Wilhelm Wilp getauft wurde. Offenbar betätigte er sich schon als Schüler fotografisch, und zwar für die Wittener Lokalpresse. Dann begann Wilp seine steile Werbekarriere. Später nahm auch der Kunstbetrieb Notiz von ihm. Stets in einen gelben Overall gehüllt, war er gern gesehener Gast in allerlei TV-Sendungen, wo er beredt für seine beiden lebenslangen Leidenschaften warb: Charles Wilp und die Weltraumfahrt. Mitunter fand beides zusammen: 1986 gelang es ihm, zwei seiner „Space Sculptures" in den Erdorbit schießen zu lassen.

PERSONENVERBÄNDE

DIE KRUPPS   DER SCHALKER KREISEL

BVB-CHAMPIONS   SODOM & KREATOR

KARL & THEO ALBRECHT   INGA & ANNETTE HUMPE

JOACHIM HERMANN LUGER & MARIE LUISE MARJAN

TOTO & HARRY

HERBERT & DIETRICH GRÖNEMEYER

DIE KRUPPS

Das stählerne Geschlecht

Erstmals verzeichnen die Essener Annalen ihren Namen im 17. Jahrhundert. Damals führte die Familie freilich noch ein eher unspektakuläres Dasein. Ebenso die Stadt. Beides sollte sich fürderhin ändern – wobei das Eine viel mit dem Anderen zu tun haben würde.

Die Ur-Krupps waren Kaufleute. Der erste, der aus der Art schlug, war Friedrich (1787–1826), gründete dieser doch 1811 eine Art Fabrik, deren Ziel es war, Gussstahl herzustellen. Selbigen hatte man zuvor aus dem hypermodernen England importiert, aber da Napoleon nun den Kontinent absperrte, kam von dort nichts mehr. Jene Kruppsche Gussstahlfertigung ließ sich allerdings etwas ungut an: Irgendwie wollte es nicht gelingen. Als es eines Tages dann doch gelang, war Napoleon schon längst weg vom Fenster. Und prima englischer Gussstahl ergoss sich schon wieder in Hülle und Fülle über das Festland. Friedrich versuchte sich hinfort in der Herstellung von allerlei Werkzeug Mit durchaus mäßigem Erfolg. Die Firma geriet ins Taumeln. Und Friedrich starb.

Sohn Alfred (1812–1887) trat das Erbe an – mit 14! Dem Jungmann kamen jedoch bald die Umstände zu Hilfe. Eine brandneue Verkehrstechnologie eroberte das Land: die „Eisenbahn", welche, wie ihr Name schon nahelegt, Eisen benötigte, genauer gesagt: Gussstahl für Schienen und Achsen. Und es kam noch besser. 1853 ließ sich Alfred den nahtlosen Radreifen patentieren – eine grandiose Erfindung: Die amerikanischen Eisenbahngesellschaften rissen sich darum. Drei dieser Radreifen wurden zum Logo der Firma, welche nun wie bekloppt expandierte: Bald beschäftigte Alfred 1.000 Leute – die er einerseits heftig gängelte, andererseits jedoch vorbildlich umsorgte.

Übrigens hatte Krupp mittlerweile ein neues Geschäftsfeld aufgetan: Rüstung. Bisher hatte man albernerweise mit Bronzekanonen geschossen, nun aber präsentierte Alfred die Gussstahl-Hinterlader. Und verkaufte sie überall hin. Außer nach Frankreich. Im deutsch-französischen Krieg 70/71 kämpfte so Stahl gegen Bronze. Stahl gewann. Und Krupp wurde zum größten Industrieunternehmen Europas – höchste Zeit, sich die „Villa Hügel" zu bauen!

Stahl kämpft gegen Bronze. Stahl gewinnt.

Dann starb Alfred. Friedrich Alfred (1854–1902) übernahm. Die Firma gedieh. Der neue Chef kümmerte sich rührig um seine Leute – so ließ er etwa die Siedlung Altenhof bauen. Er selbst hingegen verbrachte viel Zeit auf der Insel Capri. Was er dort wohl machte? Der sozialdemokratische „Vorwärts" sprach von gleichgeschlechtlicher Liebe. Friedrich Alfred starb – Gehirnschlag? Selbstmord?

Wie auch immer: Tochter Bertha (1886–1957) erbte. Und ehelichte Gustav von Bohlen und Halbach (1870–1950). Auch der engagierte sich im Sozialen. Und natürlich im Rüstungsgeschäft: Während des Ersten Weltkriegs stellte Krupp die gesamte Produktion auf Waffen um, was sich nach der Niederlage als problematisch erweisen sollte, durfte Deutschland nun einstweilen doch gar keine Waffen mehr machen. Dann kam auch noch die Weltwirtschaftskrise. Und dann dieser Hitler. Zunächst wahrte man Distanz zu den Nazis. Bald aber ließ man sich eines Schlechteren belehren: Krupp fügte sich dem Unrechtsregime, die Firma florierte, expandierte im Nachgang der Wehrmacht, beschäftigte Zwangsarbeiter. Ende 1943 zog sich Gustav, bresthaft und krächelig, auf seinen Ruhesitz im österreichischen Blühnbachtal zurück – die Geschäfte übernahm Sohn Alfried (1907–1967).

Dem sollten die Amerikaner 1947 in Nürnberg den Prozess machen. An dessen Ende wurde er, unter anderem wegen Verbrechen gegen die Menschlichkeit, zu zwölf Jahren Gefängnis sowie Vermögenseinzug verurteilt. 1951 amnestierte man ihn, 1953 übernahm er wieder die Leitung der Firma, welche sich nun aus dem Rüstungsgeschäft zurückzog. Sohn Arndt (1938–1986) verzichtete auf sein Erbe zugunsten einer jährlichen Apanage von 2 Millionen DM. Dann starb Arndt. Und mit ihm das stählerne Geschlecht, dessen Letzter er war.

DER SCHALKER KREISEL

Weil sie so lange Dödel hatten

Wie bitte? Im Ruhrgebiet spielt man auch Fußball? Das ist ja zum Piepen! Dort leben doch nur Arbeiter! Na gut, vielleicht sollte man Großmut walten lassen: Mögen die Arbeiter doch ein wenig Fußball spielen, wenn ihnen danach ist. Die Deutschen Meister dieses spannenden Sports aber werden auch fortan von vernünftigen Vereinen aus noch vernünftigeren Städten gestellt. Deren wir doch einige zu bieten haben – etwa die einst von Gymnasiasten gegründeten HSV und 1. FC Nürnberg. Oder gar den glorreichen Berliner Sport-Club Hertha aus der Reichshauptstadt!

So wohlgeordnet war es bis in die 30er-Jahre hinein. Dann aber begann eine Geschichte, welche die Grenzen des rein Sportlichen sprengte: Fortan konnte man stolz sein, aus dem Ruhrgebiet zu stammen – verneigte sich doch ganz Deutschland vor der überwältigenden Klasse einer Mannschaft, die genau dorther kam, wo die Kohle am schwärzesten war.

1933 war das Schalker Wunderteam im Grunde bereits fertig – verlor allerdings noch das Endspiel um die Deutsche Meisterschaft gegen die Düsseldorfer Fortuna (welche man zuvor im Finale um den Westdeutschen Titel noch besiegt hatte).

Ein Jahr später begann jedoch die Party. 2:1 gegen Nürnberg! Schalke, nein: Gelsenkirchen, ach Quatsch: Das Ruhrgebiet war Deutscher Meister, eine ganze Region tobte vor Vergnügen. Auf der Rückfahrt vom Finale hielt der Schalker Sieges-Zug selbstverständlich auch auf dem Dortmunder Bahnhof – und unter dem kollektiven Jubel der dortigen Bevölkerung trugen sich die königsblauen Helden ins Goldene Buch der Stadt ein.

Die Schalker Dominanz jener Jahre beruhte auf einem revolutionären Spielsystem: Der „Kreisel" war ein extrem schneller, flacher Kombinationsfußball. Für den man auch die passenden Spieler hatte: eine goldene Fußballergeneration mit perfekter Technik und höchster Spielintelligenz. Allen voran Ernst „Clemens" Kuzorra, ein resoluter Halbstürmer mit wunderbar trockenem Humor. Als man ihn Jahrzehnte später fragte, warum die Schalker damals so lange Sporthosen trugen, rückte er endlich mit der königsblauen Wahrheit heraus: „Weil wir so lange Dödel hatten."

Auch 1935 waren die Schalker Dödel die längsten – 6:4 im Finale gegen Stuttgart. 1937 musste Nürnberg dran glauben, 1939 mähte man Admira Wien vom Rasen – 9:0! Auch 1941 und 1942 holte man den Titel ins Revier. So wurden die Schalker Bergbau-„Knappen" zu deutschlandweit gefeierten Idolen.

Tatsächlich war der Verein eng mit der Zeche Consolidation liiert, nicht wenige der Spieler standen dort auf der Lohnliste – wobei freilich keine Stars mehr unter Tage Kohlen kloppen mussten.

Ganz Dortmund bejubelt den Schalker Triumph

Kuzorras kongenialer Partner im Halbsturm, der außerordentlich fähige Stratege Fritz Szepan, hatte gar überhaupt nichts mit Kohle zu tun, war er doch gelernter Küppersbusch-

Klempner. In der Wirtschaftskrise arbeitslos geworden, wurde er 1934 von der Stadt Gelsenkirchen mit der Beaufsichtigung der örtlichen Sportplätze betraut – immerhin war Szepan seinerzeit Kapitän der deutschen Nationalmannschaft, was es wohl irgendwie zu würdigen galt. Seit 1938 betätigte der Blondschopf sich zudem als Textilhändler. Das Geschäft am Schalker Markt hatte man ihm für lächerliche 7.000 Mark zugeschanzt. Da konnte Szepan nicht Nein sagen – hätte Selbiges aber besser getan. Die Vorbesitzer hießen Julie Lichtmann (*16. August 1882 in Breuna, † 1944 in Riga) und Sally Meyer (*15. Mai 1880 in Gelsenkirchen, † 1944 in Riga).

Dann kam der Totale Krieg und mit ihm das Ende des Dream-Teams. Ala Urban, der Goalgetter im Sturm, fiel 1943 an der Ostfront, wenig später folgte ihm das Super-Talent Natz Füller. Als der Spielbetrieb nach dem Krieg wieder aufgenommen wurde, war die Schalker Dominanz weg. Die anderen hatten aufgeholt. Szepans und Kuzorras Ddel waren, wohl altersbedingt, etwas kürzer geworden Der Generationswechsel wollte nicht recht gelingen.

Was blieb, war die Legende. Diese Jungs, diese Klodt, Bornemann, Tibulsky, Burdenski, Kalwitzki, Schweisfurth, Gellesch, Poertgen, Eppenhoff und wie sie alle hießen, haben dem Ruhrgebiet eine Bedeutung gegeben, die es vormals nicht hatte: Hier war nun die Heimat der Besten.

BVB

These are the champions

70. Minute. Hitzfeld nimmt Chapuisat vom Platz. Dafür bringt er den 20-jährigen Ur-Dortmunder Lars Ricken. Dieser trabt in die Mitte der Dortmunder Hälfte. Das Spiel wird wieder aufge-

nommen. Sekunden später kommt Andy Möller in Ballbesitz. Ricken startet. Möller spielt einen Traumpass, mit dem er die Juve-Abwehr sauber tranchiert, direkt in Rickens Lauf. Doch was macht der? Anstatt den Ball mitzunehmen, Richtung Tor zu gehen, pleckt er die Kugel direkt auf den Kasten, aus 25 Metern, halbrechts versetzt, und dieses mit einer Schusshaltung, die etwas leicht Skurriles in sich hat ... genauer gesagt, in einer Schusshaltung, bei der wir, so sie einem der Unseren im Park unterlaufen war, den Ball zunächst ruhen ließen, um uns in Ruhe kaputtlachen zu können. Doch hier, im Münchener Olympiastadion am 28. Mai 1997, macht der Ball etwas gänzlich Exzeptionelles: Er nimmt eine Kurve, eine geradezu unglaubliche, großartige, glückshafte, wunderbare, kosmische Kurve, fliegt über den völlig verharzten Turiner Torwart Angelo Peruzzi hinweg, knapp unter die Latte ins Netz. 3:1! Die Entscheidung! Dortmund gewinnt die Champions League, den höchsten aller Vereinstitel. 2009 haben die BVB-Fans entschieden, dass kein Tor ihres schwarz-gelben Jahrhunderts diesem einen gleichkomme.

Peruzzi hat den allerschönsten Blick auf jene eindrucksvolle Flugkurve

Zur Vorgeschichte: Mitte der 90er definierte der BVB, wo oben ist. 1995 wurden die Schwarz-Gelben Deutscher Meister, 1996 verteidigten sie den Titel. Und auch international räumten sie mächtig ab: In der Champions-League-Saison 1996/97 fegte man im Viertelfinale den französischen Meister Auxerre mit zwei Siegen aus dem Wettbewerb. Im Halbfinale wartete der englische Champion, Manchester United – und auch hier setzte sich Dortmund durch: zweimal 1:0. Das Finale war erreicht, lustigerweise fand es im Wohnzimmer des größten nationalen Rivalen jener Tage statt: im Münchener Olympiastadion. Der Gegner war der CL-Titelverteidiger: Juventus Turin, seinerzeit das internationale Maß aller Dinge, versehen mit Stars wie Zidane, Deschamps und Vieri.

So galt Juve am 28. Mai als haushoher Favorit. Doch die Dinge entwickelten sich anders. Dank einer drolligen Abseitsfalle der Italiener konnte Karl-Heinz Riedle das 1:0 machen. Fünf Minuten später erhöhte der Nationalstürmer durch einen wunderbaren Kopfballhammer auf 2:0. Das wollte Juve nicht auf sich sitzen lassen. Zidane traf noch in der ersten Halbzeit den Pfosten. In der zweiten drehten die Turiner dann alle Regler auf Zehn. Dortmund geriet heftig ins Schwimmen – obwohl die Defensivabteilung hervorragend besetzt war: Vor Klos, Kohler, Sammer und Kree räumten Lambert und Paulo Sousa ab, die Außenbahnen bearbeiteten Reuter und Heinrich. Dennoch machte Alessandro Del Piero in der 64. Minute das 1:2, und der Ausgleich schien nur noch eine Frage der Zeit. Irgendwas musste passieren. Und dieses Etwas passierte: in jenen oben erwähnten unvergesslichen zehn Sekunden.

Aus purem Übermut setzten die Borussen hernach noch einen drauf: Am 2. Dezember holte man in Tokio den Weltpokal, mit einem 2:0 gegen den brasilianischen Copa-Libertadores-Sieger Cruzeiro Belo Horizonte. Hier schoss übrigens Michael „Susi" Zorc eins seiner letzten Tore für die vielleicht beste BVB-Mannschaft aller Zeiten.

SODOM & KREATOR

Die Verdrescher

Als Deutscher kennt man dieses Gefühl ja leider im Übermaß: Gerade noch war alles heiter und beschwingt, man saß, irgendwo im Ausland, vielleicht in Helsinki, um einen großen finnischen Tisch, von alten und neuen Freunden umgeben, das Bier moussierte, gleichfalls die Konversation, die Welt war schön, doch dann – plötzlich nahm das Gespräch eine Wendung und tangierte, wenn auch ganz sachte nur, das Unsägliche, jenes Unsägliche nämlich, über das wir Deutschen nichts zu sagen vermögen, nichts jedenfalls, was unsere Scham je mindern könnte. So saß ich nun dort und spürte die Blicke auf mir. Doch schlimmer noch als jene, die blickten, waren jene, die wegschauten, ostentativ, wie mir schien. Ich musste etwas sagen, irgendwas, und wäre es nur, um diese schwärende Stille zu brechen. So hob ich an, mit zitternder Stimme: „Verdammt, ihr müsst nicht glauben, dass alle Deutschen so wären. Nein, die meisten Deutschen, die ich kenne, sind gegen die Scorpions. Ja, sie kommen aus Deutschland, aber wir sind doch nicht als ganzes Volk schuldig! Immerhin haben wir doch auch Can und Kraftwerk hervorgebracht. Wir sind halt einfach nur außerstande", und hier packte ich mein Bierglas mit beiden Händen, „gute, harte Rockmusik zu machen."

Deutschlands Ehre wird gerettet

Von links schlug eine finnische Faust zärtlich gegen meine Schulter, zweifelsohne gehörte sie meinem alten Freund Arto, der sich nun lachend an jenen Kerl gegenüber wandte, welcher unter seinen vielen Tätowierungen fast zu verschwinden schien: „Damit sind wir überhaupt nicht einverstanden, eh, Jarno?" Jarno aber grinste und röchelte aus tiefer Kehle „Sodom!".

„Ja. Absolut.", sagte Arto, „Und Kreator. Sie sind die besten." Dann schließlich, nach kurzer Überlegung: „Jedenfalls gehören sie zu den besten."

Machen Sie auf Ihrer nächsten Auslandsreise die Stichprobe: Fragen Sie mal einen Ami, einen Briten, einen Griechen, einen Portugiesen, wen auch immer, ob er Grönemeyer kennt. Die Antwort wird ein verlegenes Schulterzucken sein. Fragen Sie dann mal nach Sodom und Kreator – und die Antwort wird grenzenloser Jubel sein. Vorausgesetzt, Sie fragen den Richtigen. Nämlich einen solchen, der Freude an Thrash Metal empfindet – jener heftig gedroschenen (= thrash) Spielart des Heavy Metal.

Weltweit gibt es zwei Thrash-Metal-Szenen von Rang. Die eine ist die amerikanische Bay Area. Die andere das Ruhrgebiet. Was zweifelsohne passt: Thrash Metal ist hart, direkt, kraftvoll und keck. Genauso wie die Leute hier – zumindest manche, denn selbstverständlich gibt es im Revier auch einige weiche, indirekte, kraftlose und befangene Menschen. Doch die machen keinen Thrash-Metal, sondern halt irgendetwas anderes.

Ein Thrash-Metaller aber, überdies ein solcher mit gar extremer Ruhrgebiets-Credibility, ist Thomas Such (*19.2.1963 in Gelsenkirchen): „Um Geld zu verdienen, gab es nur eine Möglichkeit: auf Zeche gehen." So ging er auf Zeche. Im ersten Lehrjahr gab's 500 DM, und die gingen für Musik drauf: „Metal war für uns Religion." Als „Tom Angelripper" gründete der Sänger/Bassist 1982 Sodom. Am Schlagzeug saß der außergewöhnliche „Chris Witchhunter" (eigentlich Christian Dudek, *1965, †8. September 2008 in Essen). Doch erst ab 1987 spielte Sodom in Bestbesetzung – da nämlich stieß „Frank Blackfire" (eigentlich Frank Gosdzik, *24. Februar 1966 in Essen) hinzu, worauf die Post richtig abging: Mit „Persecution Mania" (1987, darauf der Hit „Sodomy and Lust") gelang dem Trio der Durchbruch zum Weltruhm. Das war keine Musik zum Kaninchenfüttern, ebenso wenig wie die auf dem gleichermaßen gelungenen Nachfolgetonträger „Agent Orange".

Die andere große Thrash-Band des Ruhrgebiets formierte sich nur ein paar Kilometer westlich von Gelsenkirchen: 1982 hatte das Einkaufszentrum Altenessen Gitarren im Sonderangebot: 200 DM das Stück. Miland „Mille" Petrozza (*18.12.66 in Essen), Sohn eines kalabrischen Kumpels, traf hier eine folgenreiche Kaufentscheidung. Zusammen mit seinen Freunden Rob und Ventor gründete er hernach jene Band, die später Kreator heißen sollte. Im Jugendhaus Emscherschule kriegten sie einen Proberaum. Die Sozialarbeiter kümmerten sich ganz rührend um die Arbeitersöhne. Und erfanden das Motto fürs erste Konzert: „Heavy Metal for Peace". Die Jungs von Kreator rissen das „ ... Peace" vom Plakat. Vielleicht waren sie nicht unbedingt gegen den Frieden. Womöglich aber gegen Sozialarbeiter.

Bald darauf geriet die Zeche Carl zum Epizentrum des Thrash Metals. 1989 lief in der ARD eine etwas sozialkritisch angehauchte, sonst aber sehenswerte Dokumentation über die Scene: „Thrash Altenessen". Im gleichen Jahr startete Kreator durch: Das Album „Extreme Aggression" klingt genauso, wie es heißt – derart resolut konnte seinerzeit kaum eine andere Band die Instrumente verdreschen. Die weltweite Thrash-Szene wusste das zu honorieren: Mittlerweile hat Kreator mehr als zwei Millionen Tonträger verkauft.

KARL &

20. Februar 1920 in Essen, †16. Juli 2014 in Essen

THEO ALBRECHT

*28. März 1922 in Essen, †24. Juli 2010 in Essen

Zwei Männer ohne Eigenschaften

Früher gab es Menschen, die ihre Aldi-Filiale mit derselben Haltung betraten wie ihren Sex-Shop: Eigentlich „geht man da nicht hin". Aber dann will man doch.

Denn das Konzept des Discounters war ebenso einfach wie genial: Das Warensortiment blieb auf das Nötigste reduziert. Jedes Produkt gab es nur in einer Ausführung. Frischwaren fielen gänzlich weg. Das Ambiente war von preußischer Kargheit. Dank einer Vielzahl von Filialen nahm man dem Erzeuger große Mengen ab. Das garantierte niedrige Einkaufspreise. Und das wiederum gestattete niedrige Verkaufspreise. Fertig.

In den 80ern gerieten die Dinge ein wenig in Bewegung. Zunächst einmal kam die Zeit der Coming-Outs. Es gehörte plötzlich auch unter Bessergestellten zum Party-Smalltalk, sich zu Aldi zu bekennen: „Der Orangensaft. Superlecker. Also, ich find nix dabei, zu Aldi zu gehen." Parallel dazu wandelte sich Aldi: Plötzlich gab es hier allerlei ungeahnte Sachen zu kaufen. Und so geschieht es heute, dass die Hausfrau, die nur eben etwas H-Milch und Weizenmehl einholen wollte, spontan noch Tiefkühl-Shrimps, ein High-Perfomance-Tablet, sortenreines apulisches Olivenöl sowie eine Kreuzfahrt durchs Amazonas-Delta in den Wagen packt. Natürlich alles zu nach wie vor superniedrigen Preisen.

Kein Zweifel: Die Aldis (und mit ihnen natürlich auch all die anderen phantastischen Discounter unseres Vaterlands) haben unser Leben verändert. Und im Grunde Ludwig Erhards Konzept der Sozialen Marktwirtschaft vollendet.

Also höchste Zeit, einen Blick auf die Schöpfer dieses Wunders zu werfen! Freilich ist das gar nicht so einfach, hielten sich Karl und Theo doch stets sehr bedeckt: Keiner ritt bei Olympia, keiner heiratete Brigitte Bardot. Beide waren einfach nur reich. Sehr reich. Extrem reich. Unerträglich reich: Karl rangierte auf der Forbes-Liste der weltweit Reichsten auf Platz 10, Theo fand sich auf Platz 31.

Dabei ist dieser Wohlstand aus den schlichtesten Ursprüngen erwachsen: In Essen-Schonnebeck, Huestraße 89, betrieb Karl Albrecht sen. ein Lebensmittelgeschäft – unter tatkräftiger Hilfe seiner Gattin Anna. Die Familie wohnte im Stockwerk über dem Laden. Karl jun. machte seine Lehre im feinen Bredeney bei Feinkost Weiler. Theo hingegen lernte im Familiengeschäft, welches die beiden Söhne nach dem Zweiten Weltkrieg gemeinsam übernahmen. Bald eröffneten sie eine Filiale, dann zehn, dann hundert – es ging mächtig steil bergauf.

Etwa gleichzeitig mit dem Mauerbau wurde Deutschland ein zweites Mal geteilt: Theo übernahm den Norden der BRD, Karl den Süden. Später splitteten die Brüder noch den Rest des Planeten auf: „Aldi Nord“ versorgt zum Beispiel Länder wie Spanien, Polen und Frankreich mit hervorragenden Qualitätsprodukten, „Aldi Süd“ ist vorwiegend, aber beileibe nicht nur, in der englischsprachigen Welt aktiv.

Das völlig unspektakuläre Leben der Brüder wurde nur einmal gestört, da aber heftig: Paul K., professioneller Tresorknacker, und Heinz-Joachim O., professioneller Rechtsanwalt, kidnappten am 29.11.1971 Theo Albrecht, als dieser seine Konzernzentrale verließ. Zunächst erkannten die beiden Entführer ihr Opfer nicht, weil Albrecht „so einen schäbigen Anzug“ trug, wie K. später vor Gericht aussagte. Nach 17 Tagen kam Albrecht frei, Ruhrbischof Hengsbach hatte sieben Millionen DM Lösegeld überbracht, von denen ein Großteil bis heute verschollen ist. Fortan lebte Theo noch zurückgezogener. Karl, so hörte man immerhin, spielte Golf und züchtete Orchideen. Begraben ist Theo auf dem Nordteil des städtischen Friedhofs Bredeney. Karl aber liegt auf dem Südteil.

ANNETTE &

*28. Oktober 1950 in Hagen

INGA HUMPE

13. Januar 1956 in Hagen)

Neonbabies

Es ist an der Zeit, zwei unumstößliche Wahrheiten darzulegen: Deine blauen Augen machen mich so sentimental; die Liebeliebeliebeliebe, die macht viel Spaß, viel mehr Spaß als irgendwas.

Ja, wer kennt sie nicht, diese Hymnen jener Goldenen Zeit, da Helmut Kohl sich ins Kanzleramt gewuchtet hatte, um von dort aus seinen Pfälzer Saumagen zu preisen, während sich ringsherum Mittelstreckenraketen aller Art gegen den Himmel reckten? Beide Hymnen stammen aus der Feder ein und derselben jungen Frau namens Annette Humpe, und diese wiederum stammt aus einer Herdecker Konditorei, in der es einerseits süß, andererseits musikalisch, über allem jedoch politisch sittsam zugegangen war: Vater Humpe hielt Rudi Dutschke beispielsweise für einen Agenten der DDR. So stauten sich in beiden Töchtern der Familie „unglaublich viele Wünsche und Ideen an", welche im beschaulichen Herdecke anscheinend nicht suffizient zu realisieren waren. Demzufolge studierte Annette in Köln Klavier und Komposition, bevor sie 1974 den finalen Schritt nach Berlin wagte. Dort machte sie zunächst als einzige Frau in der Transvestitenband „Pink Wave" Disco-Musik und „fand die Mauer so was von Klasse". Inga hingegen war 1976 gerade damit beschäftigt, in Aachen Kunstgeschichte und Komparatistik zu studieren, als sich plötzlich Ulrike Meinhof umbrachte: „Danach war ich entschlossen, Mitglied der RAF zu werden", ein Entschluss, der freilich an fehlenden Möglichkeiten der Kontaktaufnahme scheiterte.

Die RAF: schwierig zu erreichen

So begab Inga sich stattdessen auf eine ausgedehnte USA-Reise. 1979 spielten beide Schwestern zusammen bei den Neonbabies. Wenig später gründete Inga mit Blixa Bargeld und Jäki Eldorado eine Band, die zwar nie musizierte, nichtsdestotrotz intensiv existierte (wer das versteht, hat übrigens den Geist der 80er verstanden). 1980 formierte Annette Ideal, deren Debütalbum (eben mit „Blaue Augen") auf Platz 3 der deutschen Charts ging – so hoch hatte sich zuvor noch keine Indie-Produktion platzieren können. Drei Jahre später war Inga als DÖF-Sängerin auf Platz 1 der deutschen Singlecharts –

wobei die Musik von „Codo ... düse im Sauseschritt" ja – wie bereits gesagt – von Annette stammt.

Als „Humpe & Humpe" hatten die beiden hernach eher überschaubaren Erfolg. Richtig ab ging die Post wieder mit „2raumwohnung" (Inga) beziehungsweise „Ich + Ich" (Annette). Vom aktiven Bühnenleben hat sich die ältere der Humpe-Schwestern mittlerweile zurückgezogen – als Produzentin jedoch ist sie immer noch extrem gefragt, so hat sie beispielsweise großen Anteil am fulguranten Erfolg Max Raabes.

JOACHIM HERMANN LUGER

*2.10.1943 in Schömbach/Thüringen

MARIE-LUISE MARJAN

*9. August 1940 in Essen

Ein Vorabend, der kein Ende nimmt

Wir schreiben das Jahr 1885. Bismarck hat alles voll im Griff. Carl Benz baut seinen ersten, dreirädrigen Kraftwagen. Eine Konferenz erkennt den Kongo als Privateigentum des belgischen Königs Leopold II. an. Und die ARD strahlt am 8. Dezember die erste Folge der „Lindenstraße" aus, in welcher „Hans Beimer" (Gitarre) zusammen mit seiner Gattin „Helga" (Blockflöte) am heimischen Wohnzimmertisch Adventsmusik darbietet. Gespielt wird „Hans Beimer" von Joachim Hermann Luger, und daran hat sich bis heute nichts geändert: Seit mittlerweile mehr als 130 Jahren tut Luger in Endlosserie seine Pflicht. Aber wer ist der Mann, der sich jener extremen schauspielerischen Herausforderung stellt? Nun: Luger hatte zunächst den Beruf des Chemielaboranten ausgeübt, schmiss dann allerdings (wiewohl er nicht schlecht verdiente) im Alter von 23 die Reagenzgläser hin, um zur Bühne zu gehen. Sein Debüt feierte er in Lübeck. 1974 wechselte er ans Stadttheater Essen, 1978 ans Bochumer Schauspielhaus. Seit 1981 ist er frei, wovon er regen Gebrauch macht: Man sieht ihn häufig auf verschiedenen Bühnen, auch und gerade auf denen des Reviers. In dem er sich übrigens auch privat niedergelassen hat: Luger lebt in Bochum, wo übrigens auch (und das ist doch drollig) „Hans Beimer" einst seine „Helga" kennen gelernt hat – beide arbeiteten am „Bochumer Jugendamt".

Jene „Helga" wiederum wird von Marie-Luise Marjan verkörpert, die bereits 1959 ihre erste Mutterrolle spielte – im zarten Alter von 19 Jahren. „Untergang der ‚Freiheit'" hieß die Fernsehproduktion. Offenbar stand ihr das Mutter-Fach gut an, immerhin verkörperte sie in der Folgezeit weitere 24 Mamas. Eine davon mit ziemlicher Hartnäckigkeit: Eben jene „Helga Beimer", die sie in gefühlten 10.000 Lindenstraßen-Folgen darbot – Frau Marjan muss Acht geben, dass sie nicht irgendwann mit dieser Lindenstraßen-Übermutter identifiziert wird. Im normalen Leben blieb sie übrigens ohne Nachwuchs.

MLM ist eine geborene Marlies Wienkötter, ihre ledige Mutter gab das Kind unmittelbar nach der Geburt in ein Waisenhaus, später wanderte sie nach Kanada aus.

Ein Hattinger Ehepaar adoptierte die kleine Marlies, die ihr schauspielerisches Talent bald schon in Schulaufführungen unter Beweis stellen sollte. Nach dem Abitur lernte sie das Metier bei Eduard Marks in Hamburg, es folgten Theater-, Film- und TV-Engagements. 1978 vertiefte sie ihre Schauspielkunst auf einem Lee-Strasberg-Seminar – hier hatten auch schon Marilyn Monroe und James Dean das „Method Acting" perfektioniert. Dann folgte der Umzug in die Lindenstraße, und es steht zu hoffen, dass die Reisebürobetreiberin Helga Beimer noch recht lange die Schauspielerin Marie-Luise Marjan darstellen wird.

TOTO &

*24. Februar 1963 in Hilden

HARRY

*24. Juni 1965 in Bochum

Recht und Ordnung und Quote

Und nun kommen wir zu einer äußerst wichtigen Frage. Nämlich dieser, Zitat: „Wann waren ‚Toto und Harry' zuletzt gemeinsam in Bochum auf Streife?"

Klasse Frage, nicht wahr? Wer mag sie wohl gestellt haben? Ein Fan der Fernseh-Cops vielleicht? Ein Angestellter der TV-Produktionsfirma? Nein. Diese Frage hat Peter Biesenbach gestellt, der stellvertretende Vorsitzende der CDU-Fraktion im Nordrhein-Westfälischen Landtag. Und MdL Biesenbach hat diese Frage nicht einfach so, etwa beim Small Talk in der Landtagslobby, gestellt, sondern hochoffiziell, am 16.9.2015, als Bestandteil seiner Kleinen Anfrage 3884. Wow. Toto und Harry: ein Politikum.

Politische Gegenwartsfragen: Wann fuhr Toto zuletzt mit Harry?

Dabei hatte alles ganz harmlos angefangen: 2001 wollte SAT1 in seinem Format „24 Stunden" die Arbeit der Revierpolizei zeigen. Die Produktionsfirma wurde in Bochum vorstellig. Und fand bald einen fernsehtauglichen Streifenpolizisten: Toto, mit bürgerlichem Namen Torsten Heim. Man plante, Toto eine attraktive Polizistin an die Seite zu stellen. Kommt immer gut. Doch Toto sagte Nee: Wenn er die Sache macht, dann nur mit seinem Freund und Kollegen Harry – alias Thomas Weinkauf. SAT1 willigte ein, so ging das Paar auf Sendung. Mit fulminantem Erfolg: Der Sender verzeichnete eine „unglaubliche Zuschauerresonanz". Und legte nach. „Toto und Harry – Die Zwei vom Polizeirevier" ging in Serie. Bis 2009 wurden die beiden Ordnungshüter bei rund 900 Einsätzen filmisch begleitet. Was ihnen zu enormer Prominenz verhalf: Man sah sie bei Harald Schmidt, Anke Engelke, Stefan Raab, Johannes B. Kerner, Oliver Pocher – Toto und Harry waren Stars.

Aber warum hatten denn nun alle Toto und Harry so schrecklich lieb? Zunächst aufgrund ihrer enorm volkstümlichen Art: Toto und Harry waren echt locker. Mütze trugen sie nur, wenn sie wollten. Mitbürger wurden mitunter geduzt – das war zwar voll gegen die Vorschrift, menschelte jedoch enorm an. „Das Kumpelhafte – das ist Ruhrgebiet", weiß Harry. Und so wollte manch Bürger einfach mal mit den netten Ordnungskumpeln ins Gespräch kommen, was ja relativ einfach zu bewerkstelligen war – etwa indem man kurzerhand mal den Nachbarn anzeigte, den alten Arsch. Auch manche Kriminelle wollten, wie man hörte, wenn überhaupt, dann nur von den TV-Stars festgenommen werden. Und baten hernach um eine Autogrammkarte. Dieser Kult führte dazu, dass sich andere Bochumer Polizisten schon Schilder an die Streifenwagen pappten: „Wir sind nicht Toto und Harry!"

Wer weiß, vielleicht wurde die mediale Präsenz der beiden zu mächtig, vielleicht waren auch die Möglichkeiten des Formats irgendwann erschöpft. Jedenfalls verschwanden Toto und Harry vom Sendeplan – um 2014 bei Kabel1 mit verändertem Konzept als „Die Kultcops im Ausland" wieder aufzutauchen. Fortan bereisten die beiden ferne Orte in Thailand, Texas und Australien, wobei das Gezeigte unter dem dringenden Verdacht stand, nicht wirklich Polizeiarbeit zu dokumentieren, sondern Firlefanz zu sein. Oder, wie Goethe es auf treffliche Art formuliert hat: Getretner Quark wird breit, nicht stark.

Nichtsdestotrotz sorgte das Relaunch für Aufsehen, zumindest beim Abgeordneten Biesenbach, siehe oben. Dieser wies darauf hin, dass NRW „die höchste Kriminalitätsbelastung und zugleich die schlechteste Aufklärungsquote aller bundesdeutschen Flächenländer aufweist". Und was täten die Polizeihauptkommissare Toto und Harry? Sie gingen „im Ausland in Bermudas mit gezückter Pistole auf Büffelstreife und Alligatorjagd"!

Nun: Die Polizeiführung legte schlüssig dar, dass die beiden Beamten für die Drehs „ihren Jahresurlaub genommen und Überstunden abgebaut" hätten. Das Innenministerium beantwortete überdies auch jene obige Eingangsfrage. So erfuhr der Abgeordnete Biesenbach, zudem auch die interessierte Öffentlichkeit, dass Toto und Harry zuletzt am 2. Februar 2013 gemeinsam Streife gefahren sind.

HERBERT &

*12. April 1956 in Göttingen

DIETRICH GRÖNEMEYER

*12. November 1952 in Clausthal-Zellerfeld

Die Übergrößen

Was kann man über ihn noch sagen, über diesen Titanen der Unterhaltungskunst, diesen Giganten des Guten? Was kann man über ihn noch sagen, über ihn, unseren Besten, Schönsten, Edelsten und Erfolgreichsten, über ihn, der alles, aber auch wirklich alles vermag? Was kann man über ihn noch sagen, über ihn, der – wenn er nur wollte – selbst den Incredible Hulk besiegen könnte? Wenig.

Ja, wirklich: Wenig kann man noch über Herbert Grönemeyer sagen – erstens, weil schon so ziemlich alles über Herbert Grönemeyer gesagt worden ist, und zwar gleich mehrfach;

zweitens, weil es einem an Worten gebricht, so man nur ins blendende Licht blickt, welches diese Gestalt gleich einer Gloriole umgibt. Herbert Grönemeyer hat ungefähr 231,8 Fantastillionen Tonträger verkauft. Jeder kennt Herbert. Jeder liebt ihn. Und das völlig zu Recht!

Also, zum Allbekannten: Herbert Grönemeyers kommerzieller Durchbruch ereignete sich 1984, als er „4630 Bochum" vorlegte, ein Album, dessen Mega-Hit „Männer" sich einer uralten Menschheitsfrage widmete („Wann iste Ma e Mä?"). Seither reiht Herbert Triumph an Triumph. 2003 zum Beispiel erhielt „Mensch" in Deutschland neunfaches Platin, in Österreich sechsfaches, in der Schweiz fünffaches. Als Deutschland 2006 das weltmeisterliche Sommermärchen zelebrieren wollte und gerade keine Hymne zur Verfügung hatte – wer sprang da ein? Kein anderer als Herbert Grönemeyer, dem mit „Zeit, dass sich was dreht" schier Unglaubliches gelang: erstens ein prima Lied zum Fußballfest, zweitens darin als subtiler Subtext die Mahnung, die Menschheit möge sich mal am Riemen reißen, denn so geht's ja wirklich nicht weiter, und drittens ein Welthit: Nummer 1 in Deutschland, Nummer 2 in Österreich und Nummer 17 in der Schweiz!

Wann iste Ma e Mä?

Auch als Schauspieler brillierte Herbert Grönemeyer, etwa als Leutnant Werner in „Das Boot", überdies agierte er schon an der Seite solch weltberühmter Stars wie Burt Lancaster, Nastassja Kinski, Ernie, Willem Dafoe und Bert. Aber das Allerwunderbarste ist, dass Herbert Grönemeyer, dieser Erbe des Universums, als ganz normaler Mensch zur Welt gekommen ist – genauso wie du und ich!

Jenes geschah zwar in Göttingen, doch bereits vor seinem ersten Geburtstag siedelte er nach Bochum über – eine Stadt, der er sich bis heute verbunden fühlt, preist er sie doch als seine „Herkunft". Nämliches übrigens auch musikalisch: Wer erinnert sich nicht an den Superhit „Bochum“ („Äääöäöäööäöää Glückau'“)? Eben hier besuchte er das Gymnasium am Ostring und gründete bereits als Zwölfjähriger seine erste Band. Noch vor dem Abi wirkte er am Bochumer Schauspielhaus, zunächst nur als Musiker. Bald aber wurde auch sein darstellerisches Talent entdeckt, erst für die Bühne, dann auch – siehe oben – für Film und TV. Der Rest ist Geschichte beziehungsweise Hagiographie. Denn das Phänomen Herbert Grönemeyer erschöpft sich mitnichten im Künstlerischen, engagiert er sich doch weit über dieses hinaus, und zwar verlässlich für das Gute. Mittlerweile lebt Grönemeyer in zwei Vororten Bochums; einem westlichen (London) und einem östlichen (Berlin). Zwischen diesen beiden Städten fliegt er hin und her, wobei es fraglich ist, ob er hierzu überhaupt noch ein Flugzeug braucht. Jedenfalls ist er stets zur Stelle, wo immer man seiner bedarf, und wäre es als moralisches Leuchtfeuer, so etwa zu Zeiten der Flüchtlingskrise. Herbert Grönemeyer hat alles nur irgend Erreichbare erreicht ... mit einer Ausnahme: Er hat nie die Bücher-Bestsellerliste angeführt.

Doch eben diese Ehre ist, welch wundersame Wege das Schicksal doch zuweilen geht, einem anderen Grönemeyer zuteil geworden: Herberts Bruder Dietrich. Denn „Deutschlands Medizin-Papst“ (zu dem ihn ein Konklave namens „Bild“-Zeitung gewählt hat) ist geradezu Spezialist im Abfassen von Mega-Bestsellern: „Mein Rückenbuch“ toppte die Literatur-Charts ebenso wie „Mensch bleiben“, „Der kleine Medicus“ und „Lebe mit Herz und Seele“.

Auch Dietrich wuchs in Bochum auf, auch er drückte die Schulbank am Ostring. Nach dem Abi ging er zunächst an die Ruhr-Uni – Romanistik und Sinologie. Doch dann war Schluss mit Sprachen: Dietrich studierte Medizin in Kiel, seine Promotionsschrift trug den noch nicht ganz so durchgestylten

Titel „Quantitative Blutfluss-Bestimmung mit Hilfe digitaler Röntgenbildverarbeitung im Modell- und Tierversuch“. 1996 jedoch startete Dietrich zum Karriere-Höhenflug: Er wurde auf den Lehrstuhl für Radiologie und Mikrotherapie an der Universität Witten/Herdecke berufen, wobei er eben jene „Mikrotherapie“ höchstpersönlich begründet hatte: eine Mischung aus interventioneller Radiologie, minimal invasiver Chirurgie und Schmerztherapie. 1997 rief er folgerichtig das Bochumer „Grönemeyer Institut für Mikrotherapie“ ins Leben. Alles wäre rundum prima – gäbe es da nicht jene wenigen Schulmediziner, die dem in Sprockhövel lebenden Grönemeyer vorwerfen, nichts als ein „Professor Hokuspokus“ (so der Titel einer „Spiegel“-Story) zu sein. Ach! Manche Menschen gönnen der Sonne ihr Licht nicht. Es ist doch eine arge Schande. Wie sagt Schiller gleich? „Es liebt die Welt, das Strahlende zu schwärzen / Und das Erhabne in den Staub zu ziehn“. Goldene Worte.

FILMKÜNSTLER

HEINZ RÜHMANN CLAUDE-OLIVER RUDOLPH
HERBERT REINECKER HEINRICH BRELOER
SÖNKE WORTMANN CHRISTOPH SCHLINGENSIEF

HEINZ RÜHMANN

*7. März 1902 in Essen, †3. Oktober 1994 in Aufkirchen, Bayern

Unser liebes Scarface

Deutschland, um 1910. Die arme Witwe Erdmann muss fünf Söhne durchbringen. Vier sind lieb. Der Fünfte jedoch ist ein wahrer Filou. Schlimmer noch: Oskar unterschlägt Geld. Und verprasst dieses mit einem Flittchen. Der Erste Weltkrieg bricht aus – doch Oskar weigert sich mitzukämpfen. Die Mama schämt sich in Grund und Boden. Oskar aber sinkt noch tiefer in die Schande: Er arbeitet für den feindlichen Geheimdienst, will ein gutes deutsches Munitionsdepot in die Luft sprengen. Mama jedoch kommt ihm auf die Schliche, wirft sich dazwischen. Oskar verprügelt sie mit seinem Gummiknüppel. Der Munitionsdepot-Wachmann eilt hinzu, schießt auf Oskar, trifft Mama – tödlich. Ojemine!

„Das deutsche Mutterherz" hieß dieser Film aus dem Jahr 1926. Warum er hier erzählt wird? Nun, aus zwei Gründen: erstens um aufzuzeigen, welch großartige Drehbücher damals geschrieben wurden. Zweitens um aufzuzeigen, dass aller Anfang schwer ist. Denn die Rolle des Oskar war das Filmdebüt des 24-jährigen Heinz Rühmann. Dessen wahre Mutter, so munkelte man, soll das Kino tränenüberströmt verlassen haben: Für fünfzig Piepen pro Tag gibt Heinz sich her, einen solchen Unhold zu spielen!

So widmete Rühmann sich fortan verstärkt dem Theater. Erst 1930 trat er wieder nachhaltig vor die Filmkamera: In „Die Drei von der Tankstelle" spielte er den leicht durchtriebenen, dennoch recht liebenswerten Hans. Zwar war es hier Willy Fritsch, der die niedliche Lilian Harvey einfuhr, nichtsdestotrotz brach Heinz Rühmann mit der „Tankstelle" in die Beltage des deutschen Schauspiels durch. Es folgten Kassenhits wie „13 Stühle", „Quax, der Bruchpilot", „Die Feuerzangenbowle", „Charleys Tante", „Es geschah am helllichten Tag" und, und & und.

Doch wollen wir uns hier ein wenig den Anfängen dieser erfüllten Biografie widmen. Geboren wurde Rühmann im Essener Hotel Stemme, einst an der Kettwiger Straße gelegen. Seine Kindheit aber verbrachte er in Wanne (damals noch ohne -Eickel), wo seine Eltern die Bahnhofsgaststätte gepachtet hatten. Und diese Wanner Kindheit hinterließ eine Narbe: Irgendwo zwischen dem heutigen Heinz-Rühmann-Platz und dem Gymnasium Eickel kriegte der kleine Heinz im Zuge einer Kinder-Straßenschlacht einen Steinwurf ab. Diese Wanner Narbe, am linken Mundwinkel befindlich, sollte ihm zeit seines Lebens bleiben, und zwar deutlich sichtbar, zumindest in Close-ups.

Heinz Rühmann mit Stein beworfen!

1913 wechselte die Familie wieder nach Essen, wo sie die Leitung des gerade frisch erbauten Nobel-Hotels „Handelshof" übernahm. Mit durchaus mäßigem Erfolg. 1916 ließen sich Rühmanns Eltern scheiden, die Mutter siedelte mit den Kindern zunächst in die Brunnenstraße 74, später nach München über. Kurz darauf nahm sich Vater Hermann in Berlin das Leben. Junior Heinz jedoch startete durch, mit fulgurantem Erfolg: 2006 wählten ihn die Deutschen zu ihrem beliebtesten Schauspieler aller Zeiten.

CLAUDE-OLIVER RUDOLPH

*30. November 1956 in Frankfurt am Main

Der ideale Schwiegersohn

Shel Silverstein hat den Song geschrieben, Johnny Cash hat ihn 1969 zum Hit gemacht: A Boy Named Sue. Der Inhalt dieser

Ballade ist einigermaßen rasch erzählt: Papa, offensichtlich kriminell und dem Branntwein zugetan, verlässt Frau und kleinen Sohn, nicht ohne diesen zuvor auf den Namen „Sue“ taufen zu lassen. Dem Heranwachsenden ist dieses mächtig peinlich, muss er sich doch des Spottes erwehren, was er nicht selten prügelnderweise tut. Dadurch stark und tough geworden, beschließt er, seinen Alten zu suchen, der ihm jenen Namen angetan hat. Er findet ihn in einem Saufhaus, schlägt ihn zusammen – woraufhin Papa ihm eröffnet, dass er mit Bedacht den Namen „Sue“ gewählt habe – sei so doch gewährt gewesen, dass der Junge hart genug werde, um in dieser gleichfalls harten Welt bestehen zu können.

Da Claude-Oliver deutlich älter ist als „A Boy Named Sue“, scheidet dieser Song als Inspirationsquelle seiner Namensgebung aus. Dennoch, der Effekt war ähnlich: „Und dann hieß ich auch noch Claude“, klagt Claude-Oliver der Frankfurter Rundschau in einem Interview, „der Name war in Bochum, wo ich aufgewachsen bin, ziemlich scheiße. Die anderen hießen ja alle Karl-Heinz.“

Karl-Heinze sind wirklich unbarmherzig!

Und Karl-Heinze sind bekanntlich absolut unbarmherzig: Claudes Name wurde zu „Klo“, zu „Klosett“ gar verunstaltet. So stand der kleine schmächtige Junge vor jener Alternative, vor der später auch „Sue“ stehen sollte: „to get tough or die“. Claude-Oliver entschied sich fürs Erstere und erlernte sämtliche Kampfsportarten, die es gibt, und zwar derart gut, dass er es hernach auch in sämtlichen dieser zu deutschen Meisterschaftsehren bringen sollte – das sagt er zumindest, und man tut gut daran, ihm zu glauben, ist er doch, wie gesagt, extrem kampfsportgeübt, überdies von derart mächtiger Statur, dass er gewiss mit bloßen Händen ein Wiener Schnitzel zerreißen könnte. Oder sogar noch ganz andere Sachen. Also: Vorsicht!

Nun ist es keinesfalls so, dass auf diesem leistungsfähigen Körper ein dummer Kopf säße – nein: Auch im Geistigen wusste

Claude-Oliver Rudolph zu glänzen, besuchte er doch erfolgreich das Bochumer Gymnasium am Ostring („am Rostding", wie es der Bochumer Volksmund unter Bezugnahme auf die nahe Richard-Serra-Plastik getauft hat). Nach dem Abi (Schnitt: 1,6!) studierte Rudolph Psychologie, Philosophie und Romanistik.

Doch dann schmiss er das Studium – was die Folge hatte, dass sein Vater, ein wohlhabender Pelzgroßhändler, ihm das Geld abdrehte. So sah sich Claude-Oliver genötigt, einer Erwerbsarbeit nachzugehen: „Einem Freund von mir gehörte eine Nachtbar in Bochum, und dort fing ich als Türsteher an."

Seine erste, in gewisser Hinsicht formative Begegnung mit dem „Milieu". Doch mindestens ebenso wichtig waren die Kenntnisse, die er in einem anderen Milieu sammelte, hatte er sich doch mittlerweile ins Bochumer Theater „reingewuselt. Ich habe den Werner Schroeter auf der Straße angesprochen und wurde genommen". 1979 wechselte er zu Fassbinder nach München, zwei Jahre später rückte er machtvoll ins Blickfeld der Nation, als er in Wolfgang Petersens „Das Boot" den (irgendwie doch Furcht erregenden) Dieselheizer Ario spielte. Erneut ruhrgebietig wurde Rudolph 1983 dadurch, dass er in der Fernseh-Serie „Rote Erde" den Bergmann Bruno Kruska verkörperte. Seither brillierte er in unzähligen TV- und Kino-Produktionen; unter den Letzteren verdient der '99er-007 „Die Welt ist nicht genug" Erwähnung, hier spielte Rudolph den russischen Oberst Akakievich.

So war im Grunde alles schön: Man freute sich stets, wenn Rudolph irgendwo auftauchte ... nun, als Schauspieler war er nicht unbedingt ein Kandidat für den Iffland-Ring, jedoch allemal ein sehenswerter Typ: stark, männlich, gemein, von durchaus attraktiver Unschönheit. Und Rudolph pflegte sein Übelmann-Image sorgsam, indem er hier und da auch im Privaten ein wenig gewalttätig wurde: „Ich lasse stets den Vortritt, aber der zweite Schlag, der gehört mir, und dann ist ja auch schon Schluss."

Etwas weniger schön wurde alles 2002, als Claude-Oliver Rudolph beim „RTL Promiboxen" gegen den Ex-„Herzblatt"-Moderator Pierre Geisensetter in den Ring trat – und hier, bumsti, recht ordentlich auf die Mappe bekam.

In jüngerer Zeit nahm Rudolphs Karriere eine gänzlich unerwartete Wendung: 2016 trat er das Amt des Ressortleiters Kunst und Kultur beim deutschsprachigen Ableger des Russischen Staatsfernsehens an. Ein neuer Versuch, ein kleines bisschen böse zu sein?

HERBERT REINECKER

*24.12.1914 in Hagen, †27.1.2007 in Kempfenhausen

Mario Basseck ist heute Nacht ermordet worden!

Das deutsche Fernsehen tut sich ein wenig schwer damit, seine Formate ins Ausland zu verkaufen. Umso schöner, wenn es doch einmal gelingt. Und dann gleich in solchem Ausmaß wie bei „Derrick": Mehr als hundert 100 Nationen erfreuten sich an den tollen Abenteuern des Oberinspektors. Derricks Vorgänger, „Der Kommissar", war immerhin schon in 27 Länder exportiert worden. Nun kann man multiplizieren: Der Kommissar hat 97 Mal ermittelt, Derrick sogar 281 Mal. Das Ergebnis frappiert: Überschlägig hat jeder Bewohner unseres Planeten durchschnittlich 1,2 Millionen Folgen jener fantastischen Serien verkonsumiert. Und dieser Umstand wiederum legt den Schluss nahe, dass kaum jemand das Bild des Deutschen im Ausland so stark beeinflusst hat wie „Kommissar" Herbert Keller und Oberinspektor Stefan „Derrick", zumindest seit 1945.

Und was noch frappierender ist: Sämtliche jener wunderbaren Episoden stammen aus der Feder eines einzigen Mannes. Mithin war dieser über Jahrzehnte ziemlich alleinverantwortlich für Deutschlands televisionäre Außendarstellung. Aber wie sind wir Deutschen denn nun, folgt man den Drehbüchern Herbert Reineckers?

Nun: Zunächst einmal völlig humorlos. Vielleicht alle fünf Folgen gibt es einen Gag, und der ist dann so, dass man sich wünscht, es hätte ihn nicht gegeben. Recht so: Gags gehören nicht in eine Welt, die sich in moralischer Auflösung befindet. Denn irgendwie ist jeder schuldig, vielleicht mit Ausnahme des naiven Hippie-Mädchens, welches folglich auch nur eine geringe Lebenserwartung hat. Weil es von Dr. Brotzek ermordet wird. Oder doch vom windigen Hausmeister Schranganke? Derrick (beziehungsweise der Kommissar) wird es herausfinden. Er allein. Denn die kriminalistische Kompetenz seiner – wiewohl durchaus eifrigen – Gehilfen gleicht der von heranwachsenden Eichhörnchen, siehe etwa „Harry" (der übrigens in beiden Formaten niedere Hilfsdienste verrichtete). Die Ermittlungsarbeit besteht aus verschrobensten Dialogen, gesprochen von Charakteren, die so natürlich sind wie Polyvinylchlorid. Und in allem west wundervolle Verdrießlichkeit: Jeder hegt einen Widerwillen gegen das Leben, vielleicht mit Ausnahme jenes naiven Hippie-Mädchens, wobei diesem nämliches Leben ja, wie gesagt, schon unmittelbar nach dem Vorspann genommen wurde, und zwar, wie es jetzt aussieht, doch von Frau Rapunder, aus Eifersucht auf ihre mädchenhafte Schönheit, es ist einfach schrecklich. Das findet auch der Kommissar/Derrick, genauer gesagt: Das fänden sie, wären sie nicht schon derart lange durch das tiefe Jammertal dieser Welt gewandelt, dass ihnen alles abhandengekommen ist, jede Hoffnung, ja selbst jede Hoffnungslosigkeit. Das Einzige, was ihnen geblieben ist, ist das nichtende Nichts – und Gesichter, deren Be-

Die Welt ist wunderbar verdrießlich!

standteile sackhaft herabhängen, während sie stumm in die Kamera schauen, aus Leid Geformtes und nach unten schwer.

Kurzum: großartiges, supergeiles Spitzen-Fernsehen! Denn merkwürdigerweise fühlt man sich pudelwohl in dieser durchaus eigenartigen Welt – und dies gilt nicht nur für deutsche Zuseher, sondern auch, siehe oben, für Finnen, Japaner und Klingonen.

Jener Mann aber, dem wir all dieses verdanken, stammt aus Hagen, wo er als Sohn eines Reichsbahners geboren wurde. Schon früh fiel sein Schreibtalent auf – ein Lehrer ermutigte ihn, Texte für die Jugendbeilage der Hagener Lokalzeitung zu verfassen. Von dort aus startete Reinecker eine steile Karriere, 1942 wurde er „Schriftleiter" der HJ-Zeitschrift „Junge Welt". Daneben schrieb er Bücher, tat sich auch als Kriegsberichterstatter hervor und verfasste erste Film-Skripte – unter anderem jenes für „Junge Adler", ein Film, dessen Aussage dahin geht, dass Individualismus etwas ganz Schlechtes wäre, was unbedingt durch „Rudelkeile" zerstört werden müsste, auf dass hernach ein dufte Fest mit lauter frisch gebügelten HJ-Uniformen steigen könnte. Man mag Reinecker jenes Frühwerk verzeihen – oder man mag es ihm nicht verzeihen, ganz wie man will.

Individualismus muss durch Rudelkeile zerstört werden.

Reineckers vormaliges Jungnazi-Engagement war für die Nachkriegskarriere etwas hinderlich. Jedoch nicht übermäßig: Er schaffte den Anschluss ans zeitgemäße Filmschaffen – drolligerweise gerade mit Filmen, welche vorgaben, die NS-Zeit aufzuarbeiten: „Kinder, Mütter und ein General" beziehungsweise „Canaris". 1960 bezeichnete der „Spiegel" Reinecker gar als den „Vergangenheitsbewältiger unter den deutschen Drehbuchautoren". Bald darauf rief das Fernsehen: Das ZDF brauchte etwas, um die Durbridge-Straßenfeger der ARD zu kontern. Und Reinecker lieferte zunächst einige hocherfolgreiche Krimi-Mehrteiler, bevor 1969 "Der Kommissar" in Serie ging. Dessen erste Folgen funktionierten noch nach dem altbackenen Whodunnit-Prinzip, doch bald fand Reinecker zu sich beziehungsweise zu jener grundpessimistischen Weltsicht. Vielleicht, so mag man spekulieren, brach sich hier die Traurigkeit eines Mannes Bahn, dessen jugendlicher „Glaube" „missbraucht" worden war. Derlei Spekulationen mag anstellen, wer will. Unstrittig aber bleibt die solitäre Schönheit von TV-Momenten wie etwa jenem, wo Kommissar Keller sagt:

„Mario Basseck ist heute Nacht ermordet worden.", worauf das herb-erotische Barfräulein zwei hinreißend treffliche Fragen stellt: „Basseck? Sagten Sie ‚ermordet'?"

Diese Momente zählen zu den wenigen, allzu wenigen, in denen sich die Unsummen, welche man der GEZ in den stinkenden Rachen wirft, glorreich rechtfertigen.

Nach und neben jenen unsterblichen Meisterwerken schuf Deutschlands erfolgreichster Krimidrehbuchautor noch allerlei Drittrangiges („Jakob und Adele", „Traumschiff"), bevor er, hochbetagt und fast erblindet, in seiner Villa am Starnberger See starb. Übrigens eines natürlichen Todes.

HEINRICH BRELOER

*17.2.1942 in Gelsenkirchen

Der Doku-Dramatiker

Breloers Vater war Getreidegroßhändler, „er wollte mich als ältesten Sohn in die Firma holen. Ich war aber nicht geeignet dafür, weil ich viel mehr im Kino als im Geschäft war." So sah er 1959 im heimischen Marl auch Alfred Weidenmanns „Buddenbrooks"-Verfilmung. Und war tief beeindruckt: der gebrochene Thomas, der schrullige Christian, der verhuschte

Hanno – drei Figuren, die gleichfalls mit der Bürde einer großkaufmännischen Herkunft umgehen müssen. Und hastenichgesehn: Bereits knapp fünfzig Jahre später konnte Breloer in der Essener Lichtburg sein eigenes Debüt als Kino-Regisseur feiern. Mit „Buddenbrooks". Ein Kreis schließt sich. Nun war es keineswegs so, dass Breloer zwischen seinen beiden „Buddenbrooks"-Kinoabenden völlig untätig gewesen wäre – ganz im Gegenteil, hatte er doch während jener Zeit eine durchaus imposante Karriere hingelegt.

Schon früh war Heinrich darauf getrimmt worden, dereinst den väterlichen Laden zu übernehmen. Dazu gehörte selbstverständlich eine solide Schulbildung. So schickte man den Zehn-

Marl: Die Stadt der sieben Paradiese

jährigen auf das katholische Internat Canisianum nach Lüdinghausen – welches er als „Fegefeuer" empfand. Doch glücklicherweise gab es daneben auch ein „Paradies", genauer gesagt, gleich deren sieben: die Kinos seiner Heimatstadt Marl, wo Breloer sen. mittlerweile das Hotel Loemühle betrieb.

Der Junior fühlte sich, siehe oben, weniger zur rauen Kaufmannswelt hingezogen; so entfloh er nach dem Abi der heimischen Enge ins mondäne Hamburg, um dort Literaturwissenschaften und Philosophie zu studieren. Nebenher ging er ans Studententheater, wo er unter anderem auf Claus Peymann traf. Das Studium zog sich etwas in die Länge – wohl auch, weil Breloer sich gleichzeitig schon als Film- und Fernsehkritiker versuchte. Dann wechselte er die Seite: 1978 drehte Breloer seinen ersten Dokumentarfilm, wenig später entwickelte er die von ihm selbst so genannte „Offene Form": eine Verbindung aus dokumentarischem Material und Spielszenen, prima: Die jahrhundertealte Scheidung von Wirklichkeit und Inszenierung hatte nun echt lange genug genervt. Mit jener „Doku-Drama"-Technik arbeitete Breloer seine eigene Vergangenheit auf, indem er dem Canisianum ein 195-minütiges „Doku-Drama" hinterherpfefferte. Überdies nahm er sich der Zeitgeschichte an: Wehner, Barschel, Engholm, coop-Affäre. 1997 ging das RAF-Doku-Drama „Todesspiel" über den Äther, 2001 folgte „Die Manns – Ein Jahrhundertroman", 2004 „Speer und Er" – für derlei Quotenhits wurde er mit Grimme-Preisen nur so zugeschmissen, und zwar völlig zu Recht.

SÖNKE WORTMANN

*25.8.1959 in Marl

Der Kitschkicker

Damals, in der alten Zeit, als es in der SPD noch Machismo, Machtwillen und Toughness gab, saß ein prominenter Vertreter jener Partei, mehr noch: der sozialdemokratische Kanzler höchstselbst, in einem Kino. Wo er weinte. Wenn man der Quelle traut: gleich drei Mal.

Diese Quelle ist Sönke Wortmann, zufällig auch der Regisseur eben jenes Streifens, der es vermochte, Gerhard Schröder so inniglich zu berühren: „Das Wunder von Bern". Keine Frage: Dieser WM-54-Spielfilm hat tatsächlich einen hohen Rührfaktor, mitunter überschreitet er gar die Grenze zum Kitschigen – aber was ist schon gegen guten Kitsch einzuwenden? Wortmann jedenfalls meidet ihn überhaupt nicht, findet er Kitsch doch, wie er sagt, „nicht so schlimm". Überdies hat das „Wunder von Bern" neben seinem hohen Rührfaktor auch einen hohen Ruhrfaktor zu bieten, stammen die drei tragenden Figuren doch aus Essen: „Boss" Rahn ebenso wie sein kleiner Freund Mattes und dessen Vater Richard.

In deren Papa-Sohn-Konflikt mag der Regisseur seine eigene Geschichte verarbeitet haben: Vater Wortmann hatte mit 17 in den Krieg gemusst, anschließend arbeitete er 36 Jahre lang auf der Zeche. Daneben gab's noch Fußball. Kaum, dass Sönke dem Krabbelalter entwachsen war, wurde er schon mit auf den Platz genommen, TSV Marl-Hüls. Bald danach startete der junge Mann seine aktive Karriere, die ihn über allerlei Jugendauswahlen zur Spielvereinigung Erkenschwick führte. Dort ging es 1980 im letzten Saisonspiel um den Aufstieg in die Zweite Liga Nord. Gegner war der Bünder SV. Und Erkenschwick gewann – durch ein Tor des defensiven Mittelfeldspielers Wortmann. Dieser spielte anschließend noch eine Saison für Westfalia Herne, dann folgten kleine Intermezzi als Soziologiestudent beziehungsweise Taxifahrer. Doch glücklicherweise kriegte Wortmann noch die Kurve, ging zur Münchener Filmhochschule und wurde Regisseur. Den Durchbruch schaffte er 1994 mit der Comic-Adaption „Der bewegte Mann", 1996 legte er „Das Superweib" nach. 2008 folgte mit „Deutschland. Ein Sommermärchen" ein weiterer WM-Film, der allerdings an der unerklärlichen Drehbuch-Schwäche krankt, dass die DFB-Elf diesmal nur Dritter wird.

Aus dem Hintergrund müsste Wortmann schießen, Wortmann schießt …

So wandte sich Wortmann einstweilen vom Fußball-Genre ab und anderem zu: etwa weiblichen Karrieren im Vatikan („Die Päpstin, 2009) oder dem Sexualleben traumatisierter Frauen („Schoßgebete", 2013).

CHRISTOPH SCHLINGENSIEF

*24.10.1960 in Oberhausen, †21. August 2010 in Berlin

Der Weitgegangene

Zu Beginn seiner Karriere galt er gemeinhin als „Provokateur", und viele derer, die ihn so nannten, waren offenbar des Glaubens, hiermit alles gesagt zu haben: Schlingensief ginge an Grenzen, gar über diese hinaus, und dieses im Willen, den Skandal zu erregen, das Publikum gegen sich aufzubringen. All das, so unterstellten jene vielen, machte er ohne erkennbaren Grund, allenfalls aus dem, dass er wütend wäre, geschmacklos. Lustig vielleicht. Oder doof.

War dem so? Tja. In seinem „Quiz 3000" stellte Schlingensief etwa diese Aufgabe: „Ordnen Sie folgende Konzentrationslager von Nord nach Süd! A: Auschwitz; B: Bergen-Belsen; C: Dachau; D: Ravensbrück". Selbstverständlich ist ein jeder geneigt, auf derlei Fragen mit einem „Das geht doch nicht!" zu reagieren. Dann jedoch bieten sich zwei Möglichkeiten: Entweder ruft man „Skandal!" Oder man denkt darüber nach, warum dieses „nicht geht". Im letzteren Falle gelangt man womöglich zu Erkenntnissen. Etwa über das Wesen von „Quiz".

In der Kunstaktion „Ausländer raus! Schlingensiefs Container" gestaltete er Asylverfahren nach dem „Big Brother"-Prinzip. Zwei Phänomene, zwischen denen Welten liegen ... nein: die gerade einmal einen Finger auf der Fernbedienung voneinander entfernt sind.

Doch irgendwie war Schlingensief in vieler Augen zu durchgeknallt, zu dilettantisch überdies, randständig halt. Dies änderte sich erst, als seine Krebsdiagnose bekannt wurde – und er dazu überging, eben diese Krankheit in den Mittelpunkt seiner Arbeit zu stellen: 2008 brachte er sein „Eine Kirche der Angst vor dem Fremden in mir", ein „Fluxus-Oratorium", auf die Bühne der Gebläsehalle im Landschaftspark Duisburg-Nord; 2009 folgte im Wiener Burgtheater „Mea Culpa", eine „ReadyMadeOpera". In diesen beiden Produktionen machte er prinzipiell nichts anderes, als er seit jeher gemacht hatte: Schlingensief war virtuos darin, aus dem Vielen das Eine zu machen, sowohl inhaltlich als auch formal: Er arbeitete mit Drehbühnen,

Projektionen, technischen Stimmverfremdungen, Musikkonserven und allem weiteren, dessen er habhaft wurde. Das Ergebnis konnte überwältigen. Und nun, moribund, mochten ihn alle.

Zur Welt gekommen war Schlingensief in Oberhausen, der Vater betrieb die „Industrie-Apotheke“ am Altmarkt (welcher vielleicht demnächst zur Christoph-Schlingensief-Straße wird), die Mutter war Kinderkrankenschwester. Seine Kindheit und Jugend nannte Schlingensief einerseits kleinbürgerlich, andererseits harmonisch. Freilich habe er „immer schon einen Riesenspaß an alltäglichen Katastrophen“ gehabt. Bereits als Jugendlicher begann er schmalzufilmen; später assistierte er dem Experimentalfilmer Werner Nekes. Bald darauf schuf Schlingensief eigene Werke, wobei er mitunter die Katakomben des Schlosses Styrum als Kulisse nutzte. „100 Jahre Hitler – die letzte Stunde im Führerbunker“ (1989; Laufzeit: eben eine Stunde; Drehzeit: ein Tag) war das letzte dieser Frühwerke. Im Jahr darauf sorgte er mit „Das deutsche Kettensägenmassaker“ für Aufsehen: Eine westdeutsche Metzgerfamilie zerlegt DDR-Bürger. Schlingensief arbeitete in vielerlei Form, so auch aktionskünstlerisch: 1998 gründete er eine Partei (Chance 2000) – unvergessen sein Aufruf an alle deutschen Arbeitslosen, durch einen gemeinsamen Sprung in den Wolfgangsee Helmut Kohls Sommerdomizil zu fluten. Zudem reüssierte er als Talkshow-Host („Talk 2000“) sowie als Opernregisseur („Parsifal“ in Bayreuth).

Hitlers letzte Stunden in Schloss Styrum

Wenn man von einem „Vermächtnis“ des Künstler sprechen mag, so wäre dies zweifelsohne sein Projekt „Operndorf Afrika“ in Burkina Faso: Auf den ersten Blick eine gewollte Absurdität – auf den zweiten Blick aber ein ebenso kühner wie schlüssiger Weltentwurf, besteht das Dorf doch aus einer Schule mitsamt Schulkantine, einer Krankenstation sowie demnächst einer kulturellen Begegnungsstätte, dem „Festspielhaus“.

WISSENDE

CARL HUMANN HEINZ KAMINSKI
CARL FRIEDRICH KOEPE **IDA NODDACK-TACKE**
WALTER HOHMANN KONRAD DUDEN

CARL HUMANN

*4. Januar 1839 in (Essen-)Steele, †12. April 1896 in Smyrna

Der Vizekönig von Kleinasien

Irgendwie hat dieser Altar von Pergamon wirklich etwas Geheimnisvolles – weiß man doch weder genau, wer ihn erbaut hat, noch zu welchem Anlass, noch zu welchem Zweck. Die schriftliche Überlieferung ist äußerst dünn. Lucius Ampelius, ein spätantiker Schriftsteller, erwähnt ihn, nennt ihn ein Weltwunder. Und noch eine andere Quelle nennt den Altar von Pergamon: die Bibel, Offenbarung des Johannes 2, 12-13. Doch Johannes nennt ihn nicht „Altar von Pergamon". Sondern „Thron des Satans".

Und wirklich: Der Altar hat die Form eines Thrones – eines mächtigen Thrones zudem, dieweil er doch beeindruckende 35 Meter im Quadrat misst. Allerdings ist es weniger diese schiere Größe, die den Altar so bemerkenswert macht. Vielmehr ist es der Fries auf seinem Sockel: Hier ist der Kampf der Olympischen Götter gegen die Giganten dargestellt – nach dem Parthenon-Fries das größte erhaltene griechische Kunstwerk dieser Art. Und eines der prächtigsten. Viele sehen in ihm die Vollendung der hellenistischen (also spätgriechischen) Kunst überhaupt. In Berlin hat man dem Altar ein eigenes Museum gewidmet, welches zum Pflichtprogramm eines jeden Hauptstadtbesuchs gehört.

Der Thron des Satans

Aber wem verdanken wir dieses Must-See? Hm? Natürlich, wie alles Gute dieser Welt, dem Ruhrgebiet, genauer gesagt: Carl Humann. Dessen Vater Franz Wilhelm war Gastronom (zudem Besitzer eines stattlichen Steinbruchs), Mutter Maria stammt ebenfalls von Wirtsleuten ab, so lag das gesellige Wesen nachgerade in der Familie. Auf der Schule schlug der junge Carl sich prächtig, seine Stärken lagen in Mathe und im Zeichnen, Letzteres trug ihm den Spitznamen „Rubens" ein. Zudem begeisterte er sich, einem Trend seiner Zeit folgend, für alles Griechische. Nach dem Abi am Preußisch-Königlichen Gymnasium zu Essen schlug er die Ingenieurskarriere ein, zunächst beteiligte er sich am Bau der Eisenbahntrasse Essen – Bochum. Dann ging es studienhalber nach Berlin. Wo ihn alsbald die Tuberkulose plagte – schon vier seiner Geschwister waren dieser Krankheit erlegen. Die Lösung war ein Klimawechsel: Humann verlagerte sein Arbeitsfeld in den sonnigen Süden, wo er im Auftrag der türkischen Regierung allerlei Straßen plante. Humann war äußerst geschickt im Umgang mit den örtlichen Machthabern. Fix hatte er sich das Türkische und das Neugriechische draufgeschafft, hinzu kam sein gewinnendes Wesen – alle mochten ihn; so nannte ihn der preußische Botschafter kurzerhand „Vizekönig von Kleinasien".

1868 erhielt er den Auftrag, den Hafen Dikeli mit der Stadt Pergamon zu verbinden. Dort stand eine mittelalterliche Burg, in deren Mauern antike Marmorplatten verbaut waren. Humann entdeckte Darstellungen von Göttern und Riesen. Sein Interesse war geweckt. Doch erst 1878 erhielt er die Grabungsgenehmigung. Dann aber ging die Post ab – und zwar in Gestalt von 462 Kisten mit fast 7.000 Zentnern Marmor, die Humann nach Deutschland verschiffte. Als Dank versah man ihn mit dem Titel eines „Berliner Museumsdirektors", welcher das zugehörige Amt freilich im türkischen Smyrna auszuüben hatte, woselbst er hinfort ein gastfreies Haus führte. Von nun an unterstanden ihm sämtliche archäologischen Unternehmungen, die Preußen im Vorderen Orient durchführte. Doch leider konnte er sich seines Ruhmes, Amtes und Hauses nicht mehr allzu lange erfreuen. Zunächst begrub man ihn in Smyrna. 1967 aber wurde er umgebettet: auf seinen Burgberg in Pergamon.

HEINZ KAMINSKI

*15. Juni 1921 in Bochum, †17. Februar 2002 in Arnsberg

Der Raumzeitalte

Der Weltraum. Unendliche Weiten. Wir schreiben das Jahr 1957. Im Einkochkeller eines Bochumer Wohnhauses sitzt Heinz Kaminski vor seinem Funkgerät und lauscht fasziniert einem an sich nicht sonderlich beeindruckenden Signal: Piep-Piep-Piep-Piep-Piep-Piep-Piep und so weiter. Beeindruckend wird das Signal allein durch seine Herkunft: Sputnik 1. Der erste künstliche Piep-Erdtrabant. Hier wird gerade das erste Piep-Kapitel der Weltraumgeschichte aufgeschlagen. Und Kaminski spielt in dieser Piep-Space-Opera mitnichten irgendeine Statistenrolle, nein: Er ist der erste Nicht-Sowjetmensch, der jenes Piep-Piep-Piep-Piep-Piep-Piep-Piep und so weiter vernimmt. Was ihm (zumindest in der westlichen Hemisphäre) hohen Respekt eintrug – zu Recht, hatte er seine große Lauschleistung doch ohne die Ressourcen irgendeiner Organisation vollbracht, im Grunde verfügte er nur über oben genanntes Funkgerät und eine Menge Enthusiasmus.

Piep-
Piep-
Piep-
Piep-
Piep

Jener Bochumer Weltraum-Pionier war als Sohn eines Stahlkochers auf den Planeten Erde gekommen. Im Zweiten Weltkrieg diente er bei der Marine, wo er übrigens auch das Funken erlernte. Nach seiner Rückkehr aus sowjetischer Kriegsgefangenschaft arbeitete Kaminski als Chemie-Ingenieur. Doch nebenher frönte er seiner großen Leidenschaft, der Weltraumkunde. In der Bochumer VHS traf er Gleichgesinnte, überdies fand sich bald ein altes Marinefernrohr an, sodass der Gründung einer Volkssternwarte nichts mehr im Wege stand. Das erste Observatorium wurde 1952 errichtet: auf dem Dach der Schiller-Schule, Waldring, Ecke Königsallee.

Dann, in den Swinging Sixties, kam die große Space-Welle – und Kaminski schwamm obenauf. Wann immer irgendwas in den Himmel geschossen wurde, erschien die Presse beim Weltraum-Mann in Bochum-Sundern, hinter dessen Privathaus an der Blankensteiner Straße 200 seit 1967 ein 20-Meter-Parabolspiegel stand – auf den Pacht-Wiesen der Bäuerin Elisabeth Stratmann. Preis des Dings seinerzeit: astronomische 3,5 Mio DM! Anscheinend hatte Kaminski kein Problem damit, die Mittel für sein Weltraumzentrum locker zu machen. Die Steuergelder flossen reichlich, nicht zuletzt, weil Kaminski das Spiel mit der Presse virtuos beherrschte. Gerade die gute alte „Bild" freute sich sehr, wenn der „Raumfahrt-Astrologe" (Spiegel) sich wieder mal zu Wort meldete: Die Invasion der gefährlichen Mond-Bazillen stünde an. Oder: Alle Deutschen südlich des Mains müssten in den Keller gehen, weil ihnen sonst die ausgebrannte Apollo-Rakete auf den Kopf fallen könnte. Zweifelsohne war Kaminski ein Mann, der bestens wusste, was das Medium wollte.

Gefährliche Mond-Bazillen landen südlich des Mains

Ob es das wohl war, was die akademischen Kollegen so empörte? Diese nannten den Bochumer kurz „Kannixki". Aus Sundern sei „keine in irgendeiner Weise erwähnenswerte eigenständige Forschungsarbeit bekannt geworden", schimpfte die Fachzunft. Folglich strich man in den 70ern die Mittel zusammen (auch die halbe Million, die jährlich aus der BND-Kasse zwecks Ausspähung der Sowjetsatelliten geflossen war, versiegte plötzlich). Da half auch Kaminskis heißer Draht zur damals allerorten regierenden SPD nicht mehr. Doch war der Sternenmann weit davon entfernt, seine spacige Mission aufzugeben: Kurzerhand taufte er sein Weltraumzentrum in „Institut für Umwelt- und Zukunftsforschung" um, fortan finanzierte man sich privat. Bis heute tut man das übrigens.

Und vielleicht, wer weiß, macht sich Kaminski noch posthum um den guten Ruf der Weltraumfahrt verdient: Bekanntlich gibt es Verschwörungstheoretiker, die behaupten, dass die Amis nie auf dem Mond gewesen wären – alles nur in Hollywood gestellt. Nun hatte Kaminski aber damals seine Schüssel auf den Erdtrabanten ausgerichtet. Und das Funk- beziehungsweise Videosignal von dort empfangen. Und selbiges aufgezeichnet. Also, ihr Verschwörungs-Theoretiker, das ist doch der Beweis!

Äh ... wie bitte? Was meint ihr? Ach so: Die NASA hätte heimlich Astronauten hochgeschickt, die dann vom Mond die gefälschten Hollywood-Bilder nach Bochum-Sundern abstrahlten? Stimmt! Das klingt durchaus wahrscheinlich.

CARL FRIEDRICH KOEPE

* 1. Juli 1835 in Bergkamen, † 12. September 1922 in Bochum

Ein Leben voller Aufs und Abs

Ach: Wie viel unwiederbringliche Lebenszeit haben wir nicht schon in irgendwelchen Hochhäusern damit verschwendet, auf den Fahrstuhl zu warten! Wie oft haben wir nicht schon apathisch auf die verschlossene Tür des Aufzugs geglotzt, welche, falls sie mit einem Fenster versehen war, unserem desinteressierten Auge den Blick in die haltlose Leere des Aufzugschachtes eröffnete – womöglich nahmen wir in einem abgelegenen Winkel unseres Bewusstseins wahr, dass jener Schacht nun doch nicht gänzlich leer war, sondern einem seltsamen Vorgang Raum bot: Irgendwann, bevor die Kabine herunterkam, rauschte das Gegengewicht in die Höhe, wobei sowohl von diesem als auch von angesprochener Kabine merkwürdig schlaffe Seile herunterbaumelten, die – so wäre zu vermuten gewesen – tief unten im Keller verbunden waren. Allerdings hatten wir gerade zu viel damit zu tun, uns auf den bevorstehenden Termin bei Herrn Haberstroh einzuschwingen, als dass wir imstande gewesen wären, jenem technischen Phänomen größere Aufmerksamkeit zu widmen. Dies jedoch war zweifelsohne ein Fehler – versäumten wir doch so, dem wunderbaren Koepe-Prinzip zu huldigen, ohne welches es, meine sehr verehrten Damen und Herren: keine Hochhäuser gäbe.

Herr Koepe ermöglicht das Hochhaus

In den Kindertagen des Ruhrbergbaus hatte man eine simple Methode, Kumpels und Kohle in der Vertikalen zu befördern: Korb, Seil und Trommel – quasi wie beim Eimer im Ziehbrunnen. Das hatte gewisse Nachteile. In erster Linie geriet das Gewicht des Seils zum Problem – nicht selten riss es unter der eigenen Last. Umso mehr, als der stete Wechsel zwischen krummer Auf- und gerader Abrollung dem Material nicht gut tat. Außerdem musste man, wenn der Aufzug ganz unten war, enorme Maschinenleistung aufwenden: Es galt, das Gewicht von Korb plus Inhalt plus Seil zu bewegen. So begann man, mit Gegengewichten zu experimentieren, aber auch das war nicht wirklich der Bringer: Durch das Gegengewicht konnte man wohl das Gewicht des Korbes, gegebenenfalls auch seiner Last, ausgleichen – nicht aber jenes des hängenden Seiles. Der Bringer war vielmehr ein Herr namens Carl Friedrich Koepe.

Koepe, dessen Eltern einen Bauernhof in Bergkamen hatten, fing wirklich ganz unten an: als Bergmann und Schlepper. Dann arbeitete er sich empor, besuchte die Bochumer Bergschule, wurde Steiger, Maschinenbergmeister, schließlich technischer Direktor auf der Krupp'schen Zeche Hannover in Hordel. Und hier machte er 1877 eine Erfindung, die ebenso simpel wie genial ist: Zwei Körbe – Gewicht und Gegengewicht – sind durch ein Seil verbunden, das über eine auf dem Förderturm angebrachte große Scheibe hin und her läuft: Wenn der eine Korb hoch geht, geht der andere runter. Doch der Clou ist: Die Körbe sind unten durch ein zweites Seil verbunden, das jeweils an den Korbböden befestigt ist und von dort einfach herabbaumelt. Diese geniale Erfindung kompensiert das Gewicht des tragenden Oberseils. Egal, wie die Körbe stehen: Ein Korb plus dessen Oberseil plus dessen Unterseil ist exakt genauso schwer wie die Kombination auf der Gegenseite. So sind die oben auf der Scheibe waltenden Zugkräfte stets symmetrisch, folglich dreht nichts durch. Zudem minimiert sich die aufzuwendende Maschinenkraft. Und selbstverständlich kann man das System doppelt und dreifach auslegen – was die Sicherheit enorm erhöht.

Auf diese Weise revolutionierte die Koepe-Förderung den Bergbau: Fortan waren ganz andere Teufen möglich. Doch nicht genug damit: Nahezu jeder Personenaufzug, siehe oben, funktioniert heutzutage so. Eine großartige Erfolgsgeschichte, nicht wahr? Mit einem kleinen Makel: Krupp hielt das ganze Prinzip für unpraktikabel, nahm Koepe zwar die Patentschrift ab, versäumte es aber, die fälligen Gebühren zu entrichten. So verfiel das Patent – was Koepe schwer ansäuerte. 1889 ekelte man ihn gar gänzlich aus der Firma raus, sodass er beruflich ein wenig ins Straucheln geriet. Immerhin sanierte er sich 1906, indem er eine Beteiligung an einer Zeche in Kupferdreh erwarb. Wir aber wollen seiner künftig in Ehrfurcht gedenken, wann immer wir auf jenen Korb warten, der uns zu Herrn Haberstroh hinauftragen soll.

IDA NODDACK-TACKE

25. Februar 1896 in Wesel, †24. September 1978 in Bad Neuenahr

Eine Frau entdeckt das Atomzeitalter

Die Experimentalphysiker sind schon ein lustiges Völkchen: Wo ihre Kollegen, die theoretischen Physiker, sich eine geile Theorie nach der anderen zurecht denken, machen die Experimentierer einfach irgendwelche Experimente – und schauen, was so alles passiert. Einer der berühmtesten Experimentalphysiker seiner Zeit war der Italiener Enrico Fermi (1901–1954). Dieser kam 1934 auf die witzige Idee, alle chemischen Elemente, deren er habhaft werden konnte, mit Neutronen zu beschießen. Als er an das Element mit der Ordnungszahl 92 gelangte, geschah etwas Merkwürdiges: Das Uran verwandelte sich in mehrere andere radioaktive Elemente. Das erfreute Fermi derart, dass er einen wissenschaftlichen Aufsatz darüber publizierte, in welchem er der Vermutung Ausdruck gab, durch jenen Elektronenbeschuss Transurane erzeugt zu haben. Jener Aufsatz gelangte in die Hände einer interessierten Deutschen. Und diese, Ida Noddack-Tacke, dachte sich: Welch ein interessanter Versuch. Aber welch eine fragwürdige Interpretation des Resultats – tatsächlich, so Noddack-Tacke, hatte Fermi nichts Geringeres vollbracht als die erste Atomspaltung. So veröffentlichte sie alsbald einen Aufsatz, in dem sie ihre Interpretation darlegte. Diesen Aufsatz schickte sie auch an Fermi persönlich. Der überflog ihn – und warf ihn sodann als Unsinn in den Papierkorb. Die übrige Fachwelt reagierte kaum wohlwollender.

Erst vier Jahre später wiederholte Otto Hahn jenen Versuch Fermis. Und zog daraus die richtigen Schlüsse. Nämlich Noddack-Tackes. Doch erst 1966, kurz vor seinem Tod, ließ er jener Frau die Ehre angedeihen, die ihr gebührte. Dies allerdings tat er mit wunderschönen Worten: „Und die Ida hatte doch recht!"

Zur Welt gekommen war die Entdeckerin des Atomzeitalters in Lackhausen, heute zu Wesel gehörig, wo Vater Tacke tatsächlich Lacke produzierte. So wurde dem Töchterchen die Chemie quasi in die Wiege gelegt – doch war es seinerzeit für eine Frau nahezu unmöglich, einen entsprechenden Berufsweg einzuschlagen. Außer, sie hatte den kecken Pioniergeist einer Ida Tacke: Als eine der ersten Frauen studierte sie Chemie, als allererste legte sie an der heutigen TU Berlin ihren Doktor hin. Zusammen mit ihrem Ehemann Walter Noddack ging's dann in die Forschung, wo die beiden ganz großartige Ergebnisse erzielten, etwa hinsichtlich der Zertrümmerung von Nierensteinen, der Sehfarbstoffe des Auges oder der Zusammensetzung von Meteoriten. Berühmt wurde das Ehepaar jedoch aus anderem Grunde.

Masurium – ein eher doofes Element

Seinerzeit konnte man (dank des Periodensystems) die Existenz vieler chemischer Elemente vorhersagen. Nun galt es nur noch, sie zu entdecken, was den Noddack-Tackes 1925 mit dem Element Masurium gelang – doch leider erkannte die Fachwelt den Nachweis nicht an. Was zu verschmerzen ist, gehört Masurium doch zu den eher doofen Elementen: radioaktiv, instabil, zu kaum was gut. Wesentlich liebenswürdiger war doch da eine weitere elementare Entdeckung Noddack-Tackes: das völlig ungiftige Rhenium, welches sich prima für allerlei nutzbringende technische Anwendungen eignet.

WALTER HOHMANN

*18. März 1880 in Hardheim im Odenwald, †11. März 1945 in Essen

Ein Leben zwischen Mond und Stadtverwaltung

Der deutsche Wissenschaftler alter Tage war mitunter von einer liebenswürdigen Verschrobenheit, welche sich nicht selten darin niederschlug, dass er mit unglaublicher Akribie Dinge erforschte, die an sich bar allen Interesses, jedenfalls bar aller Nutzanwendung waren. Selbstverständlich gab es daneben aber auch das glatte Gegenteil jener Existenzen: den guten deutschen Ingenieur, dem es um handfeste Dinge ging. In raren Einzelfällen begegneten sich beide Prinzipien in einer Person. Die dann vielleicht Walter Hohmann hieß.

Während des Ersten Weltkriegs landet Hohmann auf dem Mond

Widmen wir uns zunächst einmal der reellen Seite jenes Herrn. 1916 legte er seine Doktorarbeit vor: „Versuche über das Zusammenwirken von altem und neuem Beton in Eisenbetonkonstruktionen". Super! Sehr nützlich! Solche Erkenntnisse lassen sich doch immer verwerten, insbesondere, wenn irgendwo alter und neuer Beton zusammenwirken. Doch nun zur wunderlichen Seite des Herrn Hohmann: Gleichzeitig mit seiner redlichen Arbeit betreffs der Eisenbetonkonstruktionen stellte er Berechnungen an, wie ein „raketenbetriebenes Raumschiff" am besten zu anderen Planeten kommt. Dabei widmete er sich mit frappanter Energie Problemen, die echt voll jenseits aller Wirklichkeit waren: Wie gelangt ein Raumschiff am besten von einer Umlaufbahn in die andere? Wäre es ratsam, auf fernen Himmelskörpern mit einem Beiboot zu landen? Es ist nachvollziehbar, dass derlei abgehobene Hard-Core-Mathematik seinerzeit (man war im ersten Weltkrieg) unveröffentlicht blieb. Erst 1925 fand sich jemand, der Hohmanns Elaborat druckte. Und wenig später ein Schuljunge, der es verschlang: Wernher von Braun. Schließlich wurde das Werk sogar in fremde Sprachen übersetzt. 1960 zum Beispiel ins Englische, von einer damals noch recht unbekannten Organisation: der „NASA". Welche 1969 zum Mond flog (wobei sich der „Hohmann Transfer Orbit" als überaus hilfreich erwies), und dort mit einem Beiboot landete. Von Braun sorgte immerhin dafür, dass zum Dank ein Krater nach Hohmann benannt wurde.

Der kühne Vordenker erlebte all dieses nicht mehr. Über Jahrzehnte hatte er das Amt des Stadtbaurats in Essen versehen. Zermürbt durch die Flächenbombardements der Engländer starb er schließlich an Entkräftung. Begraben liegt er auf dem Friedhof Bredeney.

KONRAD DUDEN

*3. Januar 1829 in Lackhausen bei Wesel, †1. August 1911 in Sonnenberg

Brachte endlich die Rechtschreibung zur Sprache

In aller Kürze zusammengefasst stellt sich die Geschichte der deutschen Rechtschreibung wie folgt dar: Erst durfte jeder (mehr oder weniger) so schreiben, wie er wollte. Dann kam Duden und sagte, wie es richtig sei. Dann, 1996, kam die Super-Rechtschreib-Reform: Seither darf jeder wieder (mehr oder weniger) so schreiben, wie er will.

Duden, dem wir die zwischenzeitliche Ordnung verdanken, entstammte einer angesehenen Weseler Familie, sein Großvater hatte das Amt des Bürgermeisters versehen. Zur Welt kam der kleine Konrad auf Gut Bossigt in (heute Wesel-) Lackhausen – mittlerweile ist das Gebäude zum „Hotel Haus Duden" avanciert. Bereits 1833 zog die Familie nach Wesel in die Rheinstraße. 1837 ging es weiter nach Dinslaken – wobei

Konrad jedoch in Wesel verblieb: Von 1838 bis 1846 besuchte der Junge das dortige Gymnasium, Quartier nahm er währenddessen im evangelischen Waisenhaus an der Brüderstraße. Nach dem Abi studierte Duden in Bonn Philosophie, klassische Sprachen, Geschichte und Germanistik. 1848 beteiligte er sich an den Demonstrationen der burschenschaftlichen Demokratiebewegung. Mit 25 machte er sein Staatsexamen. Den Lehrerberuf übte er zunächst in Soest aus, 1869 ging es dann ins thüringische Schleiz, wo er begann, sich vehement für seine Herzenssache zu engagieren – die Rechtschreibung. Um ein für alle Male Klarheit darüber zu schaffen, was richtig sei und was falsch, veröffentlichte er ein Regelwerk, dessen Geltungsbereich ... die eigene Schule war. Denn die Leipziger hatten ganz andere Regeln. Die Württemberger sowieso. Und viele andere Regionen Deutschlands hatten überhaupt keine, jedenfalls keine manifesten.

Duden erobert die Schweiz

Erst zwischen 1879 und 1881 legten die größeren deutschen Länder offizielle Regelwerke vor. Duden, mittlerweile Schuldirektor in Hersfeld, brachte das Getrennte zusammen: In seinem „Vollständigen orthographischen Wörterbuch" führte er alle deutschen Wörter in der amtlich richtigen Schreibweise auf – und wo die Bayern anders buchstabierten als die Preußen, verzeichnete Duden die Varianten. 1892 wurde die vom „Duden" favorisierte Schreibweise verbindlich, vorderhand allerdings nur in der Schweiz. Deutschland blieb nach wie vor das Land der vielen Schreibweisen. Erst 1901 vereinigte man zumindest die schulische Rechtschreibung – Konrad Duden hatte hierbei federführend mitgewirkt. Die 8. Auflage des „Duden" (1905) war die letzte zu Lebzeiten seines Schöpfers. Doch posthum wurde sein Werk immer wichtiger: Der Höhepunkt des „Duden" war erreicht, als ihn die bundesdeutsche Kultusministerkonferenz 1955 zur allein verbindlichen

Instanz erhob. Nunmehr war das, was der Duden sagte, das einzig Richtige. Und alles andere vollkommen falsch. Dieser Zustand währte bis, siehe oben, 1996. Seither gibt es wieder viele Varianten in der deutschen Orthographie – beziehungsweise Orthografie.

POLITIK & KAPITAL

ALFRED HERRHAUSEN FRITZ THYSSEN
BERTHOLD BEITZ HUGO STINNES
WILHELM ZAISSER **GUSTAV HEINEMANN**
ADOLF SAUERLAND

ALFRED HERRHAUSEN

*30.01.1930 in Essen, †30.11.1989 in Bad Homburg

Der Megabankier

Die Verhältnisse, in die er hineingeboren wurde, waren nicht eben grandios: Wohl war sein Großvater mütterlicherseits noch Offizier gewesen, nach dessen frühem Tod allerdings war die Witwe genötigt, sich als Gastwirtin zu betätigen. In väterlicher Linie war über Generationen das Metzgerhandwerk gepflegt worden, von welchem Karl, Alfreds Vater, jedoch schon abgelassen hatte: Er, unlustig, Schweinehälften zu zerlegen, hatte sich bereits zum Vermessungsingenieur bei der Ruhrgas hochgearbeitet, als Alfred und seine Zwillingsschwester Anne geboren wurden. Der Junge erwies sich als äußerst begabt. Und als extrem willig, aus seiner Begabung etwas zu machen: Er habe „immer Spaß an der Leistung" gehabt, erklärte Herrhausen später. So wurde er ein guter Sportler, ein guter Klavierspieler, ein hervorragender Schüler. Letzteres hatte zur Folge, dass ihn die Humboldt-Oberrealschule als Jahrgangsbesten für ein Elite-Internat vorschlug – die Reichsschule Feldafing am Starnberger See. Selbige war, man schrieb das Jahr 1942, natürlich eine NS-Schule, die – nach Aussage eines Lehrers – vorhatte, die „Herrenmenschen der europäischen Zukunft" heranzuziehen. Man darf bezweifeln, dass derlei Unfugsäußerungen Herrhausen irgendwie geprägt haben – immerhin war er gerade erst 15, als die Schule, zuvor an den Brenner ausgelagert, ihr banales Ende fand.

Alfred kehrte auf eigene Faust nach Essen zurück. Dort übersprang er kurzerhand die 12. Klasse, um bereits 1948 Abi zu machen. Und nun? Medizin? Ach, vielleicht doch lieber Philosophie? Um Gottes willen, sagte die Mutter: brotloser Schnickschnack! Also BWL. Natürlich legte er das Diplom in der Rekordzeit von sechs Semestern hin; für den Doktor, cum laude, brauchte er zwei. In den Semesterferien jobbte er unter Tage – und konnte gut mit den Kumpels. Nach dem Studium wurde Herrhausen Direktionsassistent bei der Ruhrgas, dann wechselte er zu den Vereinigten Elektrizitätswerken Westfalen (hier schadete es sicherlich nicht, dass er mittlerweile Ulla, die Tochter des dortigen Generaldirektors, geheiratet hatte). Das Paar bezog ein Haus in Dortmund – wo Herrhausen übrigens auch noch wohnen blieb, nachdem er 1969 zur Deutschen Bank nach Düsseldorf gewechselt war. Dort setzte sich der Karriere-Steigflug fort: 1985 wurde er zu einem der beiden Vorstandssprecher ernannt, 1988 schaffte er die Doppelspitze ab – fortan sprach allein er für die größte Bank Deutschlands, deren Bilanzsumme höher war als der Bundeshaushalt. Und Herrhausen sprach gerne und brillant: Bald avancierte er zum Medienpromi, was in seinem Institut Irritationen hervorrief, wurde hier doch ansonsten eher der Kult der Grauen Eminenz gepflegt. Wer geglaubt hatte, dass Herrhausen nun am Ende seiner Ambitionen angekommen wäre, sah sich getäuscht: Der Vorstandssprecher kündigte den radikalen Umbau der Bank an, was ihm ebendort Feinde eintrug. Zudem plädierte er dafür, den ärmsten Ländern der Welt einen Teil ihrer Schulden zu erlassen, womöglich an die Bedingung gekoppelt, den Regenwald zu erhalten – was ihm den Unmut der amerikanischen Banken einbrachte. Schließlich engagierte er sich als Aufsichtsratsvorsitzender von Daimler-Benz für die Schaffung eines Auto-, Elektronik-, Luftfahrt- und Rüstungs-Konglomerats, was ihn zum Buhmann der Linken machte.

Der Vorstandssprecher sprach gerne und brillant.

Herrhausen bekannte sich (ein Tabu unter Bankern) freimütig zur Macht, jedoch ebenso freimütig zur Verantwortung, die mit ihr einhergeht. 1989 setzte der „Spiegel" ihn als

„Herrn des Geldes“ hochhausgroß auf den Titel. „Dieser Mann potenziert das Problem“, war der Artikel überschrieben. Da steckte die RAF wahrscheinlich schon in den Vorbereitungen. Auf dem Weg zur Arbeit zerriss eine High-Tech-TNT-Mine die Beifahrerseite seines gepanzerten Mercedes. Oder war es gar nicht die RAF? Konkreten Personen konnte der Mord bisher jedenfalls nicht zugeordnet werden. Herrhausen hatte viel Macht. Und viele Feinde. Wer mag, kann spekulieren.

FRITZ THYSSEN

*9. November 1873 in Styrum, †8. Februar 1951 in Martínez/Argentinien

Unheil, Herr Thyssen!

Der Ursprung der Thyssens liegt in Aachen beziehungsweise in der Backstube. Erst Friedrich (1804–1877) schlug aus der Art, indem er den Brotberuf hinter sich ließ, um eine Walzdrahtfabrik sowie ein Bankhaus zu gründen. Dessen Sohnemann August (1842–1926) aber sollte das Unternehmen in schwindelerregende Höhen führen. Er begann mit einem Eisenwerk in Duisburg, 1871 folgte ein Bandeisen-Walzwerk in (Mülheim-) Styrum. Doch dann drehte der 1,54 m-Hüne erst richtig auf: 1889 fiel er ins bäuerlich-beschauliche (Duisburg-)Bruckhausen ein, kaufte einigen verdatterten Landwirten ihre Parzellen ab und begann, einen Hochofen zu bauen. Einfach so, ohne sich groß um die Interessen der übrigen Bauern oder gar um behördliche Genehmigungen zu kümmern. Letztere beantragte er nachträglich – und erhielt sie auch, weil es ja echt doof rübergekommen wäre, einen Hochofen zu verbieten, der schon halb fertig war. Man sieht: Thyssen wusste, was er wollte und wie er's bekam. Fortan wollte er sein Stahlimperium vertikal ausbauen, indem er alles einkaufte, was man dazu irgendwie brauchen konnte. Teils übernahm er freundlich, teils feindlich – wie zum Beispiel den Gelsenkirchener Bergwerksverein oder das Bergwerk Deutscher Kaiser in Hamborn. Das Erworbene wurde dann munter erweitert; hier eine Kokerei, dort ein Thomasstahlwerk.

Privat lief's freilich nicht ganz so prima: 1885 hatte sich der Patriarch scheiden lassen, und – um allen Forderungen zu entgehen – das Imperium auf seine Kinder überschreiben lassen. Wobei er sich allerdings den Nießbrauch vorbehielt, was hieß, dass er nach wie vor den ganzen Laden kontrollierte. Dies aber kam vor allem beim Erstgeborenen Fritz schlecht an, hatte der sich doch schon Jahrzehnte lang auf die Nachfolge vorbereitet. Sein alter Herr jedoch ließ ihn allenfalls in die Aufsichtsräte, nicht aber ans Ruder. War das womöglich der Grund dafür, dass sich der alternde Junior mehr und mehr im Politischen engagierte? 1923 widersetzte er sich den französischen Besatzern des Reviers, weshalb selbige ihn verurteilten, viele Deutsche ihm jedoch als Helden huldigten. Etwa zur gleichen Zeit machte Fritz die Bekanntschaft Hitlers. In der Folge flossen Thyssen-Gelder in die Nazi-Kasse, freilich längst nicht in solchen Mengen, wie es jene unterstellten, die im „Führer" unbedingt eine Marionette des Kapitals sehen wollten. Womöglich problematischer als der bloße Mammon war der Umstand, dass Hitler, den die Ruhr-Industriellen zuvor für einen oberbayerischen Heiopei gehalten hatten, durch Thyssens Fürsprache hoffähig wurde. So organisierte Thyssen 1932 Hitlers berüchtigte Rede vor dem Düsseldorfer Industrie-Club (an deren Ende er gar noch ein vollends albernes „Heil, Herr Hitler!" ausbrachte). Nichtsdestotrotz war Thyssen kein Nazi durch und durch, vielmehr gehörte er zu jenen, die hofften, sich auf dem von den Nationalsozialisten entfachten Feuer ein leckeres Süppchen kochen zu können. Ihm war es um die Idee des „Ständestaates" bestellt:

Ein Heiopei aus Oberbayern

keine Parteien, keine Parlamente, stattdessen sollten Berufs- und Standesverbände die Politik betreiben, freilich unter autoritärer Führung. Soweit Thyssens Illusionen, die mit dem Nationalsozialismus nicht allzu viel gemein hatten. Immerhin aber machte Hitler den Superindustriellen zum Mitglied des Reichstags. Als solches wurde er Ende August 1939 nach Berlin beordert, der Krieg stand an. Thyssen telegrafierte ein mutiges Nein an Göring: Er sei gegen den Krieg und verlange, dass dieses publik gemacht werde. Dann emigrierte er in die Schweiz, von dort aus ging er nach Südfrankreich. 1940 lieferte man Thyssen nach Deutschland aus, wo er hernach in Konzentrationslager kam, freilich als privilegierter Gefangener. Mit dem Kriegsende wechselte Thyssen direkt in amerikanische Haft. 1948 stufte ihn eine Entnazifizierungs-Spruchkammer als „minderbelastet" ein. Thyssen kam frei und verbrachte die letzten Lebensjahre bei seiner Tochter in Argentinien.

BERTHOLD BEITZ

*26.09.1913 in Zemmin/ Vorpommern, †30. Juli 2013 in Kampen/ Sylt

So schön kann Kapitalismus sein

Es gibt Menschen, die derart wundervoll sind, dass man sie nachgerade nur mit Schutzbrille betrachten kann. Nehmen wir nur diesen Kapitalisten, dessen Herrlichkeit so sehr strahlte, dass sich selbst der Klassenfeind in ihn verknallte: Beitz sei, so der sowjetische Star-Dichter Jewgeni Jewtuschenko, der schönste Kapitalist, den er je gesehen habe. Der nachmalige UdSSR-Ministerpräsident Alexei Kossygin ging, so hörte man, noch weiter: Beitz sollte die Sowjet-Wirtschaft auf Vordermann bringen. Als Dank wäre ihm ein Grab an der Kreml-Mauer sicher gewesen.

Zweifelsohne hatte dieser Mann etwas, ach Unsinn: Er hatte ganz viel und von all diesem im Übermaß. Nehmen wir nur jenen oft gerühmten Charme: Beitz verfügte über die Gabe, sein Gegenüber gänzlich für sich einzunehmen, nicht zuletzt ob seines gleichermaßen lässigen wie bestimmten Auftretens.

Begonnen hatte er seine Karriere als Bankkaufmann; nach der Lehre arbeitete er sich binnen eines Jahres zum stellvertretenden Filialleiter empor. Dann kam der Zweite Weltkrieg; Beitz ging als leitender Angestellter einer Mineralöl-Firma ins besetzte Polen. Nach dem Krieg legte er eine steile Karriere bei der Iduna-Versicherung hin, bevor er durch einen Zufall Alfried Krupp von Bohlen und Halbach über den Weg lief. Hier kam es wohl zur Männerfreundschaft auf den ersten Blick: Spontan bot Krupp dem 39-jährigen Jungspund an, Generalbevollmächtigter des Konzerns zu werden. Nicht weniger spontan sagte Beitz zu – wiewohl er dem Ruhrgebiet einstmals ein wenig abhold gewesen war: Hier wollte er „nicht tot überm Zaun hängen", hatte er bei einem Besuch in der unmittelbaren Nachkriegszeit ausgerufen. Nun aber, da man es ihm ermöglichte, lebendig in einem schönen Haus zu wohnen, sah er das Revier offenbar mit größerem Wohlwollen. Das Krupp-Establishment empfing ihn freilich nicht gerade mit offenen Armen, was den selbstsicheren Individualisten jedoch allem Anschein nach piepegal war.

Statt tot überm Zaun lebendig im Haus

In der Konzernzentrale stellte er, so heißt es, als erste Amtshandlung die Paternoster schneller. Dann widmete er sich den mannigfachen wirtschaftlichen Herausforderungen der Stunde: Beitz versuchte, einerseits die Krupp'schen Traditionen zu wahren, andererseits den Konzern zu modernisieren. In der Krupp-Krise der 60er war es sein Verdienst, den Junior Arndt aus der Erbfolge rausgequatscht zu haben – so konnte das Vermögen in eine Stiftung eingebracht, der Konzern gerettet werden. Beitz hat Alfried lange überlebt, doch bis zuletzt betrachtete er sich als jenen, der den Letzten Willen des letzten Krupps erfüllte.

Beitz' Meriten sind nicht von Pappe: In den 50ern, lange bevor die Politik Anstalten machte, den Eisernen Vorhang zu durchdringen, knüpfte er wirtschaftliche Ostkontakte, die den Frieden sicherer machten. 1959 ließ er den Konzern freiwillig Entschädigungen an ehemalige Häftlingsarbeiter zahlen – damals eine kühne Pioniertat.

1973 weilte Beitz auf Einladung in der israelischen Gedenkstätte Yad Vashem, wo er als „Gerechter unter den Völkern" ausgezeichnet wurde. Anlässlich dieser Ehrung kamen Ereignisse zur Sprache, von denen Beitz zuvor konsequent geschwiegen hatte: Während seiner Tätigkeit im „Generalgouvernement" hatte er sich, das persönliche Risiko nicht scheuend, mit größter Kraft dafür eingesetzt, Juden vor der Deportation zu bewahren. Was ihm in überaus zahlreichen Fällen gelang. „Berthold", schrieb ihm hierauf Rudolf Augstein, „Du hast nie darüber geredet. Das rechne ich Dir hoch an."

Nun: Man könnte sich fragen, warum Beitz nie darüber geredet hatte. Zwei Erklärungen sind denkbar. Vielleicht schwieg er, weil jene große Tat für ihn eine menschliche Selbstverständlichkeit war – und man sich einer Selbstverständlichkeit nicht rühmt. Vielleicht schwieg er auch, weil ein Sprechen über jene große Tat ein Schlag ins Gesicht so vieler seiner Kollegen gewesen wäre, die zu Vergleichbarem nicht willens oder nicht imstande gewesen waren. Vielleicht aber traf beides zu: Wohl stehen menschliche Größe und taktische Klugheit einander oft im Wege. Doch es steht zu vermuten, dass sie mitunter auch zueinander finden. Etwa in Menschen wie Berthold Beitz.

HUGO STINNES

*12.02.1870 in Mülheim, †10.04.1924 in Berlin

Der neue Kaiser von Deutschland

Stinnes entstammte einer bedeutenden Unternehmer-Familie, deren Ursprung auf seinen Opa Mathias (1790–1845) zurückgeht, hatte dieser es doch vom Schiffsjungen zum Groß-Reeder gebracht. Folglich verdiente Hugo sich die ersten Sporen in eben jenem Familienunternehmen, wo er sich allerdings bald nachhaltig mit seinem geschäftsführenden Vetter zoffte. So machte er sich selbstständig: Im zarten Alter von 23 gründete Stinnes eine Firma, die er bald zu einem Imperium sondergleichen ausbauen sollte – ein imposantes Beispiel für einen Mann, der es aus eigener Kraft ganz nach oben schaffte. (Na gut, ein bisschen hatte die Mutti doch geholfen: Immerhin hatte sie das Startkapital gegeben.) Stinnes' Unternehmung war mannigfach verzweigt: Holz, Kohle, Erz, Stahl, Strom, Öl, Gas, Verkehr, was nicht noch. In seinem Todesjahr war er, man staune, an über 4.500 Firmen beteiligt. Um sein rasantes Wachstum zu finanzieren, verflocht er sich überdies mit einigen potenten Banken. Nach dem Ersten Weltkrieg machte er zudem in Politik – so saß er für die liberal-konservative DVP im Reichstag. Kurzum: Stinnes war überall, überall war Stinnes, das Time-Magazine setzte sein Portrait auf die Titelseite und krönte ihn zum „neuen Kaiser von Deutschland". Viele Zeitgenossen erblickten in ihm den klandestinen Strippenzieher, Typ Doktor Mabuse, expressionistischer Übelmann riesenhaften Zuschnitts. Jedenfalls war das Stinnes-Imperium sehr auf seinen Imperator zugeschnitten, allzusehr: Schon ein Jahr nach Stinnes' Tod war es zu Staub zerfallen.

Nicht schlecht: 4.500 Firmen!

WILHELM ZAISSER

*20. Juni 1893 in Rotthausen bei Gelsenkirchen, †3. März 1958 in Berlin

Der Mann, der die Stasi erfand

Erich Mielke kennt ja jeder, und wenn man das Bild dieses verquollenen Stasi-Greises vor Augen hat, ist man versucht zu glauben, dass er das Drangsalier-Ministerium von Anfang an geleitet hatte. Hatte er aber gar nicht. Denn der erste Minister für Staatssicherheit der DDR war Wilhelm Zaisser – ein Kind des Ruhrgebiets, dem das Polizieren in die Wiege gelegt worden war: Vater Zaisser versah das Amt des Rotthauser Gendarmeriewachtmeisters. Wilhelm besuchte zunächst das Evangelische Lehrerseminar (!), bevor er in den Ersten Weltkrieg zog, 1916 wurde er Leutnant, 1919 Mitglied der KPD, 1923 deren Bezirksleiter Ruhrgebiet. Nebenher ließ er sich wiederholt in Moskau schulen; 1936 kämpfte er als „General Gomez" für die Internationalen Brigaden im Spanischen Bürgerkrieg. 1947 kehrte er nach Deutschland (Ost) zurück, wo man ihm 1950 die Leitung des frisch gegründeten Stasi-Ministeriums übertrug.

Die SED schimpfte ganz dolle!

Nach dem Volksaufstand 1953 übertrug man Zaisser eine neue Rolle: die des Sündenbocks. Die Stasi, so hieß es, hätte gepennt, und schlimmer noch: Zaisser hätte sich „parteifeindlicher fraktioneller Tätigkeit" schuldig gemacht. So flog er aus dem Politbüro, später gar aus der SED. Welch beklagenswertes Schicksal! Man möchte ganz und gar verzagen, wäre da nicht jene späte Gerechtigkeit, welche Zaisser zuteil werden sollte: Vierzig Jahre später hat ihn die PDS posthum rehabilitiert.

GUSTAV HEINEMANN

*23. Juli 1899 in Schwelm, †7. Juli 1976 in Essen

Der 23-farbige Bundespräsident

Heinemann trat das höchste Staatsamt an, als die Bundesrepublik gerade einen dynamischen Wandel durchlebte: Studenten protestierten, die Sexwelle schwabbelte durchs Land, und manche – wie etwa Helge Schneider – rauchten gar Maguihana. Folgerichtig hatte Deutschland damals genau den Kanzler, den es verdiente: Willy Brandt, ein lässiger Genussmensch, angetreten mit der Mission, mehr Demokratie zu wagen. Aber wie passte ein Bundespräsident Heinemann in diese Zeit?

Scheinbar überhaupt nicht: Denn Heinemann war das exakte Gegenteil eines Flower-Power-Pop-Op-Präsis. Der oberste Deutsche schien von einer extremen protestantischen Strenge gegen alles und sich selbst, wobei er ungefähr so sinnlich daherkam wie eine binomische Formel. „Haben sie sich ernährt?" fragte Heinemann seine Beamten, wenn die Mittagszeit sich dem Ende neigte.

Doch andererseits passte Heinemann hervorragend in die Zeit des Wandels: Schon in den 50er-Jahren hatte er für eine neue Ostpolitik plädiert. Zudem trat er als „Bürgerpräsident" für eine durchdringende Demokratisierung der Gesellschaft ein.

1900 waren die Heinemanns nach Essen gezogen. Vater Otto (seinerseits ein Metzgerssohn) kam als Angestellter im Krupp'schen „Büro für Arbeiterangelegenheiten" unter, später sollte er dessen Leitung übernehmen, noch später gar die Prokura erlangen. Gustav besuchte das Realgymnasium, 1917 legte er das „Notabitur" ab, um anschließend sogleich dorthin zu dürfen, wo es „Bumm!" machte. Wiewohl er sich als Richtkanonier durch gute Leistungen hervortat, blieb ihm der

Fronteinsatz erspart – Heinemann wurde von der seinerzeit heftig grassierenden Grippe niedergestreckt.

Nach dem Krieg studierte er, und zwar zielstrebig: 1922 legte er seinen Dr.rer.pol. hin, 1929 schob er noch den Dr.jur. nach. Politisch engagierte sich Heinemann bei der liberalen DDP. 1926 hatte er sich als Rechtsanwalt in Essen niedergelassen, etwa zur selben Zeit wandte er sich auch dem christlichen Glauben zu. Während des „Dritten Reichs" gehörte er der Bekennenden Kirche an, jener protestantischen Bewegung, die eine Distanz zum Nationalsozialismus wahrte. Nach 1945 wurde er Präses im Rat der EKD sowie OB von Essen – das machte ihn für Konrad Adenauer sexy, dieweil dieser noch dringend ein paar Protestanten in seinem Katho-Kabinett brauchte. So übernahm Heinemann 1949 das Innenressort. Welches er jedoch schon ein knappes Jahr später niederlegte, und zwar aus Protest: Adenauer hatte im Alleingang eine Remilitarisierung Deutschlands eingeleitet. 1952 gehörte Heinemann zu den Mitbegründern der „Gesamtdeutschen Volkspartei". Selbige war gegen die Wiederaufrüstung und für Verhandlungen mit den Sowjets. Die GVP hatte viel Idealismus, jedoch wenig Geld – so ließ sie sich mit dem überaus wohlhabenden „Bund der Deutschen" ein. Dass dieser sein Geld aus der DDR bezog, war damals nicht unbedingt jedem ersichtlich – wenn man sich beispielsweise einen blickdichten Blecheimer über den Kopf gestülpt hatte, konnte man jenen Umstand durchaus übersehen. So krachte die ostzonenfinanzierte GVP am Wahltag 1956 ganz schrecklich ein: gerade mal 1,2 % der Stimmen. Kurz darauf wechselte Heinemann vom sinkenden Schiff in die SPD. Während der Großen Koalition 1966 übernahm er das Justizressort. Dann kam die Präsidentschaft ... welche Heinemann vielleicht doch nicht ganz so pietistisch-bescheiden auslebte: Immerhin ließ er sein bürstenbehaartes Antlitz auf Briefmarken drucken – in 23 verschiedenen Werten und Farben. Hier war Heinemann der Letzte. Alle seine Nachfolger haben dankenswerterweise auf dieses präsidiale Vorrecht verzichtet.

ADOLF SAUERLAND

*4. Juni 1955 in Wehofen/Walsum, heute Duisburg

Das Festival, die Rampe, der Tod

Manches Menschenleben weist eine Bruchstelle auf – ein Ereignis, an dem sich das Davor vom Danach scheidet. Auch das Leben Adolf Sauerlands hat eine solche Bruchstelle. Diese allerdings ist so groß, dass Sauerland gar nichts anderes mehr zu sein scheint als eben jener Bruch, in dem er zur Gänze verschwindet. Denn wen interessiert jetzt noch, was der OB vor jener Loveparade getan hatte? Oder seither tut?

Sauerland wurde im Stadtteil Wehofen, hoch in Duisburgs Norden, geboren. Die Eltern betrieben ein Schreibwarengeschäft, Adolf steckte sich höhere Ziele. An der GHS Duisburg studierte er Maschinenbau, Geschichte und Pädagogik – eine atemberaubende Fächerkombination. Dieser zum Trotz führte er jedoch zunächst das Geschäft der Eltern fort. Dann aber wurde er Lehrer an einer Berufsschule in Krefeld-Uerdingen. 1980 trat er der CDU bei. Das zeugt von Tapferkeit: Duisburg war SPD-Super-Hochburg, bei den Kommunalwahlen 1979 hatten die Sozialdemokraten satte 57 % geholt. Fürderhin arbeitete Sauerland sich kontinuierlich empor, wobei ihm der sozialdemokratische Niedergang zweifelsohne entgegenkam. 2004 kandidierte Sauerland für das Amt des Duisburger Oberbürgermeisters: Im ersten Wahlgang holte er 40,2 %, die SPD-Amtsinhaberin Bärbel Zieling 37,6 %. Eine Stichwahl war erforderlich. Und hier setzte sich Sauerland spektakulär durch:

Mit 61,3 % der Stimmen wurde er zum ersten CDU-OB Duisburgs seit 1948.

Kaum im Amt, rockte Sauerland mächtig los: Mit der Neuplanung der Innenstadt wurde nicht irgendwer, sondern der britische Star-Architekt Norman Foster betraut. In Marxloh sowie Rekordzeit wurde eine der größten Moscheen Deutschlands errichtet. Sauerland erwarb sich den Ruf des unkonventionellen Machers, der Projekte initiierte, Firmen ansiedelte, Duisburg voll nach vorne brachte. Hier und da sagte man ihm einen selbstherrlichen Führungsstil nach, na und? Denn andererseits war der OB mit seinem Motorroller und MSV-Schal doch auch enorm volkstümlich.

Dann kam die Loveparade, die alle gewollt hatten, auch und gerade Sauerland. Unmittelbar nach der Katastrophe war der OB rasch, allzu rasch mit Erklärungen bei der Hand – es fiel das Wort von den „individuellen Schwächen". Doch bald war klar, dass die Verantwortung woanders lag. Nur wo? Egal: Immerhin war die Stadt Duisburg Genehmigungsbehörde. Und die Stadt Duisburg hatte ein Gesicht, eins mit Brille und Bart, welches sich offenbar hervorragend als Angriffsfläche eignete. „Sauerland – Mörder" las man an Wänden. Das war natürlich Unsinn. Nichtsdestotrotz fragte man sich, warum Sauerland nicht einfach die politische Verantwortung übernahm – es sind schon Politiker wegen weit geringerer Anlässe aus dem Amt gegangen. Andererseits ist das Zurücktreten eines OB in der Gemeindeordnung nicht vorgesehen. Wohl aber die Abwahl, für welche freilich zunächst ein entsprechender Antrag den Stadtrat mit Zweidrittel-Mehrheit passieren muss. Selbiger scheiterte jedoch im September 2010. So blieb Sauerland im Amt. Mit merkwürdigen Folgen: Als in Duisburg Mahlers Achte Symphonie gegeben wurde, kamen Ehrengäste wie Bundespräsident Wulff oder Ministerprä-

Die Stadt Duisburg hatte ein Gesicht

sidentin Kraft – und wachten peinlich darüber, bloß nicht zusammen mit Sauerland fotografiert zu werden. Später spritzte ein Duisburger Ketchup-Spritzer den OB mit Ketchup voll. Irgendwie ging das nun alles wohl nicht mehr so weiter, folglich verabschiedete der Landtag kurzerhand eine Lex Sauerland: das „Gesetz zur Einleitung von Abwahlverfahren von Bürgermeistern und Landräten durch Bürgerbegehren". Mittels dieses Instruments wurde der OB im Februar 2012 aus dem Amt genommen.

„Dieses Unglück wird auch mich mein Leben lang nicht mehr los lassen", hatte er in einer persönlichen Stellungnahme kurz nach der Katastrophe geschrieben. Für derlei Aussagen hat der Engländer eine Wendung: „stating the obvious". Sauerland hätte ebenso gut sagen können: Quarkspeise eignet sich nicht als Sturzhelm.

FORTBEWEGER

ERICH WARSITZ KATJA SEIZINGER
WERNER MÖLDERS THEA RASCHE
CLÄRENORE STINNES ADOLF GALLAND
ANNEGRET RICHTER

ERICH WARSITZ

*18. Oktober 1906 in Hattingen, †12. Juli 1983 in Lugano/Schweiz

Der Über-Flieger

Seine ersten Flugversuche unternahm Warsitz bei der Akademischen Fliegergruppe Bonn-Hangelar. Anschließend sammelte er auf die Schnelle so ziemlich alle Flugscheine, die es seinerzeit gab: Landflug, Seeflug, Segelflug, Kunstflug, Blindflug. 1934 landete er schließlich bei der Luftwaffen-Erprobungsstelle, wo er einen der langweiligsten, ödesten, unspektakulärsten Berufe überhaupt ausübte: den des Testpiloten.

Als solcher machte sich Warsitz bald einen Namen, paarte er doch überragendes fliegerisches Können mit hohem technischem Verständnis. So verwundert es nicht, dass er sich bevorzugt in die ganz krassen Vehikel setzte. Ein Forscher namens Wernher von Braun beschäftigte sich seinerzeit eingehend mit Raketentriebwerken. So kam man auf die Idee, derlei Dinger kurzerhand an Heinkel-Propellermaschinen zu pappen – Warsitz flog die äußerst gewagten Konstruktionen. Der nächste Schritt war der Bau eines Flüssigkeits-Raketenflugzeuges, der He 176. Am 20.6.1939 schoss sich Warsitz mit einem solchen Gerät in den Himmel – als erster Mensch überhaupt. Einen Film davon führte man dem Führer vor. Hitler hatte nur eine Frage: Wieviel Risikozulage der Pilot bekomme. Wenig später, am 27.8.1939, stand der nächste Prototyp testbereit auf der Startbahn: die He 178, ein Düsenflugzeug. Warsitz bestieg die Maschine – und wurde zum allerersten Jet-Piloten der Welt.

1942 stürzte Warsitz ab – absurderweise auf einem Routineflug mit der altbewährten Propellermaschine Me 109, ein Fehler in der Brennstoffleitung. Fortan blieb er am Boden, betätigte sich als Fabrikant. 1945 waren die Amerikaner begierig, ihn in Sachen Raketen- und Düsenflugzeuge zu vernehmen. Die Russen ebenso – und so entführte ein Sowjetkommando den Deutschen aus dem US-Sektor Berlins. Warsitz jedoch weigerte sich zu kooperieren, so wurde er zur Zwangsarbeit nach Sibirien verschickt. 1950 kehrte er zurück, im darauffolgenden Jahr gründete er die „Maschinenfabrik Hilden", aus der er sich 1964 schließlich in den Ruhestand beziehungsweise die Schweiz zurückzog.

KATJA SEIZINGER

*10. Mai 1972 in Datteln

Frau auf Talfahrt

2014 erzeugte Deutschland 42,9 Millionen Tonnen Rohstahl. Davon entfielen 1,9 Millionen Tonnen (= 4,4 %) auf die Badischen Stahlwerke Kehl, welche somit Platz 8 unter den hiesigen Produzenten einnahmen. Im März 2008 war die damals 35-jährige Katja Weber zur stellvertretenden Aufsichtsratsvorsitzenden jener GmbH avanciert. Das war zweifelsohne eine prima Neuigkeit, deren man sich, so man wollte, in aller Stille ein wenig freute – richtig prickelnd aber wurde sie erst, wenn man den Mädchennamen der erfolgreichen Frau Weber kannte: Seizinger.

Nämliche Katja Weber geb. Seizinger ist eine Ruhr-Frau reinsten Wassers: Im Revier kam sie zur Welt, und hier verbrachte sie auch ihre ersten Lebensjahre. Ende der 70er-Jahre aber zog die Familie nach Eberbach in den Odenwald, wo Katja auf einer an sich eher unwesentlichen Erderhebung namens Katzenbuckel die ersten Gleitversuche unternahm. Und sich hierbei äußerst geschickt anstellte. 1984 übernahm Vater Hans E. Seizinger zusammen mit Horst Weitzmann jene oben erwähnten Badischen Stahlwerke. Die Tochter indes verfeinerte ihre Ski-Fertigkeiten im schweizerischen Saas-Fee, wo die Familie regelmäßig Urlaub machte. Mit 17 fuhr sie den ersten Seniorentitel ein – die deutsche Meisterschaft im Super-G. In den 90ern startete Katja dann durch: Weltmeisterin im Super-G ('93), Olympia-Gold in der Abfahrt ('94 und '98), Olympia-Gold in der Kombination ('98), 36 Weltcup-Siege, einmal Gesamt-Weltcup, viermal Abfahrts-Weltcup, fünfmal Super-G-Weltcup und so weiter.

Seizinger war dank ihres kraftvoll-kühnen Stils ein sportliches Phänomen sondergleichen – allerdings mitnichten ein leutseliger Rosi-Typ zum Anfassen und Mitschunkeln. Der volkstümliche Kameraauftritt schien ihr nicht sonderlich zu liegen, überdies hatte sie die mediale Selbstvermarktung auch gar nicht nötig. Etwas spröde charakterisierte sie sich selbst als „mathematisch-logischer Typ". Neben der Ski-Karriere baute Seizinger ihr Abi (mit 1,6) und studierte BWL an der Hagener Fern-Uni. 1998, auf dem Zenit ihrer Karriere, verletzte sie sich schwer im Training, woraufhin sie ihren Rücktritt bekanntgab. Mit gerade einmal 26 Jahren.

Der mathematisch-logische Typ

Es beeindruckt, dass sie hernach den Weg ins väterliche Unternehmen nicht über den roten Flauschi-Teppich beschritt, sondern zunächst einmal drei Jahre lang als Angestellte bei einem Wirtschaftsprüfer arbeitete. Anschließend ging sie „vier Jahre durch das eigene Unternehmen, ich war überall und habe einen Einblick bekommen". Erst dann befand sie sich reif für die Aufsichtsratspflichten. Solche Gewissenhaftigkeit ist erfreulich. Ebenso wie der Umstand, dass dank nämlicher Katja Weber, geborene Seizinger, das eher flache Ruhrgebiet die Heimat der größten alpinen Skiläuferin Deutschlands ist. Und nicht etwa das bergbestandene Bayern, welches sich darob hoffentlich gehörig schämt.

WERNER MÖLDERS

*18. März 1913 in Gelsenkirchen, †22. November 1941 in Breslau

Der gefälschte Widerstandskämpfer

Dieser Brief schlug ein wie eine Bombe. Man könnte sagen: wie eine Fliegerbombe. Werner Mölders, der erfolgreichste Jagdpilot der deutschen Luftwaffe, hatte sich kurz vor seinem Tod 1941 schriftlich an den Stettiner Probst Johst gewandt – und sich leidenschaftlich zum Katholizismus bekannt. Bald kursierte der Brief in zahllosen Abschriften. Geistliche beider Konfessionen verlasen ihn 1942 von den Kanzeln: Mölders, dieser Inbegriff des deutschen Soldaten, war ein tiefgläubiger Christ. Ganz Deutschland tuschelte. Und Gerüchte machten die Runde: Mölders hätte sich in den letzten Monaten vor seinem Tod geweigert, auf Feindflug zu gehen – um so gegen die Verfolgung der Geistlichen zu protestieren. Und Mölders' tödlicher Flugunfall wäre gar kein Unfall gewesen – stattdessen hätte ihn die SS abgeschossen, weil er ihr, eben ob seines Glaubens, ein Dorn im Auge gewesen wäre. Posthum wurde Mölders zum tapferen Widerstandskämpfer erhoben. Offenbar gab es schon 1942 einen entsprechenden Bedarf.

100.000 Reichsmark Kopfgeld

Allein: Es gab überhaupt keinen Probst Johst. Und jener Brief war eine Fälschung. Die NS-Behörden setzten die astronomische Summe von 100.000 Reichsmark auf die Ergreifung des Urhebers aus – vergeblich. „Durch die Geheime Staatspolizei", so ließ das Regime am 12.3.1942 drohend verlauten, „sind inzwischen bereits einige Personen, die den so genannten Mölders-Brief verbreiteten (...) in ein Konzentrationslager eingeliefert worden." Erst lange nach dem Krieg sollte sich herausstellen, wer den Brief tatsächlich geschrieben hatte: der britische Geheimdienst.

Die Briefaffäre ist die merkwürdige Fußnote eines Lebens, das 1913 im (damals noch selbstständigen) Rotthausen begonnen hatte. Vater Viktor, ein Studienrat, fiel als Leutnant in Frankreich – wenige Tage vor Werners zweitem Geburtstag. Die Witwe, Tochter einer Brandenburger Kaufmannsfamilie, verließ Rotthausen mitsamt ihren vier Kindern in Richtung Heimat. Als Jugendlicher engagierte sich Mölders in der katholischen Jugendbewegung, und, so viel ist am „Mölders-Brief" wahr: Zeit seines Lebens blieb er praktizierender Katholik.

Nach dem Abi bewarb Mölders sich bei der (seinerzeit stark abgerüsteten) Reichswehr, wo er jedoch durch die Fliegerprüfung flog – Drehstuhltest nicht bestanden. Erst im zweiten Versuch kam er durch. Anschließend legte er eine steile Karriere hin. Mit 14 Luftsiegen war er der erfolgreichste Jagdflieger der „Legion Condor", die auf Francos Seite im spanischen Bürgerkrieg kämpfte. Im Zweiten Weltkrieg erhöhte er sein Abschusskonto auf 115. Am 15.7.1941 erhielt er als Erster den damals höchsten Orden der Wehrmacht: das „Eichenlaub mit Schwertern und Brillanten zum Ritterkreuz". Spätestens jetzt war Mölders ein Superstar-Soldat – mit hohem NS-propagandistischen Nutzwert. Den wollte das Regime nicht verlieren. Deshalb nahm man ihn aus dem Feuer: Mölders erhielt Feindflugverbot.

Dann, am 17.11.1942, beging der Generalluftzeugmeister Ernst Udet Selbstmord. Um den Suizid zu verschleiern, ordnete Hitler ein Staatsbegräbnis an. Zu welchem auch Mölders eingeflogen werden sollte. Als Passagier. Die Maschine steuerte ein anderer. Über Breslau stürzte die He 111 ab. Beide Motoren hatten versagt.

THEA RASCHE

*12. August 1899 in Unna, †25. Februar 1971 in Essen-Rüttenscheid

Die Frau, die einfach davonflog

Thea wurde in Unna geboren, wo Großvater Wilhelm Rasche einstmals die Lindenbrauerei gegründet hatte. Theas Eltern wohnten seinerzeit am Westring. Bald nach ihrer Geburt aber avancierte Vater Rasche zum Chef der Essener Aktien-Brauerei, was einen entsprechenden Ortswechsel zur Folge hatte.

Theas Mutter, eine Holländerin, scheint eine sehr lebensfrohe und aufgeschlossene Frau gewesen zu sein – was sich allerdings radikal änderte, nachdem ihre beiden Söhne im Ersten Weltkrieg gefallen waren. Deren Tod wiederum erhöhte den Druck auf Thea, rasch und standesgemäß zu heiraten: Das väterliche Vermögen brauchte einen Erben – beziehungsweise die designierte Erbin brauchte einen Herrn, der ihr sagen würde, wo's lang ginge. Genau diesen Weg aber wollte Thea keinesfalls beschreiten: Eine halbe Stunde vor einer von Papa arrangierten Trauung verkündete sie, an dieser lieber nicht mitwirken zu wollen, war ihr Lebensentwurf doch ein gänzlich anderer als jener, Gattin eines Gatten zu sein.

Thea wollte nicht zur eigenen Hochzeit

Zunächst hatte sich Theas Vita noch verhältnismäßig konventionell angelassen: Nach dem Abitur besuchte sie eine Frauenfachschule, hernach wirkte sie kurzfristig als Inspektorin auf einem Gut. Doch dann schmiss sie den Job, um, wow: Sängerin zu werden. Freilich führten die Gesangsstunden nicht zum gewünschten Ergebnis. So beschloss Thea nunmehr, hui: zu malen. Auch das ließ sich nicht eben erfolgreich an. Überdies traf es kaum den Geschmack ihres alten Herrn. Welcher darob kurzerhand die finanzielle Unterstützung einstellte. So sah sich

Thea genötigt zu jobben. Doch bald sollte sich eine neue Perspektive ergeben: Bekannte der Familie betrieben eine Flugschule in Münster. Und Thea, die schon unzulässigerweise in Militärmaschinen mitgeflogen war, nahm nun Flugstunden. Mit größtem Erfolg: 1925 legte sie ihren A2-Pilotenschein hin, wenig später ließ sie den K2 folgen – damit war sie die erste Kunstfliegerin Deutschlands. Bald zeigte die „rasche Thea" (wie sie, naheliegenderweise, ihr Kollege Ernst Udet nannte) ihre waghalsigen Künste überall in Deutschland. Auch in Essen, wo Papa Rasche nun doch so etwas wie Vaterstolz empfand. Und der Tochter kurzerhand ein eigenes Flugzeug spendierte: einen Doppeldecker „Flamingo".

Mit diesem verlagerte Rasche ihre Aktivitäten in die USA – was plausibel war, bot die Neue Welt einer Frau ihrer Wesensart doch ganz andere Entfaltungsmöglichkeiten: 1927 drehte sie, zum Entzücken der New Yorker, Loopings über der Freiheitsstatue. Bei den US-Langstreckenrennen hatte Thea – aufgrund ihrer arg lahmen Mühle – zwar ziemlich schlechte Karten, in Sachen fliegerisches Können war sie jedoch über jeden Zweifel erhaben. So tauchte ein kühner Plan auf: der erste weibliche Transatlantikflug! Doch Rasche hatte Pech: Als sie einen Teil des hierzu notwendigen Kapitals unter großen Mühen zusammengetragen hatte, ging sie Betrügern auf den Leim. Andere amerikanische Unternehmungen standen unter ähnlich schlechten Sternen: Thea wollte die US-Staatsbürgerschaft nicht – und die amerikanischen Sponsoren wollten keine deutschen Flugtriumphe finanzieren.

In der Seifenkiste über die Ostseebäder

Zurück im mittlerweile wirtschaftskriselnden Deutschland musste Thea, um zu überleben, ihres Könnens unwürdige Dinge treiben: Sie warb für Pfeilring-Seife; einerseits in Zeitungen, andererseits, indem sie mit einem Werbeflugzeug über noblen Ostsee-Bädern kreiste.

Rasches Verhältnis zum Nationalsozialismus nimmt sich, wie das so vieler, ein wenig diffus aus: 1933 wurde sie zur „Hauptschriftleiterin“ (ein schönes deutsches Wort für das hässliche undeutsche Wort „Chefredakteurin“) einer Fliegerzeitung. Hierfür mag es erforderlich gewesen sein, der NSDAP beizutreten, was diese der Pilotin alsdann auch gestattete. Andererseits nahmen die Nazis Anstoß an Frau Rasches unverhohlener Vorliebe für die USA. Ab 1939 blieb Thea am Boden, um sich gänzlich auf den Journalismus zu verlegen. 1947 wurde sie als nur „nominelles Mitglied“ entnazifiziert. Nach einem weiteren, diesmal eher unspektakulären USA-Aufenthalt kehrte sie nach Essen zurück, wo sie hinfort ein, glaubt man der Quelle, ebenso verarmtes wie verschrobenes Dasein führte. Begraben liegt die große Flugpionierin auf dem Friedhof Bredeney, Feld 1, Grabstätte 120.

CLÄRENORE STINNES

*21. Januar 1901 in Mülheim, †7. September 1990 in Schweden

Frau am Steuer

Diese Frau war besonders. Was sicherlich auch an ihrer besonderen Herkunft lag: Vater Hugo war, wie schon erwähnt, der personifizierte Mammon: Während der exaltierten 20er-Jahre hatte er ein wirtschaftliches Riesenreich aufgebaut. Zwar sollte dieses knapp nach Papas Tod krachend in sich zusammenfallen, nichtsdestotrotz blieb für die Erben noch so viel, dass sie sich sämtlicher Sorgen, zumindest jener materieller Art, enthoben sahen. So konnten sie sich mit sämtlicher Lebenskraft auf ihre Leidenschaften werfen. Tochter Clärenore hatte deren einige, darunter solche, die seinerzeit nicht unbedingt als damenhaft galten: Hosen tragen. Krawatten tragen. Kette rauchen. Cool sein. Doch vor allem: Auto fahren.

Nicht nur, dass Clärenore bereits im Alter von 18 ihren Schein gemacht hatte (damals für Frauen extrem ungewöhnlich), nein: Jetzt begann sie sogar, an Rennen teilzunehmen. Zunächst, um die Familienehre zu wahren, unter Pseudonym: „Fräulein Lehmann“. 1925 lud die Sowjetunion zum Rundrennen: Leningrad – Moskau – Tiflis – Moskau. Die Superkapitalistentochter Clärenore Stinnes nahm teil – und gewann in ihrer Fahrzeugklasse.

Nun reifte ein geradezu monströser Plan: Wie wäre es, mit einem Auto ... einmal um die ganze Welt zu fahren? Das hatte bisher kein Mann gewagt. Und erst recht keine Frau. In Sachen Emanzipation war Clärenore jedoch ganz weit vorne: „Wir sind nicht besser“, beschied sie den Männern in maßvoller Zurückhaltung – um selbige im Folgesatz keck zu kassieren: „aber mindestens genauso gut“. So ging sie an die Realisierung ihres großen Vorhabens. Als Gefährt wählte sie einen stinknormalen Serienwagen – den Adler Standard 6 S mit seinen recht überschaubaren 50 PS. Vorteil: So gewann sie die damals recht bedeutenden Adler-Werke als Sponsor. Dann plante sie strategisch: Ein Service-Lastwagen mit zwei Mechanikern musste mit auf die Reise. Und, da das Ganze ja auch angemessen dokumentiert werden sollte, ein Kameramann mit Beifahrer-Qualitäten. Hier entschied sie sich für den Schweden Carl-Axel Söderström – schon weil dieser verheiratet war und ihr folglich unterwegs nicht an die Wäsche gehen würde.

Weltumfahrungen nur mit verheirateten Männern!

Am 25. Mai 1927 startete die Expedition in Frankfurt. Stinnes hatte sich für eine Südroute entschieden. So ging es zuerst in Richtung Prag, wo sich die Kupplung des „Adler“ verabschiedete. Ein prima Auftakt. Immerhin war man hier noch im infrastrukturell erschlossenen Teil Europas, wo es großartige Dinge gab, wie zum Beispiel Straßen. Damit hatte es bald ein Ende. Zunächst wurde Ungarn und Rumänien durchquert. Bei Istanbul passierte die Expedition den Bosporus, und dann ging die Party richtig los: Gebirgspfade, bei denen sich die Männer – gleich Seglern – auf die Bergseite zu hängen hatten. Dann reißende Flüsse, Matschwege, aus denen man den „Adler" regelrecht ausgraben musste. Wüstenhitze über 50 °C, später zur Abwechslung auch mal minus 40 °C. Irgendwann streckten die Mechaniker die Waffen – keine Lust mehr. Doch Clärenore trotzte sämtlichen Gewalten. Selbst denen mongolischer Reiterhorden, die der Expedition mächtig Ärger bereiteten. „Fräulein Stinnes muss aus Stahl sein", vertraute Söderström seinem Tagebuch an. Immerhin bot die Stählerne ihm irgendwann das „Du" an. Schließlich erreichten die beiden mit Müh und Not Peking, wo sie sich nach Amerika einschifften. Hier legten sie aus purem Übermut noch ein paar Anden-Etappen hin, bevor sie in den wundervoll asphaltierten Vereinigten Staaten zum Schaulaufen antraten. Per Schiff ging es dann über den Atlantik zurück nach Europa, wo die Weltumrundung am 24. Juni 1929 in Berlin unter großem Jubel zu Ende ging.

Mongolische Reiterhorden machen Ärger.

Und siehe da, irgendwo auf dieser spektakulären Abenteuerreise muss der romantische Funke übergesprungen sein: Clärenore und Carl-Axel waren ein Liebespaar geworden. Letzterer entledigte sich kurzerhand seiner nunmehr überflüssigen Ehefrau, und schon stand dem jungen Glück gar nichts mehr im Wege. Die Verliebten drehten noch eine Quasi-Ehrenrunde in Schweden, um sich anschließend ebendort auf einem Gut niederzulassen. Bald war das Eheglück mit drei Kindern gesegnet, daneben zählten noch ein paar Pflegekinder zur fröhlichen Familie. Und wenn sie nicht gestorben sind, dann – naja, sie sind: Carl-Axel lebte 1976 ab, Clärenore folgte ihm 14 Jahre später.

ADOLF GALLAND

*19. März 1912 in Westerholt, †9. Februar 1996 in Remagen-Oberwinter

Der Zigarrenhalter

Schon seit dem 18. Jahrhundert hatten die Gallands, hugenottischer Herkunft, in Westerholt als Steuerverwalter des Reichsgrafen amtiert. Auch Adolfs Vater stand in derlei hohen gräflichen Diensten, so war es durchaus eine Selbstverständlichkeit, dass dessen Sohn eine höhere Lehranstalt besuchte: das Hindenburg-Gymnasium zu Gelsenkirchen (heute zum Max-Planck-Gymnasium entmilitarisiert/entpolitisiert). Dort blieb Adolf allerdings sitzen – offenbar hatte eine Leidenschaft, nämlich jene fürs Fliegen, die schulischen Leistungen beeinträchtigt: Bereits als 16-Jähriger hatte Galland als Mitglied des Luftfahrtvereins Gelsenkirchen erstmals ein Segelflugzeug gelenkt.

Nach dem schließlich doch noch geschafften Abi wollte er die Fliegerei professionalisieren, zunächst als Verkehrspilot. Doch dann, 1933, ergaben sich neue, kriegerische Perspektiven: Galland erlernte die Jagdfliegerei, zunächst heimlich in Italien – diese Klandestinität war nötig, da es Deutschland in Versailles untersagt worden war, eine Luftwaffe zu haben. 1935 stürzte Galland bei einem Kunstflug ab; die Schädelbrüche verheilten jedoch bald, ebenso die Fraktur des Nasenbeins (wiewohl jenes Organ fortan ein wenig verformt war). Wirklich problematisch aber war jener kleine Glassplitter, der nun im linken Auge stak. Auf diesem sah Galland nicht mehr allzu viel, was normalerweise das Aus für jedwede Flugambition bedeutet hätte. Galland jedoch bestand den beidäugigen Sehtest mit Bravour. Hehe: Er hatte sich zuvor die Buchstabentafel besorgt und sie zur Gänze auswendig gelernt.

Im Zweiten Weltkrieg waren erfolgreiche Soldaten die Objekte einer geradezu kultischen Verehrung – neben den U-Boot-Kapitänen wurden insbesondere die Flieger von der NS-Propaganda zu Superhelden hochgejazzt, und Galland eignete sich hierzu hervorragend: Er hatte Züge eines Bonvivants (seine Me 109 ließ er mit einem Zigarrenhalter ausstatten), überdies ähnelte sein Äußeres frappant jenem des Hollywood-Superstars Clark Gable. Zuvorderst aber hatte er 104 Luftsiege zu bieten, sämtliche im Westen. Mit 29 wurde er Generalmajor (seinerzeit der jüngste Deutschlands), wenig später Nachfolger des verunglückten Werner Mölders.

Es hat den Anschein, als habe Galland zu jenen gehört, die den Krieg als technische Herausforderung begriffen, in der das eigene Leben und Material wettstreitend gegen das des feindlichen Kollegen eingesetzt würde. So pflegte Galland auch einen honetten Umgang mit Piloten der Gegenseite: Den britischen Wing Commander Robert Stanford-Tuck beispielsweise lud

Ein Festmahl mit dem Wing Commander

er, nachdem jener bei Boulogne abgeschmiert war, zum üppigen Festmahl ein (nach dem Krieg sollte sich Stanford-Tuck übrigens revanchieren). Wo es um militärische Fachfragen ging, scheint Galland den Konflikt mit Göring und Hitler nicht gescheut zu haben. Der Gedanke jedoch, dass der nationalsozialistische Krieg als solcher eine Untat sei, mag jenseits des ihm Denkbaren gewesen sein.

Nachdem er zwei Jahre britischer Kriegsgefangenschaft hinter sich gebracht hatte, erhielt er vom Evita-Gatten Juan Perón den Auftrag, die argentinische Luftwaffe aufzubauen. Anschließend kehrte er nach Deutschland zurück, wo er als Industrieberater beziehungsweise Verwaltungsratsvorsitzender in Luftfahrtfirmen tätig war.

ANNEGRET RICHTER

*13. Oktober 1950 in Dortmund

Die schnellste Frau der Welt

Drei Monate nach der Wiedervereinigung besuchte die Renate aus Jena die Annegret aus Dortmund – dem Vernehmen nach ging das Treffen in herzlicher Harmonie vonstatten. Zweifelsohne war es schon an sich sehr schön, dass Deutschland so freundschaftlich zusammenwuchs. Doch was jene Ost-West-Begegnung ganz besonders machte, war der Umstand, dass hier zwei Frauen an der Kaffeetafel saßen, die ehedem die dynamischsten des ganzen Planeten gewesen waren: Mitte der 70er-Jahre konkurrierten Annegret Richter und Renate Stecher um den Titel der weltschnellsten Frau. Was nicht heißt, dass sie sich unsympathisch gewesen wären, ganz im Gegenteil: Schon damals begegneten Richter und Stecher sich so freundschaftlich, wie es im Rahmen der verordneten Klassenfeindschaft überhaupt möglich war.

Annegret, seinerzeit noch den Mädchennamen Irrgang tragend, hatte schon als Schülerin gern und erfolgreich an den Bundesjugendspielen teilgenommen, so lag es nahe, dass sie sich im Alter von 14 Jahren beim Dortmunder TV Brechten 1913 e. V. anmeldete. Bald wechselte sie zum OSC Dortmund, dem sie fortan treu bleiben sollte (übrigens ebenso wie ihrer Heimatstadt selbst).

Der erste internationale Erfolg war das Staffelgold über die 4 x 100 Meter bei der Europameisterschaft 1971. Ein Jahr später kam sie (übrigens anders als ihre Mannschaftskameradin Elfgard Schittenhelm) in den olympischen 100-Meter-Endlauf, wo sie immerhin Platz 5 ersprintete. Gold ging mit Weltrekordzeit an obige Renate Stecher. Doch in der Staffel hielt Richter sich schadlos: Als brillanter Kurvenläuferin gelang es ihr, den Stab mit jenem halben Meter Vorsprung auf die Zielgerade zu bringen, den die entfesselt auflaufende Heide Rosendahl dann gegen Renate Stecher ins Ziel rettete.

Vier Jahre später sah man sich in Montreal wieder. Annegret Richter lief im 100-Meter-Halbfinale Weltrekord – wobei sie mit 11,01 Sekunden nur knapp daran vorbeischrammte, die erste Frau mit einer Zehn vor dem Komma zu werden. Was allem Anschein nach daran lag, dass sie zwanzig Meter vor dem Ziel in den Energiesparmodus wechselte. „Mit voller Pulle", so führte ihr Trainer alsdann aus, „wäre sie glatt unter elf Sekunden geblieben." Würde sie dieses womöglich im Endlauf schaffen? Nee: Dieser geriet mit drei Fehlstarts zur Psycho-Veranstaltung – in welcher Annegret dennoch über Renate obsiegte und die Goldmedaille einfuhr, allerdings mit 11,08 Sekunden. So galt es nach wie vor, jene 11-Sekunden-Marke zu untertreffen – doch diesen Ruhm sollte ganz unverhofft eine andere Deutsche einheimsen: Marlies Göhr aus Thüringen trommelte 1977 die Fabelzeit von 10,88 auf die Tartanbahn.

Das war's dann – Annegret Richter verkündete ihren Rücktritt. Das war's dann doch nicht: Im Frühjahr 1978 startete die Dortmunderin ein Comeback mit dem Ziel, 1980 in Moskau zum dritten Mal olympisch zu werden. Der Plan ließ sich gut an: Bei den bundesdeutschen Meisterschaften 1979 setzte sie sich sowohl über die 100 Meter als auch über die 200 Meter gegen große Namen wie Cornelia Schniggendiller durch. Die Zeiten waren ansehnlich: 11,28 Sekunden auf regennasser Bahn beziehungsweise 22,95 im Schongang; Letzterer war erforderlich, weil schon 25 Minuten später die Staffel starten sollte.

Die Tücken des Energiesparmodus

Richter hatte Lust auf Moskau – anders Ronald Reagan: Der Boykott raubte der Dortmunderin ihren letzten großen Auftritt, so beschloss sie, nun endgültig, die Karriere zu beenden. Heute ist Annegret Richter (die übrigens zu ihrer Glanzzeit gar den Goldenen Bravo-Otto einheimste) für eine Sportartikelfirma tätig. Und mit Renate Stecher nach wie vor eng befreundet.

DAS DUNKLE KAPITEL

BRIGITTE MOHNHAUPT JÜRGEN BARTSCH
JOACHIM KROLL HANS-JÜRGEN RÖSNER
UND DIETER DEGOWSKI DIE ESSENER
HEITGER-BANDE PETRAS DOMINAS

BRIGITTE MOHNHAUPT

*24. Juni 1949 in Rheinberg

Deutschlands gestrafteste Frau

Fünfmal lebenslänglich plus 15 Jahre – mit diesem Strafmaß stellte Brigitte Margret Ida Mohnhaupt einen bundesdeutschen Frauenrekord auf. Nicht von ungefähr: Anscheinend hatte Mohnhaupt eine Führungstätigkeit in der zweiten RAF-Generation ausgeübt. Dafür spricht zumindest der Umstand, dass Andreas Baader, welcher zuvor eine Führungstätigkeit in der ersten RAF-Generation ausgeübt hatte, nun aber im „Knast" einsaß, von dort den Genossen „draußen" beschied, „dass die Mohnhaupt jetzt 'ne Art Befehlsgewalt hat".

Nämliche scheint sie, folgt man dem Oberlandesgericht Stuttgart, dann auch wahrgenommen zu haben: So wurde sie für die Ermordung des Generalbundesanwalts Siegfried Buback verantwortlich gemacht, vor allem insofern, als es ihr gelungen sei, die „ins Stocken geratenen Planungen wieder zu ordnen und die zaudernden ‚RAF'-Mitglieder zur Durchführung dieses Anschlages zu bewegen".

Der Dresdner Bankier Jürgen Ponto starb, nachdem Mohnhaupt fünf Schüsse auf ihn abgegeben habe. Auch an dem Versuch, die Karlsruher Bundesanwaltschaft mit 42 raketenähnlichen Explosivgeschossen zu beschießen, habe sie Anteil gehabt. Bei der Entführung und Ermordung Hanns-Martin Schleyers sei sie „in Beschlussfassung, Planung und Vorbereitung" mit einbezogen gewesen und so weiter.

„Absolut dominant" sei Mohnhaupt gewesen, so die Einschätzung ihrer damaligen Mit-Terroristin Susanne Albrecht: „Die RAF war für sie heilig; das war ihr Leben, ihre Überzeugung."

In Sachen krimineller Effizienz stellte die Mohnhaupt-RAF ihre Vorgänger-Generation klar in den Schatten: Vergleichbares hatten Baader-Ensslin-Meinhof nicht zuwege gebracht. Allerdings hatten diese noch vermocht, sich auratisch zu inszenieren: Baader, die charismatische Crime-And-Sex-Machine; Ensslin, der kajalbemalte Inbegriff protestantischer Eitelkeit; Meinhof, die ponybefranste Personifikation trutzigen Trübsinns – das sind schon Charaktere, aus denen man einen Spielfilm machen kann. Die Mohnhaupt hingegen? Wer war das? Wie sah die eigentlich aus? Man erinnert sich ihres Gesichts vielleicht noch dunkel von jenen seinerzeit allgegenwärtigen Fahndungsplakaten, auf denen sie aussah, als habe sie einige Nächte lang nicht geschlafen. Was womöglich auch der Fall war.

Zur Welt gekommen war Brigitte Mohnhaupt als Tochter eines Verlagskaufmanns. 1960 ließen sich die Eltern scheiden, das Einzelkind blieb bei der Mutter, absolvierte das Gymnasium und ging dann studienhalber nach München. Dortselbst lebte sie, so hört man, absolut zeitgemäß: Wohngemeinschaft, freie Liebe, Drogenexperimente. Währenddessen wurde sie rasch „politisiert“, und zwar heftig: 1971 schloss sie sich anscheinend der RAF an. Doch schon am 9. Juni 1972 wurde sie verhaftet und zu viereinhalb Jahren Gefängnis verurteilt.

Nachdem sich Ulrike Meinhof in Stammheim umgebracht hatte, kamen die Behörden auf eine brillante Idee: Um Baader-Ensslin-Raspe wieder zur bunt gemischten, interaktionsfähigen Viererbande aufzustocken, verlegte man Brigitte Mohnhaupt in den Superknast. Das war ein Angebot, das die führenden RAF-Köpfe natürlich nicht ausschlagen konnten: In einer Art Blockseminar bauten sie Mohnhaupt zur Befehlsgewaltigen auf. Anschließend erteilten sie ihr obige Generalvollmacht zur Rekonstruktion der RAF. Am 8.2.1977 kam Brigitte

Mohnhaupt frei – und machte sich ans Werk. Das Resultat war ein blutiger Herbst, siehe oben.

Erst im November 1982 ging die Dunkelblondine den deutschen Fahndungsbehörden ins Netz. Es folgte der Prozess, jenes Rekordurteil sowie eine Haftzeit von gut 24 Jahren. Am 25.3.2007 kam Brigitte Mohnhaupt frei. „Sie ist keinesfalls eine Hardlinerin", beschied ihr einstiger Gefängnisleiter, „und vertritt auch schon längst nicht mehr ihre früheren Überzeugungen".

JÜRGEN BARTSCH

*6. November 1946 in Essen, †28. April 1976 in Lippstadt-Eickelborn

„Der größte Verbrecher des 20. Jahrhunderts"

1968 erschien eine Umfrage des „Stern". Gesucht war der „größte Verbrecher des 20. Jahrhunderts". Bei den weiblichen Befragten auf Platz 1: Jürgen Bartsch. Bei den Männern jedoch landete Bartsch nur auf Platz 2 – knapp geschlagen von Adolf Hitler. Zweifelsohne: Seinerzeit war Bartsch ein Phänomen. Genauer gesagt, ein Irgendwas, an dem sich Phänomene ereigneten.

Zum Beispiel das des Schmeißfliegen-Journalismus. Eine große Boulevard-Zeitung enthüllte: Schon der leibliche Vater hatte im Krankenzimmer der moribunden Mutter Hunde geschlachtet. Und das war nur der Anfang der Ekelparade. Die „Quick" baute Bartschs Taten zur Serienmord-Serie aus. Da wollten die anderen Blättchen natürlich nicht zurückstehen. Detailliert wurde der Schrecken ausgebreitet – für eine Leserklientel, die offenbar danach gierte, sich so recht zu empören. Hohe Wellen schlug die Volkswut. Manche forderten in Briefen an das Gericht die Wiedereinführung der Gaskammer.

Das war die eine Seite. Die andere war, siehe oben,

„1968“. Denn auch die junge Linke nahm regen Anteil am Fall Bartsch. Und befand, dass alles an der Gesellschaft läge. So besuchte die Star-Journalistin Ulrike Meinhof (knapp vor ihrer Umschulung zur Star-Terroristin) Bartsch in dessen Zelle. Und sah „in unheimlicher Anhäufung im Elend dieser Person das Elend der Gesellschaft, in der er gelebt und gemordet hat“. Auch der „Spiegel“-Schreiber Gerhard Mauz suchte die Schuld im Milieu: „Die Verbrechen des Jürgen Bartsch geschahen nicht irgendwo. Er mordete in dem Dschungel, den wir Ruhrgebiet nennen.“ Wow! Wenige Zeilen später verwandelte sich dieser Dschungel sogar in das „Schlachtfeld Ruhrgebiet“. Prima! Freilich könnte man pedantisch anmerken, dass Bartschs Morde in (Velbert-) Langenberg stattfanden, also mitnichten im Ruhrgebiet – aber als Gerichtsreporter muss man ja nicht immer alles so genau nehmen.

Die Wurzeln des Serienmörders lagen indes wirklich im Revier: Als Karl-Heinz Sadrozinski war er in Essen zur Welt gekommen, unehelich. Kurz nach der Geburt erkrankte die Mutter tödlich. Der Kindsvater hatte noch versucht, sie – siehe oben – durch Verabreichung von Hundefett zu heilen. Vergeblich. 1947 kam der Junge ins Heim. Erst 1954 adoptierte ihn das kinderlose Metzger-Ehepaar Gerhard und Gertrude Bartsch. Drei Jahre später beschloss der Adoptivvater, eine zweite Metzgerei aufzumachen – damit der Junge später etwas Eigenes hätte. Doch vorerst bedeutete dieses eine Rückkehr ins Heim, dieweil Adoptivmutter Gertrude nun doch gar keine Zeit mehr für den Adoptivsohn erübrigen konnte. Die Pubertät verlebte Jürgen wieder zu Hause, wo sich ihm eine Welt des Grauens auftat: Der Junge durfte sich nur unter adoptivmütterlicher Aufsicht an- und ausziehen beziehungsweise waschen. Im Ehebett, zwischen den Adoptiveltern liegend, hatte er Kulenkampff zu gucken.

Mit 15 mordete Bartsch erstmals, und zwar einen achtjährigen Jungen. Danach offenbarte er sich einem Kaplan. Der Geistliche wahrte das Beichtgeheimnis. Drei weitere Knabenmorde beging Bartsch. Das fünfte Opfer konnte fliehen.

Im ersten Prozess wurde Bartsch zu lebenslangem Zuchthaus verurteilt. Die Revisionsinstanz wandelte das Urteil jedoch auf zehn Jahre Jugendstrafe mit anschließender psychiatrischer Verwahrung um.

Eine Schwesternhelferin aus Hannover begann eine Brieffreundschaft mit Bartsch, schließlich besuchte sie ihn. Beim dritten Treffen machte er ihr einen Heiratsantrag, den sie annahm. Der Ehemann Bartsch beschloss, sich einer Kastration zu unterziehen, um aus der Psychiatrie zu kommen. Beim Eingriff starb er aufgrund eines Narkosefehlers.

JOACHIM KROLL

*17.4.1933 in Hindenburg, †1.7.1991 in Rheinbach

Der Fortsetzungs-Mörder aus Duisburg

Jürgen Bartsch hatte, wie wir soeben sahen, in all seiner Abscheulichkeit immerhin noch als Projektionsfläche für allerlei gesellschaftskritischen Firlefanz herhalten können. Der ihm als Serienmörder nachfolgende Joachim Kroll aber war schlechthin unrettbar entsetzlich, sodass angesichts seiner selbst die Eitelkeit des Feuilletons verstummte. Vielleicht hatten sich auch nur die Zeiten ein wenig geändert. Doch selbstverständlich gab es immer noch einen Boulevard, und ebenso selbstverständlich nahm dieser sich jenes entsetzlichen Serienmörders dankbar an: Die „Bild" gab Kroll elf Fortsetzungen („Der Menschenfresser von Duisburg"), der Köln/Düsseldorfer Express immerhin fünf („Die Bestie vom Rhein").

Zur Welt gekommen war Kroll als Bergmannssohn in Oberschlesien. Die Schule besuchte er nur fünf Jahre, zeit seines Lebens blieb er im Grunde Analphabet. Krolls Kindheit war offenbar von allerlei Misshandlungen durchsetzt. Nach dem Krieg zog die Familie nach Bottrop. Wiewohl Kroll ein gewisses technisches Talent zeigte, musste er als Handlanger arbeiten, unter anderem bei einem Schlachter. Um 1960 zog er nach Duisburg, erst in ein Ledigenwohnheim in Huckingen, später in eine Mansardenwohnung in Laar. Beschäftigt war Kroll zunächst als Toilettenreiniger bei Mannesmann, dann als Waschkauenwärter in der August-Thyssen-Hütte.

Anfang Juli 1976 wurde er festgenommen. Wie viele Untaten Kroll begangen hatte, ist nicht ganz klar. Verurteilt wurde er wegen acht Morden: vier Mädchen (zwischen vier und 13 Jahren), drei Frauen (19, 20 und 63 Jahre). Zudem hatte er nach Auffassung des Gerichts auch einen 25-jährigen Mann ermordet und einen weiteren Mord versucht. Die erste dieser Taten war bereits 1955 begangen worden.

Die Verurteilung war freilich nicht ganz unproblematisch: Bei Kroll, IQ 74, Bettnässer und Besitzer einer lebensgroßen Gummipuppe, lag nach Urteil des sachverständigen Professors Eberhard Schorsch „eine schwerste Persönlichkeitsdeformation vor, eine ausufernde sexuelle Deviation" (=Abweichung). Folglich könne das Gericht ihn als schuldunfähig ansehen. Was das Gericht aber nicht tun wollte – vielleicht aus der Erwägung, dass wohl jeder Kannibale persönlichkeitsdeformiert sei, sonst wäre er doch kein Kannibale, und dieses – zu Ende gedacht – ja hieße, dass Kannibalismus grundsätzlich keine justiziable Straftat wäre.

1982 wurde Kroll zu neunmal lebenslänglich verurteilt. Eine Zeitlang hatte er gehofft, durch eine Art Operation „für Frauen ungefährlich gemacht zu werden" und wieder frei zu kommen. Er starb jedoch in Haft, und zwar an einem Herzinfarkt.

HANS-JÜRGEN RÖSNER

*ca. 1957

UND DIETER DEGOWSKI

*ca. 1956

Reality-TV mit Todesfolge

Die schreckliche Geschichte begann im Gladbeck der 60er-Jahre: Dieter Degowski und Hans-Jürgen Rösner wuchsen in problematischen Verhältnissen auf, schon im Kindesalter begingen sie erste Diebstähle. Auf der Sonderschule lernten sie einander kennen, wobei Rösner offenbar schon damals die Führung übernahm. Wegen zahlreicher Einbrüche saß dieser bereits als Jugendlicher eine erste Gefängnisstrafe ab, eine zweite sollte folgen. 1986 erhielt er Hafturlaub, von dem er nicht zurückkehrte. Stattdessen lebte er von kleinen Raubüberfällen und kleinen Einbrüchen. Dann, im August 1988, verfiel er, anscheinend spontan, auf die Idee des „großen Dings": Deutsche Bank, Gladbeck-Rentfort, Schwechater Straße 38. Degowski stellte sich als Komplize ein.

Die Ausführung der Straftat war denkbar dilettantisch. Die beiden Verbrecher wollten ihre Flucht durch Geiselnahme absichern. Bei dieser aber stellten sich weitere Leute ein: Reporter, Kameramänner, Fotografen. Im Pulk begleiteten sie die Geiselnahme, rauften sich um die besten Plätze, behinderten die (übrigens eh schon etwas fragwürdige) Polizeiarbeit. Das Verbrechen wurde zum Reality-TV-Event. Von Gladbeck ging es per PKW nach Bremen, dort kaperten Rösner und Degowski einen Linienbus und nahmen dessen Insassen als Geiseln. Dann bewegte man sich wieder auf die Autobahn. Unweit von Bremen schoss Degowski einer Geisel, einem 15-jährigen Jungen, in den Kopf. Ein Fotograf trug den Sterbenden fort – und hielt dessen Haupt hoch, damit die Kollegen gute Bilder bekamen. Anschließend fuhr man in die Niederlande, von dort – nun wieder im PKW – nach Köln. Hier fand die Medienparty ihren Höhepunkt. Unter den interviewfreudigen Journalisten war auch der junge Radiomann Frank Plasberg. „Ich müsste lügen, wenn ich behaupten würde, dass ich große medienethische Bedenken hatte", erinnerte sich dieser 15 Jahre später, und weiter: „Ich würde aber nicht sagen, dass ich da als junger Reporter etwas falsch gemacht habe".

Andere sagen das jedoch.

Als die Täter erneut auf der Autobahn waren, griff die Polizei zu. Eine zweite Geisel, eine 18-jährige Frau, starb durch eine Kugel Rösners.

Rösner sitzt nach wie vor ein. Degowski gleichfalls. Frank Plasberg moderiert „Hart aber fair" in der ARD.

DIE ESSENER HEITGER-BANDE

*** ca. 1905

Liebste Brüder und Mörderbrut

Am 9. Juni 1927 machte der Knappschaftssekretär, Herr Küpers, seine Runde durch Essen, um invaliden Kumpels ihre Rente zu bringen. Dann fiel ein Schuss. Küpers starb. Die Täter erbeuteten 8.000 Reichsmark, damals ein stattlicher Betrag. Die Täter – das waren drei Männer Anfang 20: die Brüder Johann und Heinrich Heitger sowie deren Freund Karl Lindemann.

Der nächste Auftritt dieser Gang ereignete sich am 5. Mai 1928 in Gladbeck. Die Heitgers stürmten den Kassenraum einer Reichsbank-Nebenstelle und ballerten um sich. Beute: 36.000 Reichsmark. Freilich war das Fluchtfahrzeug etwas auffällig: ein roter Mercedes. Der brachte die Kriminalpolizei auf die Spur. Bald klopfte Kommissar Oßmann an eine Essener Wohnungstür. Diese öffnete sich unvermittelt – ein Schuss, und Oßmann war tot. Die Heitgers entkamen. Die Polizei klebte Steckbriefe und setzte eine Belohnung aus. Unzählige Hinweise gingen ein, die meisten davon freilich falsch. Einer jedoch sollte sich als richtig erweisen: Ein Postbeamter hatte die drei Mörder in einer schmierigen Pension in Köln, Riehler Straße 86, erkannt.

Am 20. Oktober 1928 erschien dort die Kripo. Zu siebt lauerte sie im Treppenhaus. Irgendwann kamen die Heitgers die Treppe herab, Kriminal-Assistent Vollmer trat vor: „Hände hoch! Polizei!". Nach einer kleinen Rangelei ergaben sich die Heitgers. Draußen mussten die Polizisten zunächst ein Auto anhalten, waren die Beamten doch per pedes gekommen. Die beiden Brüder wurden ins Fahrzeug verfrachtet, den Komplizen Lindemann führte man anderweitig ab. Alles war gut. Oder?

Als der Chauffeur eine scharfe Kurve nahm, entriss Johann Heitger dem Kriminal-Assistenten die Dienstwaffe und schoss – Vollmer war tot. Das Auto knallte gegen einen Bordstein, Johann Heitger erschoss den zweiten Polizisten und floh, mitsamt seinem leicht verletzten Bruder. An einer Kreuzung zerrten die beiden einen Autofahrer aus dessen Wagen, kaperten die Karre und waren weg.

Zwei Tage später: Ein Polizist erkannte die Heitgers auf der Straße, diese flohen. Ein Passant stellte sich ihnen in den Weg – der nächste Tote. Die Heitgers sprangen auf eine Straßenbahn der Linie 12, zwangen Fahrer und Schaffner zum Aussteigen. Dann wurde es vollends exzessiv: Heinrich Heitger übernahm das Steuer und ratterte mit Höchstgeschwindigkeit über die Schienen, während Bruder Johann, in jeder Hand eine Pistole, von der hinteren Plattform auf die Verfolger feuerte. In Grünanlagen unweit des Rheins ließen sich die beiden aus der fahrenden Bahn eine Böschung hinabfallen. Beim Versuch, ein Auto aufzubrechen, wurden sie von der Polizei entdeckt, die Beamten riegelten das Areal ab. Jetzt saßen die Heitgers in der Falle.

Nach Stunden der Belagerung trat Heinrich aus seinem Versteck, mit erhobenen Armen. Zwei Polizisten näherten sich. Offenbar ergaben sich die Schwerverbrecher – nicht, denn aus dem Hinterhalt streckte Bruder Johann die arglosen Beamten nieder. Nun entspann sich ein Schusswechsel. Heinrich wurde tödlich getroffen. Johann jedoch gelang das kaum Glaubliche: die erneute Flucht.

Drei Tage später: Unweit des Ortes, wo die Schießerei stattgefunden hatte, kletterte ein Mann durch das Dachfenster einer Villa. Das Dienstmädchen schrie, der Eindringling schoss. Das Dienstmädchen floh und rief die Polizei. Diese riegelte das Gebäude ab. Ein Beamter arbeitete sich, von einem stählernen Panzer geschützt, zu jenem Zimmer vor, in dem sich Johann Heitger verschanzt hatte. Der Beamte gab mehrere Schüsse durch die geschlossene Tür ab – Treffer, denn Heitger gab ein gequältes Röcheln von sich. Der Polizist öffnete die Tür, hob seinen Kopf ein wenig aus der Deckung – und empfing eine Kugel mitten in die Stirn. Heitger hatte fintiert. Nun aber kannten die Kollegen kein Pardon mehr: Handgranaten flogen in den Raum. Ende. Wenig später starb Johann Heitger im Krankenhaus.

Das Heitger-Fiasko hat Polizeigeschichte gemacht: Bis dahin hatten die Beamten nur in eindeutiger Notwehr von der Schusswaffe Gebrauch machen dürfen. Diese Bestimmung wurde nun erheblich gelockert. Und auch anderweitig war den heute fast vergessenen Heitgers ein Nachleben beschieden: Der anarchistische Dichter Erich Mühsam berauschte sich 1929 an der anarchischen Untat: „Ihr Verbrecher, ihr Räuber, ihr Mörderbrut, / Liebste Brüder, ihr streutet Rebellensaat!/ Euerm Leib entfloss aller Geplagten Blut. / Und wider die Satzung zeugt, wider den Staat Euer Tod – Eure Tat!" 1978 kam die Geschichte sogar ins Kino: „Das fünfte Gebot" mit Helmut Berger und Udo Kier war wesentlich von den Untaten der Heitgers inspiriert.

PETRAS DOMINAS

*1928 in Litauen

Das rätselhafte Rosinenbrot

Es gibt Kriminalfälle, die einerseits heftigen Unwillen ob der ihnen innewohnenden Boshaftigkeit erregen – andererseits aber auch ein gewisses Amusement: Wie abgedreht war das denn! Nämliches möchte ausrufen, wer sich vergegenwärtigt, was am 26. September 1964 in Amsterdam geschah:

Ein Herr betritt das Juweliergeschäft H. Schipper am Heiligeweg 3, wobei dieser Herr durch dreierlei Eigenheiten auffällt: Erstens hat er sich das Gesicht mit schwarzer Schuhcreme eingewichst, zweitens schreit er „Hands up!", und drittens schießt er bekräftigend eine deutsche 9mm Geco-Kugel mittels einer belgischen FN-Pistole in die niederländische Stuckdecke. Eine Verkäuferin flieht auf die Straße, wird dort aber von Gangster Nr. 2 festgehalten, während Gangster Nr. 3 seinen anderthalb Kilo schweren Maurerfäustel gegen das Schaufensterglas sausen lässt, worauf dieses in Scherben zerbricht, sodass nichts mehr zwischen der 400.000 Gulden teuren Schaufensterauslage und den gierigen Gaunerhänden ist. Selbige greifen zu, raffen das Geschmeide zusammen, verstauen es in einem mitgebrachten Aktenkoffer. Daraufhin begibt sich die Gang auf die Flucht – welche sie zunächst in einen Bäckerladen führt, wo Gangster Nr. 2 Rosinenbrot (geschnitten) erwirbt. Alsdann in einen Friseurladen, wo Gangster Nr. 3 sich die Haare schneiden lässt. Vor der Aktion hat die Gang übrigens noch für ein Erinnerungsfoto mit Damen posiert, man ist ja nicht jeden Tag zu Gast in der schönen Grachtenstadt. Ein perfektes Verbrechen, nicht wahr?

Aber es kommt noch besser: Während des Raubüberfalls sitzt die Essener Rechtsanwältin K. mitsamt zwei Töchtern an Fensterplätzen einer Teestube, von der aus man beste Sicht auf das Juweliergeschäft genießt, und genau aus diesem Grunde sitzt man hier ja, hat doch eine der jungen Damen ihre Frau Mama wenige Tage zuvor eingeladen: „Mutti, kommst du gucken?" Nachdem das Trio genug „geguckt" hat, tut es das Naheliegende: Es kauft sich nebenan Schuhe, die kann man ja immer brauchen, und Spaß macht es auch noch.

Tja: Soeben sind wir sind staunende Zeugen einer Untat geworden, die auf das Konto von „Europas erfolgreichster Räuberbande des letzten Jahrzehnts" (so seinerzeit der „Spiegel") geht – beziehungsweise auf jenes der „größten Juwelenbande, die Europa je unsicher machte" (so seinerzeit die „Zeit").

Und diese Juwelenräuberbande setzte sich, wie man bald hernach erfahren sollte, aus bescholtenen Bürgern des Ruhrgebiets zusammen. Nämliches war bereits seit längerem vermutet worden, hatten doch zuvor nahezu alle Untaten, die man der Gang zuschrieb, im Revier stattgefunden. Die Liste war stattlich: Zwischen November 1963 und Juli 1964 machten die Schaufensterkaputtmacher Beute im Wert von 30.000 DM (Bochum, Schusswaffengebrauch), 73.000 DM (Witten,

Schusswaffengebrauch), 97.000 DM (Dortmund), 30.000 DM (Essen), 30.000 (Ge-Buer) und 115.000 (Gelsenkirchen); dazwischen kam es zu Ausflügen nach Siegen (115.000 DM, Schusswaffengebrauch) und zweimal Amsterdam: einmal 60.000 DM (Schusswaffengebrauch), dann oben genannte 400.000 Gulden. Dieser Überfall aber sollte der letzte sein – im Anschluss ging die Bande hoch, und ihr charismatischer Anführer, Herr Petras Dominas, wurde festgenommen. Doch nun begannen die Fragen. Zunächst: Wo war die Schore? Man rechne nur einmal diese Unsummen zusammen und vergegenwärtige sich, dass damals, in der guten alten Zeit, das Glas Bier gerade einmal 50 Pfennig kostete, die Tüte Haumiblau sogar nur die Hälfte!

Schließlich packte die Freundin einer Freundin aus. So konnten zumindest die 400.000 Gulden teuren Brillis aus Amsterdam geborgen werden – sie waren im Damm des Rhein-Herne-Kanals verbuddelt worden. Nun ging die Sache vor Gericht, wobei neben den Raubdelikten und den Mordversuchen auch noch zwei vollendete Morde verhandelt wurden: Am 25. August 1964 waren die Wirtsgeschwister der Gaststätte „Onkel Albrecht" am Ruhrschnellweg bei Lünen tot aufgefunden worden, und Indizien deuteten auf die Dominas-Bande.

Das war an sich schon geiler Illustrierten-Stoff, doch es kam noch besser: Wir erinnern uns an die Rechtsanwältin K. und ihre beiden Töchter. Was war denn da eigentlich los gewesen? Frau K. hatte den einschlägig vorbestraften Dominas vormals vor Gericht vertreten, so viel war klar. Aber wie kam sie nach Amsterdam? Und weshalb? War sie gar die heimliche Gangsterchefin? Bald hieß es, sie hätte Dominas vormals eine Säge in den Knast geschmuggelt – später gar die Gang mit Knarren versorgt. Warum? Weil sie durch die coole Killer-Aura, welche Dominas zu eigen war, ganz wuschig und willenlos gemacht worden war?

Nun – wenn man sich das Amsterdamer Erinnerungsfoto des Schurken anschaut, kommen gewisse Zweifel an dessen Sex-Appeal auf. Was dann? War sie erpresst worden? Aufschluss hätten Dominas' Tagebücher geben können, deren es reichlich gab. Doch hatten diese einen Nachteil: Sie waren in einer Geheimschrift verfasst, die keiner entziffern konnte. Gutachter sprachen von einer einmaligen Leistung auf dem Gebiet der Kryptographie: Sah aus wie Steno, war aber keine. Dominas hatte mehr als 1.000 verschiedene Schriftsymbole ersonnen – und sie auswendig gelernt. An dieser monströsen Leistung bissen sich allerlei Experten die Zähne aus. Schließlich landete die Sache bei der supergeheimdienstlichen „Zentralstelle für das Chiffrierwesen" in Bad Godesberg. Vier Monate mühte man sich dort. Dann endlich war der Code geknackt. Und was sagte Dominas? Hähähä, sagte er: All das wäre doch nur ein Kriminalroman, frei erfunden. Und auch ansonsten sagte Dominas vor Gericht so einiges Unkonventionelle. Beispielsweise lehnte er den Vorsitzenden, die Geschworenen und natürlich auch den Staatsanwalt ab, mehr noch: „alle Leute über 45 Jahre". Der Grund dafür: „Ich habe Material über NS-Verbrechen gesammelt!"

Nun drohte der Fall wirklich ein wenig überzukochen, denn es stellte sich Erstaunliches heraus: Der 1958 verstorbene Gatte der Rechtsanwältin K. hatte es vor rund tausend Jahren tüchtigerweise bis zum SS-Standartenführer beziehungsweise Chef der Hamburger Gestapo gebracht. Nach dem Krieg von einem britischen Militärgericht zu lebenslänglicher Haftstrafe verurteilt, saß er in Werl ein, wo er ... na, wen wohl kennenlernte? Genau: Petras Dominas. Dieser behauptete nun, NS-Insiderwissen zu haben, welches allerlei Leute, gar Franz Josef Strauß höchstpersönlich, schwer beschädigen könnte. Nur hätte ihm leider der Staatsanwalt die Geheimdokumente geklaut. Überdies trachte ihm jener Dunkelmann nach dem Leben.

Schließlich wurde Dominas verurteilt – freilich nicht wegen des Doppelmordes, hier reichten die Indizien nicht hin. Anschließend verlor sich seine Gestalt im Nebel, aus dem sie 1969 noch einmal hervorleuchtete, als er Verfassungsbeschwerde wegen Verletzung des Artikels 5 (2) GG einlegte.

Heute ist Petras Dominas der Vergessenheit anheimgefallen – zu seiner Glanzzeit jedoch war er ein derart strahlender Schurke, dass seine Geschichte gleich zweimal verfilmt worden ist: Zunächst 1967 im Auftrag des ZDF unter dem Titel „Komplizen" als Episode der Reihe „Das Kriminalmuseum" mit Heinz Bennent als „Pit Servatos" – dann 1968 vom Fernsehen der DDR als „Die Dominas-Bande" mit Gisela May als Rechtsanwältin K.

SEITENWECHSLER

RUDI CERNE WIM THOEEEEELKE
MANFRED BURGSMÜLLER SASHA
KELLY TRUMP JULIANE WERDING

RUDI CERNE

*26. September 1958 in Wanne-Eickel

Ein spektakulärer Fast fahndungserfolg

Vom Top-Terroristen zum Top-Fahnder

Dezember 1978, Flughafen Düsseldorf. Das Sondereinsatzkommando der Polizei hatte sich perfekt hinter einer Säule versteckt. Dann sprangen die speziell für solche Momente geschulten Beamten hervor – „Hände hoch!!!" – und noch ehe Christian Klar irgendwie reagieren konnte, starrte er in die Läufe schussbereiter Dienstwaffen. Hurra! Deutschlands most wanted man, einer der RAF-Köpfe, war endlich ins Netz der Fahnder gegangen. Eine halbe Stunde später musste die Einsatzleitung ihre Erfolgsmeldung allerdings ein wenig relativieren. Sie hatte nicht Klar gefangen, sondern jemanden, der dem Terroristen frisürlich und auch ansonsten frappant ähnelte: den Deutschen Eiskunstlaufmeister Rudi Cerne. Rudi Cerne aus Herne, wie es seinerzeit wiederholt um des Reimes willen hieß. Dabei stammt Rudi doch genau genommen aus der Wintersporthochburg Wanne-Eickel, wo er als Sohn eines Malermeisters zur Welt gekommen war. Später ging er aufs Gymnasium Eickel an der Kurhausstraße und ist somit, anders als derjenige, der dieses schreibt, ein schlüssiger Beweis dafür, dass man es trotz Besuchs jener Anstalt im späteren Leben durchaus zu etwas bringen kann.

Schon Cernes sportliche Bilanz ist beeindruckend, fuhr er doch neben zwei deutschen Titeln 1984 sogar eine Vize-Europameisterschaft ein. Im selben Jahr schrappte er zudem nur ganz knapp an der olympischen Treppe vorbei – Platz 4 in Sarajewo. Nach dem Abi hatte sich Cerne kurz mit der Absicht getragen, Zahnmedizin zu studieren, dann jedoch entschied er sich für Sport und Bio. Bereits während seiner aktiven Karriere hatte er sich als recht telegen erwiesen. So lag es durchaus nahe, ihn hernach als TV-Experten einzusetzen. Anscheinend fand Rudi Gefallen am Medium, dieses auch an ihm, und so arbeitete er sich peu à peu bis ins ZDF-Sportstudio hoch. Als er moderierenderweise bei der Tour de France unterwegs war, ereilte ihn ein seltsamer Anruf: Ob er nicht Lust auf „Aktenzeichen xy ... ungelöst" habe? Zunächst glaubte Rudi an einen lustigen Telefonstreich. Doch dann ließ er sich eines Besseren belehren – die Verantwortlichen, inklusive des wunderbaren Ganoven-Edes, wollten ihn wirklich. So trat er 2002 den Fahndungsdienst an.

Und wenn Rudi Cerne nun mit Krawatte und größtmöglicher Seriosität gegen das Böse kämpft, mag man doch wirklich kaum glauben, dass er noch vor wenigen Jahrzehnten in etwas gewagt aussehenden Ganzkörper-Outfits über die Eisflächen schlitterte. Beziehungsweise für wenige Minuten ein Top-Terrorist war.

WIM THOEEEEELKE

*9. Mai 1927 in Mülheim, †26. November 1995 in Niedernhausen/Engenhahn

Der Erfinder der Dehnbundhose

Er war nicht so lässig wie Carell, nicht so beseelt wie Rosenthal, nicht so kultiviert wie Schönherr, nicht so witzig wie Frankenfeld, nicht so sexy wie Kulenkampff – im Grunde war Wim nur der nette Showmaster von nebenan. Wer ihm nicht wohlgesonnen war, nannte ihn gar langweilig. Damit tat man Thoooeelke jedoch Unrecht, weist seine Vita doch so manche kühne Wendung auf. Wobei Big Wim mitunter auch das Riiiisiiko nicht scheute. Vielleicht muss so mancher derer, die – allein gestützt auf Begegnungen am heimischen Fernsehgerät – über Thoelke abfällig urteilten, sein Haupt schamvoll senken, so er sich nur vergegenwärtigt, was dieser Mann alles konnte. Nämlich alles.

Geboren wurde er als Georg Heinrich Wilhelm Thoelke, sein Vater war Studiendirektor. So setzte auch der Sohnemann anfangs auf solide Berufsausbildung: Wim begann ein Jura-Studium, bewarb sich dann aber kurzerhand als Geschäftsführer des Deutschen Handballbunds – und bekam die Stelle, trotz seines zarten Alters von gerade einmal 25 Jahren. Als ein Reporter ausfiel, sprang er kurzerhand als Kommentator ein – ein neuer Job für Thoelke, doch wahrlich nicht der einzige. Nebenher war er noch Finanzberater eines Millionärs, Gründer zweier Fluggesellschaften, Bauunternehmer, Krawatten-Designer, Erfinder der Dehnbundhose (passt sich dem aktuellen Körperumfang an, Patent erteilt) und Sportwagenkonstrukteur.

Parallel entwickelte sich die TV-Karriere: Leiter der ZDF-Sportredaktion, Aktuelles Sport-Studio, „heute"-Sprecher, Drei mal Neun, Der Große Preis. 1991 musste er sich einer Herzoperation unterziehen, ein Jahr später moderierte er zum letzten Mal. Wum, Wendelin, der Blaue Klaus und viele andere sangen ihm ein Abschiedsständchen.

MANFRED BURGSMÜLLER

*22. Dezember 1949 in Essen

Der Manni für besondere Aufgaben

Im Grunde fing Burgsmüllers Karriere erst an, nachdem sie aufgehört hatte. Nun, vielleicht ist das etwas ungerecht – selbstverständlich sollte man nicht verschweigen, dass er Mitte der Siebziger zu einem der besten deutschen Mittelstürmer aufgestiegen war. Allerdings favorisierte Bundestrainer Helmut Schön zumeist andere als ihn. Ebenso selbstverständlich bleiben jene 135 Bundesligatore, die Burgsmüller zwischen 1976 und 1983 für den BVB erzielte – kein Schwarz-Gelber sollte jemals mehr schaffen. 1985 ließ Manni seine reguläre Karriere bei Rot-Weiß Oberhausen in der 2. Liga ausklingen - eh, nichts da, denn völlig unverhofft beorderte Otto Rehhagel den 35-jährigen Veteranen nach Bremen. Wo der Stürmer mit 39 endlich den ersten Titel seines Lebens feiern sollte: Meister mit Werder. 1990 beendete Burgsmüller seine erfüllte Fußball-Laufbahn dann tatsächlich. Um wenig später eine ganz andere zu starten.

Die US-Football-Liga NFL hatte ein prima Konzept entwickelt: Erstens wollte man diesen sehr amerikanischen Sport auf dem europäischen Markt etablieren, zweitens jenen US-Spielern, die es (noch) nicht in die heimischen Teams geschafft hatten, Spielpraxis auf höchstem Niveau gewähren. So gründete man die NFL Europe. Um die Teams inniger an ihre jeweiligen Standorte zu binden, verordnete man die Aufnahme von so genannten „Nationals", also Einheimischen. Prima Idee. Nur können Europäer (in der Regel!) nicht gar so gut Football spielen. Was können sie aber? Kicken. Und glücklicherweise gibt es im Foot(!)ball tatsächlich zwei Spieler, die den Ball nicht mit der Hand, sondern mit dem Fuß berühren: Den Punter und den Placekicker. Und so suchte der American Football Club Düsseldorf Rhein Fire einen deutschen Kicker mit hohen Sympathiewerten. Man fragte bei Manni an. Und Manni sagte spontan zu – nicht wissend, dass das Ei-Kicken einen völlig anderen Bewegungsablauf erfordert, als er ihn vom kugelrunden Ball gewohnt war. Doch schließlich hatte er sich eingearbeitet. 2002 beeindruckte er mit Top-Werten: 19 von 19 Extrapunkten. 9 von 10 Fieldgoal-Versuchen (gut, die schwierigen über 40 Yards nahm der Ami Jason Witczak, aber das hier zu erwähnen ist doch jetzt wirklich echt beckmesserisch – ey!). Zwei „World Bowls" waren Mannis Lohn. Und ein Rekord: Mit 52 Jahren war er der älteste NFL-Profi der Milchstraße!

SASHA

*5. Januar 1972 in Soest

Der Mann der wundersamen Wandlungen

Zu Kinderzeiten hörte Sascha Schmitz auf den Spitznamen „Schmatz“, was phonetisch ja sehr nahe lag, und zuckersüß muss er wohl wirklich gewesen sein, als er seinerzeit in der Familienküche den ersten Schritt ins Künstlerleben wagte: Mit einem Besenstiel als Mikrophonständer-Ersatz bot er der Mama Evergreens dar.

Heranwachsend verfeinerte er einerseits seinen musikalischen Vortrag, andererseits betätigte sich der Linksfuß aber auch fußballerisch. Bis in die Landesliga trug ihn sein Talent, nach ein paar Spielen schob man ihn jedoch wieder in den Kreisliga-B-Kader seines Vereins ab. Also doch Musik. Anfang der 90er wechselte Sasha von Soest ins pulsierende Dortmund, einher damit ging der Besuch gleich zweier Universitäten, Dortmund und Bochum ... jeweils für einen Tag, nämlich den der Einschreibung. Also doch Musik.

Auf diesem Feld erfuhr er einen Karriereschub, indem er auf Erfolgsschlagern von Der Wolf („Gibt's doch gar nicht“) und Young Deenay („Wannabe Your Lover“) mitwirken durfte. Mit „If You Believe“, seiner ersten Solo-Single, schoss er dann 1998 auf Platz 3 der Charts. In der Folgezeit etablierte er, sängerisch durchaus zu großen Leistungen fähig, sich als der sanfte, freundliche Kuschelpuschel, kleine Mädchen liebten ihn, große auch. Seine Debüt CD „Dedicated To“ wurde platiniert. Doch dann, plötzlich – war er weg! Spurlos verschwunden! Ein Mysterium. Alle waren betroffen.

Just zu jenem Zeitpunkt tauchte statt seiner jemand ganz anderes auf. Erstmals zu Weihnachten 2002 im Dortmunder Fritz-

Henßler-Haus: ein ganz und gar nicht puscheliger, nein: wirklich knallharter Rockabilly namens Dick Brave. Wohl wies dieser eine gewisse leibliche Ähnlichkeit zu Sasha auf, jedoch erfuhr man bald aus recht sicherer Quelle, dass Brave ein in Vancouver geborener Kanadier sei. Begleitet von den Backbeats fegte er durch ein Repertoire aus Rockabilly-Klassikern („Twenty Flight Rock"), Rockabilly-Adaptionen (Michael Jacksons „Black Or White") und selbstverfasstem Liedgut. Mit „Take Good Care Of My Baby" toppten die Kanadier bald die deutschen Singlecharts. 2003 holte die CD „Dick This!" Doppelplatin. Welch eine Traumkarriere – die jedoch kurze Zeit darauf ihr Ende fand: Im Dezember 2004 verkündet Dick Brave vor 10.000 Fans in der Westfalenhalle seinen Abschied vom Showbiz. Und es gibt doch wirklich total merkwürdige Zufälle: Wenig später tauchte der gute alte Sasha wieder aus der Versenkung auf! Seither geht es Schlag auf Schlag: Sasha verschwindet, Dick taucht auf, Dick verschwindet, Sasha taucht auf. Die Verwirrung nimmt kein Ende! Was wird als nächstes geschehen? Angstvoll harren wir der Entwicklung. Einstweilen aber zurück ins Sendezentrum.

KELLY TRUMP

*27. August 1970 in Bottrop

Lang lebe Nicole Heyka

Manche Filme muss man nicht unbedingt gesehen haben, um sie wertzuschätzen. Denn mitunter reicht allein der Titel schon hin, einem die Tränen der Glückseligkeit in die Augen zu treiben: „Supergirl – Titten aus Stahl" zum Beispiel.

Wundervolle Menschen, die auf so etwas kommen. Und dann noch die Drehbücher dazu verfassen – das heißt: Drehbücher? Braucht man die in diesem Genre? Denn (was der aufmerksame Leser vielleicht längst geahnt hat) die Rede ist hier von der Pornographie, und oben tituliertes Meistermachwerk ist einer der vielen Filme, in denen Nicole Heyka sich so darbot, wie Gott beziehungsweise die moderne Chirurgie sie geschaffen hat. Ihre Oberweite ließ Nicole sich nämlich, wie man hört, auf volle Hundert aufrunden.

Dabei hatte sie sich zunächst auf einem ganz anderen Berufsfeld betätigt, nämlich jenem der Zahnarzthelferin. Anschließend arbeitete sie als Tänzerin und Fotomodell. 1994 ereilte sie das Angebot, an einem Filmprojekt mitzuwirken, dieses erwies sich dann unverhofft (huch!) als ein solches, in dem geschlechtliche Handlungen dargestellt werden sollten: „Dass es sich um einen Pornofilm handelt, stellte sich eigentlich erst beim Casting heraus". Nun war Nicole in der Branche angekommen, was einen Namenswechsel nach sich zog: Fortan hieß sie „Kelly Trump". Als solche trumpfte sie mächtig auf, brachte es zu internationalem Ruhm und einigen „Venus Awards". Lieder wurden ihr gewidmet („Lang lebe Kelly Trump", Lotto King Karl). 2001 verabschiedete sie sich jedoch aus der Branche.

Rundete sich auf volle Hundert auf

Seither sieht man sie von Zeit zu Zeit in anderem Kontext, so etwa 2004 in der Reality-TV-Show „Die Alm". Im selben Jahr wurde sie von der „Bachelor"-Gewinnerin Juliane Ziegler öffentlich nach Punkten vermöbelt („RTL Promi-Boxen"). Hier und da kocht („Das perfekte Promi-Dinner") oder shoppt („Promi Shopping Queen") sie auch für ein größeres Publikum. Privat lebt sie in Gelsenkirchen, und zwar mit ihrem Lebensgefährten Axel Coon, ehedem bei „Scooter", den sie beim Videodreh zu „Ramp! (The Logical Song)" kennengelernt hat.

Kelly Trump ist, so schreibt sie, „ein Mensch, der ganz normalen Hobbys nachgeht. Ich lese viel, beschäftige mich ein wenig mit Aktien und kümmere mich um meine beiden schneeweißen Perserkatzen. Außerdem spiele ich unheimlich gerne Playstation oder sitze vor meinem PC und surfe im Internet." All das ist vorbehaltslos zu begrüßen, nicht wahr?

JULIANE WERDING

*19. Juli 1956 in Essen

Peter, Kalle, Conny

Peter hieß er, der erste Drogentote Essens. Juliane hatte ihn gekannt, vom gemeinsamen Musizieren in der Fußgängerzone. Als sie 1972 dem Texter Hans-Ulrich Weigel die Geschichte von Peter erzählte, hatte jener die Eine-Millionen-Idee: Weigel nahm „The Night They Drove Old Dixie Down", einen Song, den Robbie Robertson über den Amerikanischen Bürgerkrieg geschrieben hatte, und verfasste einen neuen Text auf diese wonnevoll melancholische Melodie: „Am Tag, als Kalle Kramer starb". Nein, nicht Kalle, meinte Juliane, lieber Conny – ihr erster Freund hatte Conrad geheißen. Die Änderung ging durch, der Song wurde ein Nummer-Eins-Hit, die ebenso hübsche wie angemessen traurige Juliane ein nationaler Star.

Nebenher besuchte sie noch die Schule, und zwar nicht irgendeine, sondern das klösterliche Beatae-Mariae-Virginis-Gymnasium in Essen-Holsterhausen. Nun lebten wir schon damals in einer „Mediengesellschaft", und so machten sich allerlei Journalisten auf, das Phänomen Juliane, das Phänomen Drogen, das Phänomen Doof-Journalisten oder welches Phänomen auch immer investigativ zu erkunden: „Es war teilweise so, dass Fernsehteams einfach vor der Schule standen oder in die Klassen gekommen sind, während des Unterrichts, und die

Nonnen mit dieser Situation vollkommen überfordert waren, weil sowas natürlich noch nie vorher dagewesen war, und sie nicht genau wussten, wie sie sich verhalten sollten." Demzufolge legte man Juliane kurzerhand nahe, die Lehranstalt zu verlassen.

Fortan konnte sie sich voll der Gesangskarriere widmen – welche durchaus zufriedenstellend verlief: Werding brachte insgesamt 25 Singles in die Top 100. Doch parallel dazu betätigte sie sich emsig auf allerlei anderen Berufsfeldern: Zunächst besuchte sie zwei Jahre lang die Höhere Handelsschule, 1982 schob sie eine Ausbildung zur PR-Fachfrau nach, als welche sie sich sodann auch in einer Agentur betätigte. Drei Jahre später wechselte sie wieder das Metier: Nun ließ sie sich zur Heilpraktikerin ausbilden. 1989 legte sie ihr Examen hin, alsdann eröffnete sie eine Praxis in München. Mittlerweile arbeitet sie als Homöopathin, was sie, wie zu lesen ist, offenbar ausfüllt: „Um sich voll und ganz auf die Arbeit für die Patienten konzentrieren zu können, wird sie einstweilen keine CDs veröffentlichen und keine Tourtermine, TV-Auftritte oder Interviews wahrnehmen."

LEHRMEISTER

OTTO REHHAGEL **PETER BURSCH**
JÜRGEN KLOPP KARL ADAM
HERMANN GERLAND

OTTO REHHAGEL

*9. August 1938 in Essen

Grandseigneur und Ausdruckstänzer

Als Trainer hat er zwei Erfolge eingefahren, die auf ihre Art jeweils einzig in der Fußballgeschichte dastehen: 1998 führte er den Aufsteiger Kaiserslautern direkt zur Deutschen Meisterschaft. Zwei Punkte vor den Bayern. Was ihn enorm gefreut haben mag, hatten die Münchener ihn doch zwei Jahre zuvor als Trainer geschasst. Das andere Meisterstück hatte gar internationales Format: Am 4. Juli 2004 gewann der krasse Underdog Griechenland unter Rehhagels Leitung die Europameisterschaft. Was damals schlechthin unverständlich war. Und heute immer noch unverständlich ist: Wie konnten die gegen Tschechien gewinnen? Gegen Frankreich? Gegen Portugal? Letzteres übrigens gleich zweimal – und zwar mitten in Portugal, wohlgemerkt. Wie konnten die überhaupt gegen irgendwen gewinnen? War es Rehhagels geniale 70er-Jahre-Retro-Taktik? In jedem Fall hat er es hier, wie zuvor auch andernorts, vermocht, aus suboptimalem Spielermaterial Optimales herauszuholen. „Früher taten sie, was sie wollten", sagte er über seine Griechen, „jetzt tun sie, was sie können."

Rehhagels Kindheit war nicht gerade rosig gewesen: Der Vater starb mit gerade einmal 38, sodass die Mutter mit ihren drei kleinen Kindern allein dastand. Die Familie lebte in Altenessen, vis-à-vis der Zeche Helene. Folglich begann der Elfjährige seine Karriere ebendort, beim Krupp'schen Zechenclub TuS Helene – ein Verein, der seinerzeit in der Landesliga spielte. Für diese war Otto zu gut, so wechselte er 1960 zu Rot-Weiss in die Oberliga; mittlerweile hatte er übrigens eine Maler- und Lackiererlehre hinter sich gebracht. RWE zahlte monatlich stolze 400 Mark. Allerdings waren selbst hier die sportlichen Perspektiven begrenzt: 1963 startete die so genannte „Bundesliga" – und da war Essen durchs Raster gefallen. So heuerte Rehhagel als Profi bei Hertha BSC an, später ging's nach Kaiserslautern. Zeit seiner aktiven Karriere genoss Rehhagel nicht gerade den Ruf eines Ästheten. Wo der Verteidiger auftauchte, ging's zur Sache. Nicht unfair, nein. Aber hart. Aber hallo. Aber hammerhart.

1972 war Kante: Knieverletzung, Karriere-Ende. Als Spieler, notabene. Denn noch im gleichen Jahr begann Rehhagel seine überaus erfolgreiche Trainerlaufbahn. Das erste längere Engagement, in Dortmund, verlief wechselvoll: 1977 wurde man zwar respektabler Achter, 1978 reichte es jedoch nur zum elften Platz. Immerhin kam Rehhagel in jener Saison zu der Ehre, den BVB beim legendären „Königsduell der Borussen" coachen zu dürfen – welches Dortmund nach spannendem Spielverlauf knapp (0:12) gegen Mönchengladbach verlor. Wofür man Rehhagel verantwortlich machte, allem Anschein nach aber zu Unrecht.

Das legendäre „Königsduell der Borussen"

Die weiteren Trainer-Engagements gestalteten sich erfreulicher: Mit Fortuna Düsseldorf holte Rehhagel 1980 den Pokal, den einstigen Fischverein Werder Bremen aber formte er zum Spitzenclub: 1988 und 1993 gewann man die Meisterschaft, 1991 und 1994 den Pokal, 1992 den Europacup.

Fast hatte es den Anschein, als hätten Otto und Werder einen Bund für die Ewigkeit geschlossen (seinen privaten Bund für die Ewigkeit hatte Otto übrigens schon 1963 mit der Sonderschullehrerin Beate geschlossen). Doch dann ließ es Otto mal gut sein, und ging, siehe oben, nach München, anschließend nach Lautern und Griechenland.

Rehhagel zeichnet sich durch ein recht überbordendes Selbstbewusstsein aus; im Umgang mit den Medien wirkt er zuweilen gar leicht arrogant: Nicht selten attestierte er dem Fußballjournalisten, keine Ahnung von Fußball zu haben, was selbstverständlich zutraf, jedoch überhaupt nicht nett war. Zudem ließ er den Grandseigneur raushängen, der den schönen, klugen und edlen Dingen der Welt überaus zugetan ist ... ein Image, welches leichte Risse bekam, wenn er nach unliebsamen Schiri-Entscheidungen Veits- und Ausdruckstänze an der Seitenlinie vollführte. Manche Zeitgenossen unterstellten sogar, dass Otto in der Niederlage etwas weniger Größe als im Sieg bewiesen hätte.

Seiner Heimatstadt ist Rehhagel übrigens treu geblieben: Seit Neuem hat er hier wieder Quartier genommen (Heisingen), und mit etwas Glück konnte man ihn zeitungslesend im (nunmehr gewesenen) Café Overbeck an der Kettwiger erspähen. Vielleicht trifft man ihn heute stattdessen in der Philharmonie. Oder im Aalto. Halt überall dort, wo es schön, klug und edel zugeht.

PETER BURSCH

*14. April 1949 in Duisburg

Der Klampfengott aus dem Kohlenpott

Falls Sie in den 70ern oder 80ern groß geworden sind, haben Sie es entweder gehabt. Oder zumindest einen gekannt, der es gehabt hat. Denn Peter Burschs „Gitarrenbuch“ fand sich damals in fast jedem gutsortierten Jugendzimmer, komplett mit der beigefügten Schallfolie („Die dicke E-Saite ...ploing“ und dann die Killer-Version von „Get Back“!). 1997 erhielt Bursch eine Auszeichnung für eine Million (eine Million!) verkaufter Exemplare. Seit 2008 liegt das Werk auch in chinesischer Übersetzung vor, folglich geht da wohl sogar noch was nach oben. Dabei war die Idee, welche diesem Bestseller zugrunde lag, denkbar einfach – aber man musste sie erst einmal haben. Und realisieren: Gitarre lernen ohne Noten, mit Tabulaturen und Nettigkeiten. Mittlerweile hat Bursch mehr als zehn solcher Bücher auf dem Markt, dazu neuerdings noch eine DVD.

Indes ist dieser Inbegriff des freundlichen Gitarrenlehreronkels nebenher auch noch Musiker. Und das bereits seit den frühen Siebzigern. Wobei er, glaubt man den historischen Fotos, seit damals mit genau einem Gesichtsausdruck auskommt (dieser ist allerdings sehr freundlich). Zudem gebührt ihm ein Lob dafür, seine Haar- und Barttracht aus der Woodstock-Ära ohne jedwede Veränderung ins neue Jahrtausend gerettet zu haben. So ist Bursch eine angenehm beruhigende Erscheinung, ein wunderbar steter Felsen im tosenden Meer der Zeit. Auch der Name seiner Band konserviert den Odem der 68er: Die „Bröselmaschine" war ein sinnreiches Konstrukt, um größere Haschisch-Portionen rauchgerecht zu zerkleinern; eingesetzt wurde sie in der Musiker-WG, in welcher Bursch seinerzeit das Dasein in vollen Zügen genoss.

JÜRGEN NORBERT KLOPP

*16. Juni 1967 in Stuttgart

Zwei wunderbare Zahnreihen

Ach: Der Fußball dieser Tage ist doch wirklich zu einem seelenlosen Business verkommen! Man könnte ganz und gar am gegenwärtigen Zustand jenes einst so schönen Spiels verzweifeln, gäbe es nicht noch die wenigen herzerwärmenden Relikte des ehedem doch so durchweg hehren Sportgeistes, die einen – zumindest für Momente – sämtliche Tristesse vergessen lassen. Und zweifelsohne sind es gerade wir im Revier, die das vielleicht menschlichste, vielleicht liebenswürdigste Stück Fußballkultur pflegen: die unverbrüchliche Fan-Freundschaft zwischen Borussia Dortmund und Schalke 04. Wann immer diese beiden Vereine aufeinandertreffen, eilen die Anhänger der Heimmannschaft ihren frohgemuten Gästen zur Begrüßung entgegen: Mensch, schön, Euch zu sehen, heute seid Ihr mal mit Gewinnen dran, wir freuen uns doch mehr über Eure Siege als über unsere eigenen. – Ach nein, bitte, lasst doch, Ihr Lieben: Wir sind doch nur gekommen, um Euer Team zu feiern! Und schon werden die schwarz-gelben und die blau-weißen Fanschals ganz fest aneinander geknotet und mit Tränen der Rührung benetzt ... eh ... jawohl!

Die jüngere Fußballgeschichte des Reviers verzeichnet viele bemerkenswerte Derbys – etwa jenes vom 19. September 2010. Es war der vierte Spieltag. Schalke, der Vizemeister (und doppelte Derbysieger) der Vorsaison, empfing Dortmund, den Fünften. Wohl waren die Hausherren etwas bräsig in die Spielzeit gestartet, allerdings kam nun mit dem Revierduell eine hervorragende Gelegenheit, die Dinge zum Guten zu wenden. Doch was folgte, war eine schwarz-gelbe Explosion. Zweimal traf ein gewisser Kagawa, worauf dieser durch einen gewissen Lewandowski ersetzt wurde, welcher alsdann seinerseits auf 3:0 erhöhte, Endstand: 3:1. Als Zuseher konnte man sich des Eindrucks nicht erwehren, dass hier plötzlich aus dem Nichts etwas ziemlich Großes entstanden war: Dortmund hatte einen 21-jährigen Innenverteidiger namens Hummels, der ganz hervorragende Anlagen zeigte, im Mittelfeld sorgten die gleichfalls gerade erst dem Knabenalter entwachsenen Sahin und Götze für eine Menge spektakuläres Theater, vorne vollendeten jene angesprochenen Stürmer das Werk – welche übrigens soeben von Clubs wie Cerezo Osaka beziehungsweise Lech Posen für ganz kleine Kohle zum BVB gekommen waren.

Dass Dortmund durch kühne Investitionen zu Meisterschaftsehren gelangen konnte, war bereits in der Hitzfeld/Sammer-Ära bewiesen worden. Obiger Sonntagnachmittag jedoch war der Beginn einer ganz anderen Geschichte: Hier schoss sich eine Mannschaft in die Stratosphäre, hier wurden Discount-Spieler unversehens zu Luxusobjekten. Verantwortlich für dieses Phänomen war (neben dem Manager Michael Zorc) der Trainer Jürgen Klopp, welcher sich so freilich auch selbst zum Star-Coach beförderte. Klopp zeigte ein beeindruckendes taktisches Geschick, überdies vermochte er seine Spieler in jene Höhen zu führen, die diesen wohl selbst zuweilen unheimlich waren: Ein Kevin Großkreutz beispielsweise erbrachte pro Spiel eine Laufleistung von etwa 700 Kilometern und machte dabei mitunter gar noch unerwarteterweise recht vernünftige Dinge mit dem Ball. Vieles an Klopps Erfolg beruht auf seinen Qualitäten als Motivator – doch wahrlich nicht alles. Um seine Arbeit adäquat einschätzen zu können, betrachte man nur einmal die Leistungsexplosionen, die er stimuliert hat. Und vergleiche diese mit den Entwicklungen, die jene Stars, die den BVB dann verließen, seither genommen haben: Manche haben ihre Qualität gehalten, keiner aber hat sie gesteigert.

Das gewinnende Gewinnerlächeln

„Kloppo" weiß, was er wert ist, und so ist er nicht bar der Eitelkeiten - wer will ihm dies verdenken? Als ihm das vordere Haupthaar zu licht wurde, ließ er es kunstvoll auffüllen, und es gibt nicht wenige, die unterstellen, er hätte sich auch zusätzliche Schneidezähne implantieren lassen: Wenn er deren obere Reihe zum gewinnenden Gewinnerlächeln entblößt, gerät ihm das ganz hervorragend, gerade Damen mittleren Alters ertappen sich dann vor dem Fernsehgerät mitunter dabei, ganz spontan einen weiteren Knopf ihres Dekolletés gelöst zu haben. Gleichermaßen imposant, wenn auch auf ganz andere Art, ist Klopps Wutbürgergesicht: Hierbei verkürzt er die Oberlippe zu einem Nichts, dehnt die Unterlippe aber bis ins Übermenschliche, was die dahinter liegenden Zähne derart schneidig exponiert, dass alles Gute entsetzt aus der Welt weicht.

Dortmund hat beide seiner Zahnreihen schätzen und lieben gelernt: Klopp hatte 2008 einen maroden BVB übernommen und ihn hernach zu zwei Meisterschaften, einem Pokalsieg sowie ins Champions League Finale geführt. 2015 war genug: Da beschloss er, reif für die Insel zu sein.

KARL ADAM

*2. Mai 1912 in Vorhalle/Hagen, †18. Juni 1976 in Bad Salzuflen

Aggressivität, Geltungssucht und materieller Anreiz

„Mit Idealismus sind keine Medaillen zu gewinnen. Zum Olympiasieg führen Aggressivität, Geltungssucht und materieller Anreiz." Um solche Wahrheiten auszusprechen, bedurfte es eines gewissen Mutes, damals, vor 40 Jahren. Umso mehr, wenn man von Sportfunktionären umgeben war, die noch an die allein selig machende Kraft des kernigen „Hipp-Hipp-Hurra" glaubten.

Adam kam vom Boxen, 1937 hatte er die Studentenweltmeisterschaft im Schwergewicht gewonnen. Nach dem Krieg wurde er Gymnasiallehrer für Mathe und Physik, überdies hatte er auch noch Sport und Philosophie studiert. In Ratzeburg coachte er ab 1948 nebenbei die Ruder-Riege seiner Schule, die er wenig später in einen eigens gegründeten Ruderclub outsourcte. Sämtliche damals gängigen Trainingsmethoden hielten seinem wissenschaftlichen Blick nicht stand – also erfand der Außenseiter Adam den Rudersport sukzessive völlig neu: Intervall-, Höhen- und Krafttraining; die Technik wurde revolutioniert, das Ruderblatt vergrößert („Kohlenschaufel"). Zudem setzte Adam auf psychologische Methoden: 1960, als er zum Bundestrainer avanciert war, kam es zur Grüppchenbildung im Achter. Adam schürte den Konflikt. Das Resultat: eine Leistungsexplosion und die olympische Goldmedaille. 1968 provozierte er den Achter als Ganzes durch wohlgewählte Beleidigungen – Resultat: Gold. Dank Adam war das Flaggschiff in den 1960ern nahezu unschlagbar. Doch es gab kein „Erfolgsgeheimnis" – Adam machte seine revolutionären Methoden publik: „Für mich ist der sportliche Gegner kein Feind, sondern Partner." So lernte zum Beispiel das DDR-Leistungszentrum in Leipzig enorm viel vom ihm. Was den West-Funktionären wiederum enorm zuwider war. 1969 taten sich Betonköpfe und Neider zusammen. Adam, müde der Intrigen, nahm seine Schiebermütze und ging. Ein kurzes Comeback war nur mäßig erfolgreich. 1976 starb Adam, einer der größten deutschen Sport-Trainer, an den Folgen eines 4.000-Meter-Laufs.

HERMANN GERLAND

*4. Juni 1954 in Bochum

Der Weltmeistermacher

2016 offenbarte Hermann Gerland dem Magazin „11 Freunde" seine Zukunftshoffnung: „Sagen wir mal, der FC Bayern lässt mich noch fünf oder sechs Jahre hier arbeiten. Dann habe ich 30 Jahre in der schönsten Stadt der Welt gewohnt." Welch nettes Kompliment. München mag sich freuen. Anschließend jedoch schlug Gerland eine völlig unerwartete Volte. Nämlich: „Dann kann ich doch zurück in meine Heimat."

Hiermit hatte er auf geradezu rührende Art dargelegt, was ihm das Revier ist: Wohl mag dessen Schönheit, betrachtet man sie objektiv, knapp unterhalb jener gewisser anderer Orte rangieren – beispielsweise könnte kein Wanne-Eickeler ernsthaft reklamieren, seine Stadt wäre liebreizender als etwa Paris. Doch auf derlei Objektivitäten kommt es, folgt man Hermann Gerland, überhaupt nicht an – hat die Heimat doch allen anderen Orten der Welt etwas voraus, was diese nie einbringen können, und bauten sie sich noch so viele Eiffeltürme: Sie ist eben Heimat.

Nun könnte man freilich fragen, wodurch Hermann Gerland aus Bochum-Weitmar in den wenn auch schönen, so doch sehr heimatfernen Süden verschlagen wurde – schien er doch zunächst nicht nur menschlich, sondern auch beruflich in Bochum geradezu einzementiert. Doch bei genauerer Betrachtung ist sein Lebensweg äußerst plausibel.

Zur Welt kam er als Bergmannssohn. Der Vater starb allerdings schon 1964 im Alter von gerade einmal 39 Jahren, was die Familie – der damals 9-jährige Hermann hatte drei Geschwister – in schwere Armut stürzte. Bald aber bewies der Junge, dass er durchaus imstande war, sich aus diesen problematischen Verhältnissen herauszuarbeiten. Einerseits legte er eine Banklehre hin, andererseits spielte er bei Westfalia Weitmar Fußball, und zwar derart gut, dass der 15-Jährige das Interesse des VfL Bochum erregte. Hier rückte er 1972 in den Profikader auf.

Zwölf Jahre später verließ er diesen. Dazwischen lagen 204 Bundesligaspiele, die ersten noch als Stürmer. Doch bald schon war Gerland zu einem enorm verlässlichen Abwehrbollwerk umkonstruiert worden – an welchem auch andere Bundesligisten Gefallen fanden. Entsprechende Angebote prallten freilich an Gerlands Vereinstreue ab. So war es konsequent, dass er nach Ende seiner aktiven Karriere direkt in den Trainerstab des VfL überwechselte. 1986 rückte er unversehens zum Chef auf. Als solcher war er durchaus erfolgreich: Bochum schloss die Saison als Elfter und Pokalfinalist ab. Dennoch schien es zu gewissen Irritationen zwischen Trainer und Verein gekommen zu sein mit der Folge, dass der Ur-Bochumer Gerland nach Nürnberg wechselte, wo er gleichfalls das Cheftraineramt ausübte – wiewohl er diese Position als „nicht ganz so schön“ empfand, und zwar aus simplem Grund: „Weil der jeden Tag irgendwas sagen muss zur Presse. Und immer alles erklären muss.“

So fügte es sich wunderbar, dass Jupp Heynckes, der 1990 bei Bayern begann, sich Gerland als Assistenten ausbat. Seither ist „Tiger“, wie er schon zu Spielerzeiten aufgrund seines gelebten Sanftmuts genannt wurde, mit kürzeren Unterbrechungen in München tätig, teils als Assistent, teils als Amateur-, teils als A-Jugend-Trainer, mitunter hielt er gar mehrere dieser Ämter in Personalunion inne. Hierbei führt er ein strenges Regiment („Fürs Streicheln sind die Freundinnen zuständig, nicht ich.“). Doch der Erfolg spricht für ihn: So züchtet Gerland unentwegt künftige Weltmeister heran, Schweinsteiger und Lahm beispielsweise. Gegen den Hummels-Wechsel nach Dortmund protestierte er inbrünstig („Ich hab' dem Uli Hoeneß gesagt: Wenn der kein Nationalspieler wird, gehe ich zum Volleyball.“). Wenigstens konnte er noch verhindern, dass Thomas Müller nach Hoffenheim veräußert wurde. Folglich hat er durchaus das Recht, diesen Rekordstürmer auch mal als „Blinden“ zu titulieren. Ok, vielleicht hat Gerland das Recht nicht. Aber er nimmt es sich. Und wer würde es je wagen, ihm dieses streitig zu machen?

Die Freundinnen dürfen ihre Freunde streicheln

Irgendwann meldete sich der VfL mal wieder bei Gerland, ob er nicht ... ? Die Antwort war eindeutig: „Warum soll ich wieder in die Tretmühle? Klassenkampf, Klassenerhalt. Kein Geld. Gute Spieler verkaufen. Das brauche ich alles nicht mehr. Das hatte ich alles schon."

Doch andererseits strotzt Gerland, wie gesagt, nur so vor Heimatliebe. Auch im Sportlichen: „Ich werde doch nie vergessen, wo ich groß geworden bin. Der VfL hat mir die schönsten Zeiten meiner Laufbahn beschert." Und so ... vielleicht, wer weiß? Wenn die Not am größten ist? Immerhin ist Gerland nicht vertraglich an Bayern gebunden: Ihm reichte seit jeher der Handschlag.

GEBROCHENE HELDEN

LEONARDO DICAPRIO VERA BRÜHNE
REINHARD LIBUDA WILLI DAUME
JÜRGEN HINGSEN RUDI ASSAUER
HORST SZYMANIAK WILHELM CANARIS
KLAUS NOMI

LEONARDO DICAPRIO

*11. November 1974 in Los Angeles

Der Erkenschwicker Breakdance-Vizemeister

Montag, der 29. Februar 2016. Dort ist Leonardo DiCaprio, dort schreitet er zur Bühne empor. Man weiß nicht, was in ihm vorgeht. Wahrscheinlich aber weicht nun jenes schreckliche Gespenst des Scheiterns, welches über Jahrzehnte an seiner Seele genagt hatte, endlich von ihm: Leonardo DiCaprio hat den Oscar gewonnen. Für „The Revenant". Das Ende einer unglaublichen Pechsträhne – war DiCaprio doch zuvor bereits viermal nominiert gewesen. Und hatte viermal verloren. Der Academy Award schien unerreichbar. Lastete ein Fluch auf DiCaprio? Vielleicht. Dessen Ursprung aber lag nicht hier in Los Angeles. Sondern ganz woanders. Und so ist es nicht unwahrscheinlich, dass DiCaprio, als er den Oscar in Empfang nimmt, für einen Moment an jenes Ereignis denkt, mit dem all sein Unglück begann: an jenen schrecklichen Tag im Oer-Erkenschwicker Stadtpark nämlich, als der damals Neunjährige hochgestimmt und hoffnungsvoll zum Kinder-Breakdance-Wettbewerb angetreten war. And the winner was ... Achim Schilling!

DiCaprios tragische Oer-Erkenschwicker Breakdance-Vizemeisterschaft hat eine Vorgeschichte, die mit dem Ehepaar Indenbirken beginnt: Wilhelm war Bergmann, Gattin Helene Hausfrau und Mutter. 1943 hatte sie Tochter Irmelin das Leben geschenkt, und zwar unter dramatischen Umständen, während eines Bombenangriffs im Luftschutzkeller. 1955 wagte die Familie Indenbirken den großen Schritt. Sie siedelte in die USA über und nahm Quartier im deutschen Viertel New Yorks. Irmelin ergriff den Beruf der Rechtsanwaltsgehilfin, fühlte sich aber allem Anschein nach bald zu unkonventionelleren Lebensformen hingezogen: So ehelichte sie den Underground-Comic-Zeichner/Verleger George DiCaprio. Ein Jahr später ließen die beiden sich scheiden. Dazwischen hatte aber Leonardo Wilhelm das Licht der Welt erblickt, dessen erster Vorname übrigens eine Reverenz an den Maler ist, der zweite aber eine an den Opa. Dieser beschloss jedoch 1984 zusammen mit Gattin Helene, ins heimische Oer-Erkenschwick zurückzukehren. Ein schwerer Schlag für den Enkelsohn, der besonders seine „Oma“ (so deutsch nannte er sie stets) innig liebte. Freilich gab es Flugzeuge, so konnte Leo sie immerhin in den Ferien besuchen. Klischeebefangene amerikanische Journalisten haben hernach behauptet, dass DiCaprio bei seinen Deutschlandaufenthalten Unmengen Sauerkraut vertilgt hätte. Falsch, erklärte Oma: In Wahrheit sei Leo verrückt nach Reibekuchen gewesen.

Daheim in L.A. hatte DiCaprio erste kleine Fernsehrollen. Mit der Zeit wurden sie größer. Dann kam jener allbekannte Karriere-Höhepunkt: „Titanic“ wurde zum erfolgreichsten Film aller Zeiten. Und Leo zum Schwarm aller Chicks. Auch vor Helene Indenbirkens Mietwohnung machte die Leo-Mania nicht halt: Die Mädchen schrieben Briefe, schellten an, kreischten wirres Zeug, kritzelten Liebesschwüre ins Treppenhaus. Helene nahm's gelassen. Nach wie vor hing Leo extrem an „Oma“: Er lud sie zu Dreharbeiten ein, zu Filmpremieren. Dann machte er ihr ein unwiderstehliches Angebot: eine schicke Villa in Hollywood. Nee, sagte Helene: Wie soll man da ohne Auto einkaufen? Das geht doch in Oer-Erkenschwick viel besser!

Die Vorteile Oer-Erkenschwicks gegenüber Hollywood

So blieb „Oma“ im Revier. 2008 starb sie, im gesegneten Alter von 93. Beigesetzt wurde sie auf dem Oer-Erkenschwicker Waldfriedhof, neben Wilhelm und Tochter Renate. Leo gab ihr das letzte Geleit.

VERA BRÜHNE

*6. Februar 1910 in Essen-Kray, †17. April 2001 in München

Eine Frau empört die Nation

Im Nachhinein ist es nicht ganz einfach nachzuvollziehen, warum dieser Fall eine ganze Nation in den Bann zog. Womöglich liegt es daran, dass diese Frau so sehr im Gegensatz zu ihrer Zeit, jenen trutschigen Früh-Sixties, stand. Denn damals war sich die Wissenschaft noch nicht ganz klar darüber, ob es für eine Frau überhaupt organisch möglich war, einen eigenen Willen zu haben. Vera Brühne jedoch war eigenwillig, und zwar ziemlich.

Aufgewachsen war sie in einem gutbürgerlichen Elternhaus; der Vater, Ludwig Kohlen, amtierte als Bürgermeister im (damals noch selbständigen) Kray-Leythe. Veras Brüder durften Jura studieren, dem Mädchen freilich blieb die Haushaltsschule vorbehalten. Dann heiratete die ebenso attraktive wie selbstbewusste Vera zweimal: zunächst den Schauspieler Hans Cossy (der beispielsweise als Marshall Kublai Krim die „Raumpatrouille Orion" oberbefehligte), später Lothar Brühne (der nahezu sämtliche Zarah-Leander-Hits komponiert hatte).

Anschließend stand sie als Chauffeurin (vielleicht auch als Geliebte) in den Diensten des Arztes Otto Praun – welcher seinerseits womöglich in das Wirken geheimer Dienste involviert war. Am 19.4.1960 wurde Praun mitsamt seiner Haushälterin tot aufgefunden; man vermutete „erweiterten Selbstmord" und bestattete die beiden. Als jedoch bei der Testamentseröffnung offenbar wurde, dass Vera Brühne lebenslanges Wohnrecht auf Prauns Anwesen in Spanien genießen sollte, ließ dessen Sohn die Leichen exhumieren und obduzieren. Es kam zum Sensationsprozess, Vera Brühne verwickelte sich in Widersprüche und wurde wegen Doppelmords verurteilt. Nach heutiger Erkenntnis kann die Täterschaft Vera Brühnes weder bestätigt noch ausgeschlossen werden – die Beweisführung des Prozesses jedoch war in jedem Falle ganz und gar absurd.

1979 wurde Vera Brühne überraschend begnadigt – durch Franz Josef Strauß höchstpersönlich. Die letzten Jahrzehnte ihres Lebens verbrachte sie zurückgezogen in München. Im Alter von 80 adoptierte sie ihren 50-jährigen Nachbarn, der sie bis zum Tod pflegte.

REINHARD LIBUDA

*10. Oktober 1943 in Wendlinghausen bei Lemgo,
†25. August 1996 in Gelsenkirchen

Der Stoff, aus dem Schalke gemacht ist

Zunächst wollen wir die Legende erzählen: Einstmals war Stan Libuda der Inbegriff Schalker Fußballkunst. Unvergessen sein Spielstil: Mit charakteristischer Körperhaltung (leicht nach vorne gebeugter Kopf) trippelte der Rechtsaußen auf den gegnerischen Linksverteidiger zu. Dieser wusste exakt, was ihm blühte: Libuda würde an ihm vorbeiziehen, und zwar, allen andersartigen Finten zum Trotz, immer außen. Doch eben darin lag der Zauber Libudas: Obwohl jeder im Stadion wusste, welchen Weg Stan gehen würde, war es unmöglich, ihm diesen zu verstellen: Libuda kam vorbei. Immer. Und dafür lag man ihm zu Füßen: Der Verteidiger tat das, weil er das Gleichgewicht verloren hatte, die Glückauf-Kampfbahn aber, weil Libuda all den Verzagten und vom Leben Geschundenen in ihr einen Begriff vollendeter Allmacht gab: Stan konnte. Und Stan machte. „Li-bu-da“ stöhnte so die Blau-Weiße Bruderschaft voll numinoser Ergriffenheit. Reinhard Libuda war ganz oben.

Libuda: Schalker Legende par excellence

Ein paar Jahrzehnte später. Eine Druckerei, deren Estrich unschöne Ölflecken aufweist. Vor einem dieser kniet ein Mann, in seiner Hand einen schmutzigen Putzlumpen, und müht sich, das Öl aus dem Stein zu reiben, was ihm nicht gelingen mag, nicht gelingen kann, ihm, der dadurch einen Begriff vollendeter Ohnmacht gibt. Nun aber zeigt ein Finger auf diesen Mann, der Finger des Druckereibesitzers, welcher ein paar Geschäftsfreunde durch seinen Betrieb führt, und jener Druckereibesitzer spricht drei Worte: „Das ist Libuda!", worauf die Herren sich, ihre maliziöse Heiterkeit nur mühsam unterdrücken könnend, zum Cognac ins Chefbüro zurückziehen. Stan Libuda aber sieht, wie eine Träne in seinen schmutzigen Putzlumpen fällt, dann verschwimmt die Welt unter ihm. Soweit die Legende – gewisse Zweifel an ihr sind durchaus angebracht. So äußerte Libudas Sohn wiederholt, seinem Vater habe die Arbeit in der Druckerei durchaus Spaß gemacht. Doch wen interessiert schon Wahrheit? Oder, wie es schon in „Der Mann, der Liberty Valance erschoss" heißt: „Wenn die Legende zur Wahrheit wird, druck die Legende."

Obgleich seine letzten Jahre auch nicht derart traurig gewesen sein mögen wie oft und gerne kolportiert, so steht doch fest, dass Libuda sein Leben nicht gerade in Reichtum beschloss. Es mag sein, dass er tatsächlich nicht willens gewesen war, sich helfen zu lassen – dennoch: Ein derartiger Abstieg des Clubidols wäre beispielsweise bei Bayern München nicht möglich gewesen. Dort hätte irgendein Sozialplan gegriffen. Dies aber spricht gegen Bayern und für Schalke, weiß hier doch jeder, dass Fußballkultur sich nicht aus Sozialplänen speist. Sondern aus Legenden.

Und Stan Libuda ist Schalker Legende par excellence, in Anbetracht seiner Glanzzeit und erst recht in Anbetracht seines Niedergangs. Wobei er seine beiden wichtigsten Tore allerdings drolligerweise nicht für Königsblau schoss, ganz im Gegenteil: Am 5. Mai 1966 machte er (per Bogenlampe aus kaum möglicher Entfernung) den BVB zum ersten deutschen Europacup-Sieger. Das zweite legendäre Tor erzielte er für die Nationalmannschaft. WM-Quali, 1969, es ging gegen Schottland, 2:2, das würde nicht reichen, aber noch gut zehn Minuten. Da nahm Stan einen Haller-Pass auf, rannte los, schlug Haken – und schoss uns, über Keeper Herriot hinweg, direkt zur Fiesta Mexicana. Hatte Libuda den Ball, strahlte er Sicherheit aus: Den nimmt mir keiner weg. Hatte er den Ball nicht, war er mitunter unsicher, ängstlich gar. Es gab Verteidiger, die das ausnutzten: „Weißt du eigentlich, wo deine Frau gerade ist?" Und schon war Libuda aus dem Spiel.

Nach seiner Karriere übernahm er den Lotto-Toto-Tabak-Laden des Alpha-Schalkers Ernst Kuzorra – ohne Erfolg. Geld weg. Häuser weg. Frau weg. Mit 53 tot. Was bleibt? Tricks und Tore ohne Zahl. 1972 nahm er als Kapitän den DFB-Pokal entgegen. Da lastete schon der Skandal auf Schalke. Libuda hatte sich übrigens immer wieder gegen die Bestechung gesträubt: „Das machen wir nicht!", sagte er. Aber dann machten sie es doch. Eine großartige junge Mannschaft zerstörte sich selbst. Auch das ist Legende. Auch das ist Schalke.

WILLI DAUME

*24. Mai 1913 in Hückeswagen, †20. Mai 1996 in München

Keine Nackten-Frauen-Krawatten

Zunächst war Willi Daumes Leben ein wenig dadurch beeinträchtigt, dass er immer wieder zur rechten Zeit am falschen Ort war: So kam der überzeugte Westfale dummerweise im Bergischen zur Welt – Mama Daume wollte unbedingt in ihrem Elternhaus gebären. Dann hatte Willi, der Handball-Goalie, 1936 beste Chancen, mit der deutschen Mannschaft Olympia-Gold zu gewinnen – doch leider delegierte man ihn zu den Basketballern, und die flogen in der zweiten Trostrunde aus dem Turnier.

Zweifelsohne hatte Daume mannigfache Talente: Er sprang 1,82 Meter hoch (in Schersprung-Technik, bei einer Körpergröße von 1,71 Meter), zudem studierte er gleich dreifach: Volkswirtschaft, Betriebswirtschaft und Jura. 1938 übernahm er den väterlichen Betrieb: „Eisen Daume", Dortmund, Lindenhorster Straße 96. Dem Handball blieb er auch nach Ende seiner aktiven Karriere treu – als „Gaufachwart". Seit 1937 gehörte Daume der NSDAP an, zudem war er (was freilich erst 2010 öffentlich bekannt wurde) seit 1943 Spitzel des SS-Sicherheitsdienstes, wo er aber – nach eigenem Bekunden – nur „blödsinnige" Berichte abgeliefert habe, und dies allein, um dem Fronteinsatz zu entgehen. Nun ja. Überdies wurden in Daumes Betrieb, freilich wie nahezu überall, Zwangsarbeiter beschäftigt.

Dennoch wurde Daume bei der Entnazifizierung als „unbelastet" eingestuft, sodass er seine Sportfunktionärs-Karriere fortsetzen konnte. Und dabei lachte ihm das Glück: 1950 ging es darum, den Präsidenten des Deutschen Sportbundes zu wählen. Hier gab es zwei mächtige Verbände, die einander spinnefeind waren: die Turner und die Fußballer. Also suchte man einen Kompromiss-Kandidaten. Und verfiel auf den 37-jährigen Handball-Präsi, der branchenintern nur „Däumling" hieß – nicht gerade schmeichelhaft. An der Spitze des DSB leistete Daume allerdings Hervorragendes: Zunächst überwand er die Spaltung des deutschen Sports in bürgerliche, proletarische und konfessionelle Vereine. 1961 wurde Daume zudem Präsident des Deutschen Olympischen Komitees. Und dort legte er 1966 sein Meisterstück hin: Gegen namhafte Mitbewerber wie Madrid, Montreal und Detroit holte er die Sommerspiele '72 nach München. Nun schien die Welt einfach wunderbar: Daume fuhr Ferrari, ließ sich seine Anzüge in Düsseldorf nach Maß fertigen, die Schuhe in Berlin, und nannte 2.000 Krawatten sein eigen, „alle Sorten, bis auf solche mit nackten Frauen". Zum Dank kürte ihn die Branche zum „Krawattenmann des Jahres". Kann man noch höher steigen? Kaum.

Daumes Konzept der „Heiteren Spiele" verging im Terror des „Schwarzen September". 1980 folgte der nächste Schlag: Von politischer Seite wurde Daume dazu genötigt, die Olympischen Spiele in Moskau zu boykottieren, ganz gegen seine Überzeugung. Kurz darauf sollte der Präsident des Internationalen Olympischen Komitees neu gewählt werden. Eben in Moskau. Daume, damals Vize, trat an. Und erhielt fünf Stimmen. Sein Gegenkandidat Samaranch 44. Auch privat ging es bergab, Daumes Ehe zerbrach. Schließlich musste sein Unternehmen 1993 Vergleich anmelden. Plötzlich war Daume, man glaubt es kaum, arm. Hier und da halfen noch alte Freunde. Auch eine kleine Wohnung stellte man ihm gnadenhalber zur Verfügung – in „seinem" Olympischen Dorf. Dort starb Daume, fast vergessen.

JÜRGEN HINGSEN

*25. Januar 1958 in Duisburg

Der Zweitallergrößte

Strahlend stand er da, 200 cm groß, 102 Kilo schwer, kein Gramm Fett, alles wunderbar geformte Muskelmasse, wobei vielleicht 15 Gramm auf seinen dem Zeitgeist geschuldeten Oberlippenbart entfielen. Doch dieser stand dem Jürgen, als Kontrast zu seinen schneeweißen Zähnen, wirklich hervorragend – ein Kerl wie Burt Reynolds. Nur viel, viel stärker.

Alle mochten Jürgen Hingsen. Er selber freilich auch. Wozu er auch allen Grund hatte – war er doch, hurra, König der Athleten! Am 15.8.1982 holte er sich den Zehnkampf-Weltrekord: 8723 Punkte. Am 6.6.1983 steigerte er sich auf bis dahin unerreichte 8779 Punkte, am 15.5.1984 legte er noch eine Schippe drauf: 8798 Punkte – Hingsen war der Größte! Bald rief auch der Film nach diesem Modellathleten, Jürgen ergatterte eine Titelrolle in der deutschen Komödie „Drei und eine halbe Portion" – wer kennt es nicht, dieses cineastische Kleinod? Dass er hier neben Darstellern wie Karl Dall und Patrick Bach agieren durfte, mag wohl als Krönung einer perfekten Karriere gelten. Ende.

Ähhh ... war da noch was? Bitte? Ja? Daily wie? Ach sooo ... Daley Thompson, richtig! So nämlich hieß Jürgen Hingsens kleines Problem. Denn auch jener Athlet war mit recht viel Talent und einem XXL-Ego ausgestattet. Und so kam es vor jedem großen Event zum kernigen Ballyhoo: Man versprach lauthals, einander fertig zu machen. Europameisterschaft in Athen 1982: Hingsen kam als Weltrekordler – Thompson ging als Weltrekordler und Goldmedaillengewinner. WM 1983 in Helsinki: Hingsen kam als Weltrekordler – Thompson ging als Goldmedaillengewinner. Olympia 1984 in Los Angeles: Hingsen kam als Weltrekordler. Wie immer mit klarer Ansage: Sieg! Der Brite konterte hämisch: Wenn „Hollywood-Hingsen" die Goldmedaille wolle, müsse er seine klauen. Oder in einer anderen Disziplin starten.

Und Thompson legte auch los wie die Feuerwehr: persönliche Bestleistungen über 100 Meter und im Kugelstoßen. Hingsen hielt sich wacker, lag aber nach Tag 1 deutlich zurück. Schlimmer noch: Beim Hochsprung hatte er sich das Knie lädiert und musste gespritzt werden. Bis zur siebten Disziplin, dem Diskus, nichts Neues: Thompson locker grinsend vorne.

Doch dann haute Jürgen einen raus: 50,82 Meter, persönliche Bestleistung. Und Thompson zeigte Nerven: peinliche 37,90 Meter im ersten Versuch, im zweiten nur unwesentlich mehr – die Wende!

Ähhh ... fast die Wende. Denn Thompson warf im letzten Versuch noch 46,56 Meter – seinerseits persönliche Bestleistung. Der Rest war Formsache. Vor dem Stabhochsprung musste sich Hingsen gleich zweimal übergeben, und zwar völlig zu Recht. Thompson ging als Goldmedaillengewinner und neuer Weltrekordhalter. Doch immerhin hatte Hingsen ihm einen großen Fight geliefert. Vier Jahre später, bei den Olympischen Spielen in Seoul, lieferte Hingsen allerdings eine der größten Merkwürdigkeiten der Sportgeschichte: drei Fehlstarts in der ersten Disziplin, dem 100-m-Lauf, und tschüß. Das war's. Nicht ganz, denn – Ehre, wem Ehre gebührt: Den deutschen Zehnkampf-Rekord mit 8.832 Punkten hält Hingsen nach wie vor.

RUDI ASSAUER

*30. April 1944 in Sulzbach-Altenwald

Prügel. Pölen. Pils.

„Es ist zu Ende in Hamburg. Schalke ist Meister!"

Also sprach der „Field Reporter" eines Bezahlsenders am 19. Mai 2001, knapp 18 Minuten nach Fünf. Adressat war Andreas Müller, seinerzeit im Management der Schalker tätig. Müller überbrachte jene Nachricht flugs seinem Chef Rudi Assauer, auf dass diese allseits respektierte Schalker Führungsfigur nunmehr die notwendigen Richtlinien erlasse. Was Assauer auch tat: Kraft seines Amtes eröffnete er die Meisterfeier, und zwar indem er auf fulgurante Weise seine rechte Faust empor reckte: Ja!

Auf dieses Signal hatte Schalke gewartet. Was folgte, war pure Glückseligkeit. Endlich, nach 43 Jahren des Dürstens, schlürfte man in Gelsenkirchen den süßen Nektar des Erfolgs: „Schalke ist Meister", welch wunderschöne Nachricht. Mit einem kleinen Makel: Sie war frei erfunden, und zwar von jenem „Field Reporter" jenes Bezahlsenders.

Seither ist jener „Field Reporter" jenes Bezahlsenders mitunter nach jener „Nachricht" befragt worden. Und was hat er so geantwortet? Vielleicht: „Hey, journalistenmäßig war das voll Kacke. Ich fühl' mich echt wie der letzte Dreck"? Aber nein. Das hat er nicht geantwortet. Was dann? Nun, vielleicht: „In der medialen Postmoderne kommt es doch nicht auf die Wahrheit an, sondern allein auf geile Bilder. Und dadurch, dass ich Schalke zum Meister erklärt habe, sind doch erst all die geilen Fernsehbilder entstanden, der Jubel und die Tränen. Das ist doch mein Job: irgendwie geile Fernsehbilder zu liefern." Hat er das gesagt? Nein, das hat er leider auch nicht gesagt. Ja, aber was hat er denn gesagt? Nun der „Welt" etwa das Folgende, zu lesen am 5. Januar 2013:

„Es war eine Verkettung von unglücklichen Umständen, die es eigentlich gar nicht geben kann."

Wow. Welch ein Satz! Aber warum halten wir uns mit jenem „Field Reporter" überhaupt so lange auf? Nun, aus zwei Gründen. Erstens, um zu lernen: Denn wann immer wir im künftigen Leben, sei es aus Dumm- oder aus Gemeinheit, irgendwelche Generalkacke bauen sollten, sagen wir einfach:

„Es war eine Verkettung von unglücklichen Umständen, die es eigentlich gar nicht geben kann."

Der zweite Grund aber ist gravierender. Denn jener Samstagnachmittag ließ Rudi Assauers Stahlbetonhülle brechen.

Vieles dessen, was man dem Ruhrgebietsmann nachsagt, verkörpert sich in Rudi Assauer auf wundervolle Weise: Rudi ist tough, von unermüdlicher Kraft, zuweilen der Grobheit nicht abhold, durchaus auch mit kleinen angeberischen Allüren, etwa der gerne präsentierten dicken fetten Teuerzigarre. Doch was anderswo echt scheiße daherkäme, gerät jenem Ruhrgebietler durchaus liebenswürdig – vermag er doch, seine Mannomann-Attitüde ganz allerliebst zu konterkarieren: zunächst durch seinen rauhen Charme, überdies aber auch, siehe Assauer, durch den ironischen Bruch. Denn all seinem Macher- und Mackertum hat Rudi stets eine herrlich subtile Selbstparodie beigemengt. Deswegen mochten ihn auch jene, die ihn nicht mochten.

So mochten ihn auch jene, die ihn nicht mochten

An jenem Samstagnachmittag aber liebte man ihn gar. Denn da tat Rudi, als Herr Merk vom fernen Hamburg aus sämtliche Träume platzen ließ, etwas durchaus Merkwürdiges: Er weinte.

Rudi hat sich, hierin ganz Ruhrgebiet, aus schlichtesten Verhältnissen emporgearbeitet: Kriegsbedingt im verhältnismäßig bombensicheren Saarland zur Welt gekommen, verlebte er seine Kindesjahre auf der Hertener Augustastraße, nahe dem Katzenbusch. Rundherum rauchten die Ruinen: „Ich habe noch in Trümmern gespielt. Wir hatten einen Ball aus alten Kleidungsstücken." Doch das tat der Leidenschaft keinen Abbruch. So hatten Rudis Tage eine klare Ordnung: „Aus der Schule raus, Tonne in die Ecke, was gegessen" – wobei der Speiseplan recht übersichtlich war: „Einmal die Woche Fisch, einmal Fleisch, sonst Eintopf. Und regelmäßig eine Tracht Prügel." Anschließend ging es hinaus an die mit frischem Kohlenstaub geschwängerte Luft, wo „bis zur Dunkelheit gepölt" wurde. Nicht selten gegen die feindlichen Jungs von der nahen Herner Straße, o welch alkyonisches Ruhrpott-Idyll!

Nach absolvierter Volksschule erlernte Rudi den Beruf des Stahlbauschlossers auf der naheliegenden Zeche Ewald, mit 18 pölte er zudem als Vertragsspieler bei der Spielvereinigung Herten. 1964 begann sein steiler Aufstieg: Der Bundesligist BVB sicherte sich die Dienste des Jungtalentes. Und Rudi hatte gleich in seinem ersten Dortmunder Jahr kräftig zu feiern: Pokalsieger. Und dann, nach einer unvergesslichen Nacht im Glasgower Hampden Park: Europacupsieger. Doch bei allem Siegesjubel verlor Assauer die Zukunft nicht aus dem Auge. Er lernte etwas Solides: Bankkaufmann. 1970 wechselte er zu Werder Bremen, wo er sechs Jahre später elegant vom Rasen auf den Managerstuhl glitt. Anfang der 80er schlug er allem Anschein nach ein Angebot der Bayern aus, welche dann statt seiner Ulrich Hoeneß engagierten. Assauer aber ging nach Schalke, wo er mit einer größeren Unterbrechung bis 2006 tätig sein sollte. Was blieb und bleiben wird, sind sein Lieblingsprojekt (die Arena), sein größter sportlicher Triumph (UEFA-Cup 1997) und die Tränen jenes Samstagnachmittags – welcher Moment der Bundesliga-Geschichte kommt jenem gleich?

Seit den 90er-Jahren hat sich Assauer recht clever in den Medien inszeniert: Pilstrinker, Frauentyp mit Macho-Note („Ich mache im Haushalt nichts."). Assauer trägt immer noch ein Stück Augustastraße in sich, dazu aber maßgefertigtes Tuch am Leibe und jene Edelzigarre im Mund. Warum auch nicht: Wer bescheiden lebt, schwebt stets in Gefahr, sein Publikum zu langweilen. Nachdem er aus dem aktiven Manager-Dienst ausgeschieden war, deutete manches darauf hin, dass er zukünftig als eine Art Elder Sportsman, Pils trinkend und gut gelaunt, mit kecken Wortmeldungen durch die Medien tingeln würde. Aber: 2010 kam die üble Diagnose.

Alzheimer.

HORST SZYMANIAK

*29. August 1934 in Erkenschwick, †9. Oktober 2009 in Melle

Kein Kniefall, auch nicht vor Königen

Er war ein brillanter Fußballer: Linker Läufer, manchmal auch Halbstürmer, beidfüßig, technisch perfekt, präzises Passspiel, große Übersicht, enorme Zweikampfstärke. Zwei Weltmeisterschaften spielte er für Deutschland, 1958 und 1962. Dreimal kam er bei der Wahl zu „Europas Fußballer des Jahres" in die Top Ten. Und dennoch: Was im Bewusstsein vieler Menschen hängen blieb, ist weniger seine Fußballkunst als vielmehr ein albernes Zitat. Welches wahrscheinlich auch noch frei erfunden ist: Ein Drittel mehr Geld wäre ihm zu wenig, soll er bei Vertragsverhandlungen gesagt haben – er wollte mindestens ein Viertel mehr. Klar: Wenn man Szymaniak heißt und aus dem Ruhrgebiet kommt, ist man natürlich volldoof. Hahahaha. – Oder? „Es wird oft behauptet, der Schorse sei dumm, das stimmt nicht", erinnerte sich Jule Ludorf, sein erster Trainer: „Der war lediglich gleichgültig – der Fußball war sein Leben. Er war nicht gebildet, aber keineswegs dumm."

Das Fußballspielen hatte Szymaniak auf den Straßen Erkenschwicks gelernt. Sein Berufsleben schien vorgezeichnet: Vater Bergmann, Bruder Bergmann, so fuhr auch Schorse ein. Sieben Jahre lang, wobei – so geht die Fama – Szymaniak nicht selten nackt im Streb malochte und sich auch eines Tages, als eine Besuchergruppe vor Ort erschien, auf keinen Fall etwas überziehen wollte: „Steiger, ich muss arbeiten wie 'n Schwein, also kann ich auch so aussehen."

Bald wurde er, eben dank Jule Ludorfs Kennerblick, zur Spielvereinigung Erkenschwick geholt. Wo er – 2. Liga West – 185 Mark im Monat verdiente. Nicht schlecht. Doch Szymaniak war besser. So holte ihn der Wuppertaler SV in die Oberliga: 15.000 Mark Handgeld, dazu Einquartierung bei pädagogisch versierten Pflegeeltern: „Die brachten mir erst richtige Essmanieren bei." Nächste Station war Karlsruhe. Dann, 1961, der große Sprung – CC Catania, Seria A. Astronomische 100.000 DM Handgeld legten die Italiener auf den Tisch. Übrigens im wahrsten Sinne des Wortes: in bar, gebündelt, auf das Wohnzimmermöbel Vater Szymaniaks.

100.000 DM auf dem Wohnzimmertisch

Solches wurde ruchbar und weckte Neid. Auch jenen der Journalisten. So legte man Szymaniak Gaga-Zitate in den Mund, siehe oben. Bei der WM 1958 hätte er anlässlich der Begrüßung durch den schwedischen König gesagt: „Das kenne ich vom Schützenfest in Erkenschwick". Nichts dergleichen. Tatsächlich hatte Szymaniak nur nicht gedienert, sondern dem Monarchen geradewegs in die Augen geschaut. Später nach dem Grund befragt, antwortete er mit einem alten, stolzen Bergmannsspruch: „Kein Kniefall, auch nicht vor gekrönten Häuptern". Sepp Herberger konnte mit dieser horsthaften Art bestens umgehen. Auch damit, dass Schimi ab und zu mal ein Bierchen oder acht zur Brust nahm. Der nachfolgende Bundestrainer jedoch, der zartfühlende Helmut Schön, fand keinen Zugang zu Szymaniak und überging ihn fortan geflissentlich.

Seine Vereinskarriere ließ er in Berlin, im schweizerischen Biel und schließlich in Chicago ausklingen. 1967, mit 33, war Kante. Und wenig später Pleite. Szymaniak hatte stets einen äußerst frivolen Umgang mit seinem Geld gepflegt.

So musste er sich hernach als Kneipier, Busfahrer und Kranführer durchschlagen. Seine letzten Jahre verbrachte er, auf Zechenknappschaftsrente, in einem Altenheim in Melle, Landkreis Osnabrück. Von Zeit zu Zeit erschienen dort Journalisten auf der Suche nach Bitternis, nach Tränen- oder Bierlachen auf der Plastiktischdecke. Vergebens. Denn bis zuletzt war Szymaniak allerbester Laune: „Ich habe mein Leben genossen, ich bin sehr zufrieden!"

Wer bietet mehr?

WILHELM CANARIS

*1. Januar 1887 in Aplerbeck, †9. April 1945 im KZ Flossenbürg

Der undurchdringliche Admiral

Robert Kempner, der stellvertretende amerikanische Hauptankläger bei den Nürnberger Prozessen, gab seiner Ratlosigkeit Ausdruck: Wenn es jemals in der Geschichte einen Fall von Doppelpersönlichkeit nach Art von Dr. Jekyll und Mr. Hyde gegeben habe, so sei es Canaris gewesen.

Nun gehört es quasi zum Berufsbild eines Geheimdienstlers, undurchschaubar zu sein. Doch Canaris war ein Extremfall: Der Abwehr-Chef hatte genauso engagiert gegen wie für das NS-Regime gearbeitet, vielleicht im Versuch, zwischen „der Nation" und „den Nazis" zu differenzieren – was im totalitären Staat allerdings schwer möglich war.

Im Deutschland der 50er-Jahre wurde Canaris nichtsdestotrotz zu einem Top-Widerstandkämpfer erhoben. Alle, die „nur ihre Pflicht getan hatten", aber „im Geheimen immer dagegen gewesen waren", konnten sich wunderbar mit ihm identifizieren. So drehte man 1954 einen „Canaris"-Spielfilm, O.E. Hasse spielte die Hauptrolle, und Canaris geriet zum Inbegriff des guten, tragischen Deutschen.

Zur Welt gekommen war selbiger als Sohn des Ingenieurs Carl Canaris, seinerzeit Technischer Leiter der Aplerbecker Hütte. 1892 zog die Familie ans andere Ende des Reviers: Der

Vater wurde Ober-Ingenieur der Niederrheinischen Hütte in Duisburg, später rückte er gar in deren Vorstand auf. So konnte er seinen Lieben ein angenehmes Leben ermöglichen: Die Familie bewohnte eine Villa mit eigenem Park und Tennisplatz. Wilhelm besuchte das Steinbart-Realgymnasium – und zeigte bald merkwürdige Interessen. Anders als der große Bruder Carl August, der in die beruflichen Fußstapfen seines Seniors trat, fühlte sich Wilhelm zur Seefahrt hingezogen. Der Vater verbat sich derlei Sperenzchen. Er wollte seinen Sohn bei der Kavallerie sehen, so schenkte er ihm kurzerhand ein Pferd. Doch dann starb der alte Herr, und so konnte Sohnemann 1905 als Seekadett in die Kaiserliche Marine eintreten. Hier erwies er sich bald als nautisches Talent – und nachrichtendienstliches Genie: Canaris war brillant darin, in fremden Ländern V-Männer anzuwerben und fernzusteuern. Das Ende des Ersten Weltkriegs erlebte er als U-Boot-Kommandant.

In der Weimarer Republik machte er unter dem sozialdemokratischen Reichswehrminister Noske Karriere – während er andererseits rechte Putschisten unterstützte. So hegte er anfangs auch durchaus Sympathien für die Nazis. Folglich ernannte man ihn 1935 zum Chef der „Abwehr", des militärischen Geheimdiensts.

Dabei war Canaris ein durchaus seltsamer Soldat: gerade einmal 1,60 m groß, schmächtig, weißhaarig, leicht lispelnd. Überdies hatte er ein geradezu hingebungsvolles Verhältnis zu seinen beiden Rauhaardackeln Sabine und Seppl, die er täglich mit ins Büro brachte. Auch andere Menschen beurteilte er danach, ob sie Tiere mochten beziehungsweise ob Tiere sie mochten. Ein anderes Kriterium war die Ohrgröße: Männer mit kleinen Ohren waren ihm äußerst suspekt.

Mochte Sabine, Seppl sowie große Ohren

Bald war Canaris davon überzeugt, dass Hitlers Kriegspläne Deutschland in die Katastrophe führen würden. So tat er sein

Bestes, den Krieg zu verhindern – und ebenso sein Bestes, ihn geheimdienstlich vorzubereiten. Auf Reisen entbot er Schafherden den Hitlergruß, empörte sich über „diese Gangstermethoden Hitlers und seiner Kreaturen" – und arbeitete doch mit ihnen zusammen.

In der Abwehr bildete sich eine Widerstandszelle. Leute wie Hans Oster und Hans von Dohnanyi machten Ernst. Canaris deckte sie. Er wusste, dass ein Attentat auf Hitler geplant war, hielt sich selbst aber heraus. Als der Anschlag am 20. Juli 1944 scheiterte, beglückwünschte er den Diktator telegrafisch. Bei den Ermittlungen fiel jedoch sein Name. Canaris wurde festgenommen. 1945 überführte man ihn ins Konzentrationslager Flossenbürg. Dort hängte man ihn auf.

KLAUS NOMI

*24. Januar 1944 in Immenstadt, †6. August 1983 in New York

Der Marsmensch aus Huttrop

New York, späte 70er-Jahre. Das Ende der Gemütlichkeit. Die Scene brodelt. Und ätzt: Man geht ins Extreme. East Village ist das Zentrum des Zynismus. Die Avantgarde hasst alles, am meisten sich selbst. Doch eben hier erzittern eines Nachts sogar die Härtesten der Harten, als eine merkwürdige Gestalt die Bühne betritt. Und mit Engelsstimme zu singen beginnt. Verwirrung macht sich breit. Dann geradezu ehrfürchtige Bewunderung. Und selbst die abgefucktesten Art-Punks schämen sich nicht ihrer feuchten Augen, nicht ihrer feuchten Achselhöhlen.

Aber wer war nun diese Gestalt? Ganz falsche Frage, so erinnert sich ein Zeuge des Geschehens: „Man fragte nicht, wer das ist. Sondern was das ist." Und man wagte erste Antworten:

„Das achte Weltwunder“, schrieb eine Zeitung, „oder ein tragisches Missgeschick der Natur.“ Ein anderes Blatt erkannte „die Gesichtsknochen eines Aliens“. Ähnlicher Ansicht sollte ein wenig später auch L'Express in Frankreich sein: „Der Marsmensch des Jahres“. Die Times hingegen übte sich in britischem Understatement: „Sehr merkwürdig“, meldete man sich zu Wort, „in der Tat“. Aber wem, um Himmels willen, galt nun all diese Verwunderung? Tja ... sie galt einem gewissen Klaus Sperber, seines Zeichens gelernter Konditor aus Essen.

Klaus war (offenbar bombenbedingt) im Allgäu zur Welt gekommen. Der Vater blieb im Krieg, die Mutter ging arbeiten, so hatte der kleine Junge ein inniges Verhältnis zu seiner Tante Trude, die im Huttroper Beyweg wohnte. Klaus sang für sein Leben gern, wobei er Elvis genauso sehr mochte wie die Callas. Mit letzterer Vorliebe hatte er unter Huttroper Kindern keinen leichten Stand. Und Klaus wurde eh schon häufig ausgelacht, nicht zuletzt wegen seiner merkwürdig breiten Stirn.

Zunächst erlernte er eben jenen Beruf des Konditors, dann aber beschloss er, Gesang zu studieren. 1967 ging er nach Berlin, besuchte die Musikhochschule und bekam tatsächlich ein Engagement an der Deutschen Oper. Als Platzanweiser.

Singen konnte er immerhin im Kleist-Casino, jener legendären Schwulenbar in Schöneberg. 1973 verliebte er sich unglücklich in einen Amerikaner, dem er nach New York folgte, wo er sich anschließend als Tellerwäscher und Putzmann durchschlagen musste. Bis er „langsam eine Idee bekam“. Er nahm Gesangsstunden mit dem Ziel, seinen aparten Tenor ganz nach oben zu drücken, bis in die hohen Frauenlagen.

Dazu kreierte er eine Kunstfigur – den Nomi. Bald hatte er eine Band um sich geschart. Dann legte er sich jenes Outfit zu, mit dem er berühmt werden sollte: ein stilisierter triangulärer Plastik-Frack, dazu Stretchstrumpfhose und schwarzlackglänzende Schnabelschuhe. Um seine an sich schon enorme kreative Energie weiter zu steigern, griff er zum Äußersten: Nomi versetzte sich selbst und die Band mit selbstgebackener Linzer Torte sowie überkräftigem Kaffee wiederholt in Zucker- und Koffeinräusche.

Linzer Torte in New York

Bald rief Europa: In Frankreich nahm er zwei sehr erfolgreiche Platten auf. Er gastierte im deutschen TV, wo Bio und Gottschalk ihn empfingen, erschien in der US-amerikanischen Jägermeister-Werbung, in der japanischen Vogue. Nomi war auf der Erfolgsspur. Klaus Sperber dagegen war, glaubt man seinen Weggefährten, extrem unglücklich – „einer der einsamsten Menschen auf der Welt“. Mitunter ließ er sich bei Tante Trude in Huttrop sehen, dann gab es sein Leibgericht – hausgemachte Sülze.

Klaus’ Gesundheit war angeschlagen, immer öfter musste er sich vor Konzerten fitspritzen lassen. Als letzten Höhepunkt seiner Europa-Tournee durfte er im TV, von einem großen Sinfonie-Orchester begleitet, den „Cold Song“, eine Barock-Arie Henry Purcells, interpretieren. Ein schon schwer gezeichneter Nomi schloss sie mit den Zeilen „Let me, let me freeze again to death“. Am frühen Morgen des 6. August 1983 starb Klaus Sperber-Nomi in einem New Yorker Krankenhaus als eines der allerersten prominenten Aids-Opfer. Die letzten Tage hatte er zumeist in Einsamkeit verbracht. Er wurde verbrannt, seine Asche über New York verstreut.

Die im Buch verwendeten Zitate sind den folgenden Quellen entnommen:

Horst Schimanski: *letzten proletarischen; Unbehagen:* Dirk Schümer in faz.net vom 19.5.2008

Helmut Rahn: Mein Hobby: Tore schießen. München 1959

Tana Schanzara: *Rotwein:* welt.de vom 21.12.2008

Frank Busemann: *Hüfte; 12.000 Punkte:* spox.com vom 22.7.2015

Bernard Dietz: *Siegerehrung:* tagesspiegel.de vom 16.6.2008; *Auto:* 11freunde.de vom 4.6.2013

Adolf Tegtmeier: *Fremdsprache:* zit. n. Die Zeit vom 1. Januar 1982

Dolly Buster: *Wodka; Tierärztin:* Stern vom 29.10.2003; *Mitglied:* WAZ vom 24.7.2009

Willi Lippens: *Scheiß-Deutschen; halber Deutscher; Weltmeister; danke Sie:* http://www.mitten-im-pott.de/ente.html; *Mensch, Berti:* reviersport.de vom 7.8.2008

James Bond: John Pearson: James Bond: The Authorised Biography. A Fictional Biography. London 2006.

Manfred Krug: Mein schönes Leben. München 2003

Manuel Neuer: *gar keinen Fußball:* zit. n. Spiegel Online vom 20.4.2011

Claudia Schiffer: *Stinkerle:* Sven Michaelsen: Wendepunkte. Zit. n. Online Focus vom 31.8.2012

Claire Waldoff: *schlagenden Wetter:* zit. n. www.wienerzeitung.at vom 10.05.2002

Nena: *Schulaula:* Nena: Willst du mit mir gehn. Bergisch-Gladbach 2005; *keine Zeit; nicht immer Nena:* Bild am Sonntag vom 10.8.2008; *frische Luft; Gekochtes:* Die Weltwoche,37/2003

Peter Scholl-Latour: Kampf dem Terror – Kampf dem Islam?. Berlin 2012.

Uta Ranke-Heinemann: *Kartoffelschälen:* stern.de vom 17.12.2003; *Jungengymnasium:* Zeit Online vom 1.10.09; *Christentum Irrtum:* Spiegel Online vom 7.4.2005; *Terrarium:* Spiegel Online vom 24.4.2002

Thilo Sarazzin: *Sachbuch:* http://www.thilo-sarrazin.de/; zu den Schulzensuren vgl. berliner-kurier.de vom 18.9.2007; zum Abiturschnitt vgl. Berliner Morgenpost vom 18.9.2007

Helge Schneider: *Maguihana:* zit. n. Planet Interview vom 6.12.2002; *was ich will:* Zeit 1.4.2004; *idolfähig:* Sie+Er vom 31.12.2006, zit. n. http://www.helge-schneider.de/danke-dani-levy; *Reglements; Gebäuden:* sueddeutsche.de vom 17.5.2010

Ingo Appelt: *Arbeiterkind; Klappe; Kaliber:* Der Spiegel 4/2000; *Funktionär:* http://www.dd-inside.de/interview-136-.html; *rausnehmen:* Der Spiegel 48/1993; *Qualitätsanspruch:* Spiegel Online 28.11.2000

Esther Schweins: Zu Lilith vgl.: Die Zeit 16/1998

Max Raabe: *Chorknabe:* New York Times vom 5.11.2007; *durchquatschen:* abendblatt.de vom 12.8.2006; *hysterisch; wunderbar:* The Wall Street Journal vom 3.3.2010; Offiziers: vgl. welt.de vom 3.8.2013; *Frisur verrutscht:* http://www.cicero.de/salon/eigentlich-will-ich-kein-gentleman-sein/53137/seite/2

Hape Kerkeling: *Krankenwagen; Peter-Frankenfeld-Show:* Die Zeit 46/2006; zu Tischler, Floristin: vgl. http://www.bunte.de/hape-kerkeling

Wolfram Siebeck: *Zeche; Armeleute-gericht; arrogant:* Die Zeit 39/2008; *Mehlschwitze:* ZEITmagazin 42/2010; *Berufsesser; Scheißladen; Salz:* tagesspiegel.de vom 21.9.2008

Frank Rosin: *erste Mensch:* ruhrnachrichten.de vom 30.1.2014; *multikulturellen:* zit. n. presseportal.de vom 17.8.2009

Raimund Ostendorp: *wie immer; normalen Verhältnissen:* http://www.profi-grill.de/index.php?ACTION=GESCHICHTE2; *perfekte:* Financial Times vom 29.10.2004, zit. n.: http://www.profi-grill.de/index.php?ACTION=FINTIMES; *Abstecher:* Der Feinschmecker 03/2005, zit. n. http://www.profi-grill.de/index.php?ACTION=FEINSCHMECKER0305

Martin Kippenberger: *stillos:* Interview mit Daniel Baumann, in: Martin Kippenberger. Ostfildern 2006.; *große Mann:* Joachim Lottmann: Auf der Borderline nachts um halb eins. Köln 2007; *Drogen und Alkohol:* Susanne Kippenberger: Heimweg Highway. In: Martin Kippenberger. Ostfildern 2006; Koether-Interview zit. n. Susanne Kippenberger. aaO.; *Feindbilder:* zit. n. Susanne Kippenberger, aaO.

Cornelia Funke: *gerochen:* http://www.corneliafunke.com/index.php?page=cornelia_abisz&letter=d&lang=de

Josef Albers: *Gesang:* Der Spiegel 28/1968

Hans-Henning Claer: *Nuttenjäger; Suff; authentisch; Sexstellungen; Betriebsrat:* Der Spiegel 20/1971; *glaubt man seinem Verleger:* vgl. Wolfgang Frömberg, intro.de vom 29.10.07

Anton Stankowski: *Skandal:* zit. n. http://www.designtagebuch.de/der-schraegstrich-im-quadrat-wird-40/

Sodom & Kreator: *Geld:* Welt am Sonntag vom 5.12.2010

Annette & Inga Humpe: *Agenten; Wünsche:* ZEIT Campus 3/2011; *Mauer; RAF:* Teipel, Jürgen: Verschwende Deine Jugend. Ffm. 2001

Toto & Harry: *kumpelhafte:* derwesten.de/staedte/hattingen vom 11.4.2010; *Jahresurlaub:* http://www.derwesten.de/staedte/bochum vom 11.4.2014

Herbert & Dietrich Grönemeyer: *Hokuspokus:* Der Spiegel 43/2006

Claude-Oliver Rudolph: *Karl-Heinz; Türsteher:* Frankfurter Rundschau, 01.06.2002, zit. n. www.filmportal.de; *reingewuselt;* Schroeter: Focus 30/1996; *zweite Schlag:* Die Zeit 10/1999

Herbert Reinecker: *Vergangenheits-bewältiger:* Der Spiegel 06/1960

Heinrich Breloer: *mehr im Kino:* wz.de vom 17.12.2008; *Fegefeuer; Paradies:* Spiegel Online vom 24.11.2008

Sönke Wortmann: *er weinte:* vgl. Kultur Spiegel 10/2003; *schlimm:* Der Spiegel 26/2006; ... *Vater Wortmann:* vgl. Der Spiegel 41/2003

Christoph Schlingensief: *Konzentrationslager:* http://www.schlingensief.com/downloads/quiz3000_pilotfragen.pdf; *Riesenspaß:* Der Spiegel 08/1995

Heinz Kaminski: *Raumfahrt-Astrologe:* Der Spiegel 43/1969; *Kannixki:* Der Spiegel 19/1975; *Forschungsarbeit:* Der Spiegel 04/1976

Alfred Herrhausen: *Leistung:* zit. n.: Werner Plumpe (Hg): Unternehmer - Fakten und Fiktionen. München 2014

Berthold Beitz: *schönste Kapitalist; tot überm Zaun:* zit. n. Käppner, Joachim: Berthold Beitz. Berlin 2010

Katja Seizinger: zu den Produktionszahlen vgl.: http://www.stahl-online.de/wp-content/uploads/2013/12/201505_Fakten_Stahlindustrie_Deutschland_2015.pdf; *logischer Typ:* welt.de vom 24.4.1999; *überall:* faz.net vom 16.2.2011

Thea Rasche: *zu Hauptschriftleitung* und *Entnazifizierung:* vgl. Der Spiegel 22/1947; zu verarmt vgl. www.derwesten.de/staedte/essen vom 3.10.2014

Annegret Richter: *Pulle:* Der Spiegel 32/1976

Brigitte Mohnhaupt: Zum Urteil vgl. http://www.olg-stuttgart.de/pb/,Lde/1178716; *Befehlsgewalt; Hardlinerin:* faz.net vom 11.2.2007; *Stocken; Beschlussfassung; Planung:* OLG Stuttgart, zit. n. https://openjur.de/u/687115.html; *dominant; heilig:* Der Spiegel 42/2007

Jürgen Bartsch: *Anhäufung:* zit. n. Bettina Röhl: So macht Kommunismus Spaß! Hamburg 2006; *Dschungel:* Der Spiegel 51/1967

Rösner und Degowski: *Bedenken; junger Reporter:* wdr.de vom 13.8.2003

Petras Dominas: *Mutti; größten Juwelenbande:* Die Zeit vom 30.9.1966; *Räuberbande:* Der Spiegel 41/1964; *45 Jahren:* Die Zeit vom 7.10.1966

Kelly Trump: *Pornofilm handelt; Hobbys:* http://www.kellytrump.de/biografie.html

Juliane Werding: *Kalle:* http://www.juliane-werding.de/service/faqs.htm#9; *Fernsehteams:* http://www.juliane-werding.de/kult.htm; *Patienten:* http://www.praxis-juliane-werding.de/

Otto Rehhagel: *was sie wollten:* faz.net vom 9.8.2013

Karl Adam: *Aggressivität; Feind:* Der Spiegel 22/1972

Hermann Gerland: *schönste Stadt; Heimat:* 11freunde.de vom 10.2.2016; *irgendwas sagen muss:* tz.de vom 8.1.2014; *Streicheln; Volleyball:* general-anzeiger-bonn-de vom 22.3.2012; *Kein Geld:* spox.com vom 23.1.2015; *meiner Laufbahn:* http://www.vfl-bochum.de/legenden/gerland.htm

Reinhard Libuda: *machen wir nicht:* Voss, Spiegel, Sevenick (Hrgg.): 100 Schalker Jahre. Essen 2004

Willi Daume: *blödsinnige:* Spiegel Online vom 9.1.2010; *nackten Frauen:* Der Spiegel 35/1966

Rudi Assauer: *Verkettung:* welt.de vom 5.1.2013; *Trümmern; Dunkelheit:* http://www.rudi-assauer.de/rudi/biografie; *Fisch:* 100 Schalker Jahre. aaO.; *Haushalt:* Assauer/Strasser: Wie ausgewechselt. München 2012

Horst Szymaniak: *Schorse sei dumm; Essmanieren; Schützenfest; Kniefall; genossen:* zit. n. Hans Dieter Baroth in freitag.de vom 27.8.2004; *wie'n Schwein:* Der Spiegel 06/1988

Klaus Nomi: vgl. Andrew Horns sehenswerten Dokumentarfilm „The Nomi Song“ (2004)